国家出版基金项目
NATIONAL PUBLICATION FOUNDATION

辛亥著名人物传记丛书

胡国枢 钱茂竹 著

陶成章

团结出版社
UNITY PRESS

图书在版编目（CIP）数据

　　陶成章 / 胡国枢，钱茂竹著. -- 北京 ：团结出版
社，2011.5（2021.5 重印）
　　（辛亥著名人物传记丛书）
　　ISBN 978-7-5126-0398-1

　　Ⅰ．①陶… Ⅱ．①胡… ②钱… Ⅲ．①陶成章（
1878～1912）－传记 Ⅳ．①K827=5

　　中国版本图书馆 CIP 数据核字(2011)第 053321 号

出　版：团结出版社
　　　　（北京市东城区东皇城根南街 84 号　邮编：100006）
电　话：(010) 65228880　65244790 （出版社）
　　　　(010) 65238766　85113874　65133603（发行部）
　　　　(010) 65133603（邮购）
网　址：http://www.tjpress.com
E-mail：zb65244790@vip.163.com
　　　　tjcbsfxb@163.com（发行部邮购）
经　销：全国新华书店
印　装：三河市东方印刷有限公司

开　本：170mm×240mm　　16 开
印　张：16.25
字　数：211 千字
版　次：2011 年 5 月　第 1 版
印　次：2021 年 5 月　第 3 次印刷

书　号：978-7-5126-0398-1
定　价：39.00 元

辛亥著名人物传记丛书
总序言

　　整整一百年前，在中国处于半殖民地半封建黑暗统治的时代，爆发了一场对中国历史发展进程产生巨大影响的革命，这就是以伟大的革命先行者孙中山为代表的革命党人发动的辛亥革命。这场革命，是中国近代历史上一次比较完全意义的反帝反封建的民族民主革命，它推翻了清朝政府，结束了中国几千年的封建君主专制制度，同时沉重打击了帝国主义在华侵略势力。中华民国的建立，标志着中国历史进步的新纪元。辛亥革命极大地推动了中华民族的思想解放，为中国先进分子探索救国救民的道路打开了新的视野，八年后，五四运动爆发；十年后，中国共产党诞生。辛亥革命开启的革新开放之门，对于推动中国社会的发展与进步具有不可估量的历史功绩和伟大意义。

　　以孙中山为代表的革命党人，在开启思想闸门、传播先进思想、点燃革命火种、推动历史进步的过程中发挥了重要作用。他们站在时代前列，为追求民族独立和民主自由而向反动势力宣战；他们不惜流血牺牲，站在斗争一线浴血奋战；他们具有坚定的信念和坚强的意志，愈挫愈奋，在失败中不断汲取和凝聚新的力量；他们适应历史发展的趋势，与时俱进，不断修正前进的方向和斗争的目标。正是因为有了这样一批革命先驱和仁人志士，才有了辛亥革命的爆发，也才有了以此为开端的中国民族民主革命的不断发展和最终胜利。当然，我们在分析评价历史人物时，既要看到他们有超越时代的进步性，又要看到他们不可避免地受到社会客观条件影响而具有的局限性与片面性，这是我们在看待历史人物时应当坚持的历史唯物主义态度，也就是既不文过饰非，也不苛求前人。

几十年来，关于辛亥革命及其重要人物的研究工作不断深入，也陆续出版了大量的图书、画册等，但仍然不十分系统和完整，有些出版物受到时代因素和其他客观条件的影响，难免有失偏颇和疏漏。在即将迎来辛亥革命100周年的时刻，团结出版社编辑出版了本套《辛亥著名人物传记丛书》，并得到国家出版基金的资助，这充分表明了国家对于辛亥革命历史研究的重视。这套丛书的出版，无疑是一件非常有意义的事，既可以对辛亥革命的研究工作起到重要的填补空白和补充资料的作用，同时也是对立下丰功伟绩的仁人志士的纪念与缅怀。

为了保证本套丛书的编辑质量，编辑委员会在民革中央的领导下，做了大量认真细致的组织工作，特别是邀请了著名专家金冲及先生、章开沅先生、李文海先生担任顾问，他们在百忙之中分别对本套丛书的编辑思想、人物范围、框架体例、写作要求等方面提出了重要的指导性意见，成为本套丛书能够高质量出版的重要保证。此外，参与本套丛书写作的，都是在近代历史和人物的研究方面卓有建树的专家学者，他们既有对辛亥革命历史进行深入研究的学术功底，又有较丰富的写作经验和较高的文字水平，因此，我们可以寄希望于本套丛书的出版，会对推动辛亥革命及其重要人物研究工作的不断深入起到重要作用，对弘扬爱国主义、提高民族凝聚力，实现中华民族的伟大复兴产生积极的影响。

周铁农

2011 年 3 月 16 日

目　录

引 言

在辛亥志士中最突出、最值得怀念者，有死后被孙中山称颂为"十年跋涉，一生革命，固民国之元勋，其功永垂史册"的大名鼎鼎的陶成章。

陶成章是辛亥革命中与兴中会、华兴会三鼎足之一的光复会的创始人与实际领导者。

陶成章也是引导秘密会党走向民主革命的实干家。会党、学界、新军与华侨，为辛亥革命四大社会支柱，陶成章均与之结下深厚关系，是对他们有巨大影响力的革命党人，堪称地道的民众领袖。

陶成章既有海外倡言、创立南洋华侨革命基地的经历，又具有内地革命运动的经验，是对光复江浙上海、攻克金陵、奠定民国东南半壁江山功绩卓著的"中央革命"的创导者。

陶成章又是"善于谋略，善于措施"，有四本史学专著、学问渊博的历史学家。

陶成章孝德传家，又是移孝于忠、"四过家门而不入"、一心为公的忠义之士。

陶成章还是一位能以诚感人、化异己为同志的杰出人物，最后却含冤死于暗害。

陶成章作为对辛亥革命具有丰功伟绩的一代功臣，为缔造民国做出贡献，却在民国建立后的第 13 天，即 1912 年 1 月 14 日，被暗杀身亡，成为民国肇始第一大冤案。而暗杀主谋者却是辛亥革命主流派同盟会中显要人物、沪军都督陈其美，凶手为蒋志清（介石）、王竹卿。这种复杂政治关系使陶案扑朔迷离，冤沉大海，陶氏的业绩也长期被湮没甚至被歪曲。

革命者被敌人杀害会对同志对后人产生莫大之激励，而自相残杀，则是无可补救之内伤。

陶成章被暗杀这不幸事件之发生，是辛亥革命一大败笔，使革命阵营走向分裂，光复会从此没落，同盟会也外厄内困，袁世凯复辟，孙中山失势，内乱蜂起，终无宁日。

民国后来的发展前途如此险恶，道路曲折；辛亥革命搞了这么多年，血流成河，生灵涂炭，其结局仍然是"革命尚未成功"。民国变得徒有其名，强敌压境，民不聊生，国将不国！我们只怪袁世凯，只骂外敌，而不看到自身的一盘散沙。把陶成章这样忠诚的革命者当作敌人，是非颠倒、黑白不分，后果之严重，诚如孙中山先生怀念老战友，于1916年8月20日亲临陶成章故乡绍兴"祭陶"时沉重地说："焕卿一死，光复会星散，北伐受挫，遂成袁氏攫权，国步艰难之局面，仆至今思之，亦追悔莫及！"（陶维墀《孙中山先生访绍第一夜》，《绍兴文史资料选辑第12辑》，浙江人民出版社，1992年版第15页）可惜孙氏之言当时未及传播，知者寥寥，整个民国时期把陶案列作禁区，这类悲剧，这种教训，长期不为人识。

本书为了还历史之本来面目，不仅从政治上还陶成章以清白，弘扬他的埋头实干、坚毅奋勇、万难不屈、万死不辞的大无畏精神，而且还要从他的个人品行上还其本真之态，纠正有人误认为的桀骜不驯，其实陶成章是极端聪明、极端能干、深谋远虑、顾大局、懂人情的人。陶成章自称"会稽先生"，又以"会稽山人"作笔名，他具有绍兴（会稽）人的独特个性与优异天赋。稽山镜水铸造陶冶了陶成章刚柔相济、爱憎分明的个性。

陶成章被害，不仅使陶沉冤莫伸，而且也使同盟会领袖孙中山长期背上刺陶主谋的不白之名。把孙中山看作刺陶主谋只是人们的猜测与误会。孙不是刺陶主谋，百年之后的今天应可作此断语了，其理由是：第一，中山先生光明磊落，交友以诚，"大炮"轰之则有，毕生从无暗害同人之劣迹，绝不会去干敌我不分、亲痛仇快的事。第二，孙、陶之间有过隔阂，但绝不至于到兄弟仇杀的地步。早在当年谣传陶、孙之间要用谋杀手段，而孙中山不信，陶成章也不信。正如熟悉孙、陶内情的同盟会要人吴稚晖在《新世纪》第115号上发表的专文《劝劝劝》中明确指出的"陶居心虽偏急，心实坦白"，"或孙或陶，决无卑鄙之事"。黄兴也说过孙文从不认为陶为保皇党与侦探，那是"无有之事"。第三，孙、陶之间为在向南洋华侨募款持不同意见而引起争执，早在几年前已平息。孙早已致书吴稚晖，同意吴对陶的评价，以后"可以毋发专函于报馆矣"，不要再争论下去。而陶也早写信给光复会同志，对孙中山不必攻击，再继续争论"于所办之宗旨目的上，毫无裨益"。可见这场革命党人内部纷争早时过境迁了。第四，其时民国初创，百废待举，孙中山刚被举为中华民国临时大总统，清廷正待机反扑，如对朋友动杀机，行此卑劣之事，怎敢冒天下之大不韪，甘成众矢之的，而坐失灭清之良机？第五，陶成章刚从攻宁前线返回上海，正在筹饷、募兵，作准备北伐之壮举，这正是孙中山及所有革命党人的当务之急，正该团结对敌，将革命进行到底，反清大业最后胜利的紧要关头，权衡利害，孙断不会行此不义之事。第六，孙中山闻成章遇害深为震惊，极为悲痛，急于16日在南京发出唁电："陶君抱革命宗旨十余年，奔走运动，不遗余力，光复之际，陶君实有巨功，猝遭惨祸，可为我民国前途痛悼。"并立即要沪督严缉凶手，"以慰陶君之灵，泄天下之愤"。后又亲临绍兴祭陶，亲笔题写"气壮河山"，并对陶氏后人慰勉有加，全系真情。在他离开陶成章家乡对陶氏后人告别时动情地说："吾虽不杀伯仁，伯仁由我而死。幽冥之中，负此良友！"一句值千钧，多少悔悟在其中！如他为刺陶主谋，断不会有此举措，也表现不出如此沉痛之情。

　　谨以此书祭奠民国元勋、革命英烈陶成章先生！

陶成章

第一章

农家少年

清苦家庭

乡风熏育

坐塾与读史

一、清苦家庭

1878 年 1 月 24 日（光绪三年丁丑十二月二十二日），本书主人公陶成章诞生在浙江省会稽县（今绍兴县）陶家堰西上塘村。

这是一个典型的江南水乡集镇。陶家堰，又称陶堰，是陶姓人聚居的地方。堰，本是一种水利排灌设施。东汉永和五年（公元 140 年），会稽太守马臻营造鉴湖，在湖的北边，筑了一条 127 里的长堤，将从会稽山下来的 36 源之水，围在周长 358 里的人工湖内，为便于湖水的管理，在长堤上建了 69 座排水的斗门、闸、堰、阴沟。堰的规模仅次于斗门，与闸相当，置湖与平原内河沟通处，以应排洪、灌溉之需。陶堰一直是乡镇建置，20 世纪末，有 34 个行政村，19 个居民区，1993 年有 23000 多人口。陶堰乡（镇）有陶堰村，内有五六个自然村。陶成章居住的西上塘村是陶堰一个靠西边自然村。所谓"塘"就是水塘，成章家之东就是一个水塘。塘，绍兴人又谓之塘路，成章家南就是一条河，靠河的堤岸，就是塘路。早在越国勾践时期，筑有山阴古水道，西晋贺循筑西兴运河，从杭州湾到会稽郡城，后又利用山阴故水道到曹娥，过江与姚江、甬江相接，于是形成了从钱塘江到宁波的浙东运河。陶堰就是在浙东运河边上的一个乡镇。西上塘的塘路就是运河边上的长堤。古代又有古陆道横贯村北，如今是 104 国道公路和沪杭甬铁路。所以陶堰是一个水陆码头，马驰车驶，舟楫往返，相当热闹。它离绍兴城约 40 里，距曹娥江边的百官和曹娥镇也各是 40 多里，是行人或航运的中间站。清代著名学者仇兆鳌在《重修会稽陶氏族谱序》中说："予昔往来越郡，距城四十里处，见有高峰矗立，参青云而直上者，询之则稷山也。其下有望族陶氏世居于此。"陶堰地势低平，河湖密布，有白塔洋、百家湖、大横江等。在北面还有贺家池，据说是唐代诗人贺知章的放生池，或说是贺知章来游历过的地方。所以陶堰水产丰富，养殖也多样，而在各个湖泊港湾之间，就是大片沃土，平畴远风，肥壤千里。陶堰之北有稷山，在平原之中，一山特立，颇有气势。东南角有残丘叫义峰山，所以它自古以来是一个鱼米之乡。人民安居乐业，民风淳朴。清末著名诗人李慈铭有《越州灯词十首》内一首咏陶堰之灯市："陶堰年年灯市新，百家庙里共嬉春。春景渐乱歌尘歇，灯火家家扶醉人"。（《越缦堂诗文集》上册。上海古籍出版社 2008 年 12 月）年熟登丰之际，人们欢庆歌娱，预祝来年更多喜悦。陶堰历来手工业发达，市场繁荣。早在 20 世纪 70 年代就有支青工厂建于镇上，在风雨中茁壮成长。

陶成章就出生在这样一个水乡农村中。

陶成章的家庭是一个清苦的农民家庭。

陶氏支脉繁衍，自元末迁居以来，蔚为大族。累世簪缨者遍布全村，但陶成章家一脉自入清两百多年，例不仕清，全靠劳动度日。高祖立贤字方中，农业，配辛氏，有二子。曾祖平川字圣传，行七，农业，配吴氏。祖父功化字贡华，配陈氏，有三子，均农业：长盈字仰山，次泰字亨行，三正（政）字品三。品三配陈氏，生二子一女：长成玉，字苻卿，为邑庠生。

陶成章祖父陶功化所建
陶堰老宅全貌

次成章，字焕卿。女文姑，早年亡。所以至陶成章时世系五代，皆家道平平，除曾祖母曾获朝廷嘉奖为节孝外，世代皆为务农。到祖父陶功化时，有田十几亩，日出而作，日落而息。在浙东运河的土地上默默地劳作着，平静地生活着。清同治四年（1865年）七月，陶功化鉴于三个儿子已立业成家，而自己已年过七旬，特邀集亲族，将"所有住房、田产、园地、河荡、佃田、什物、器皿等项一切配搭平分"，分给三个儿子，要求大家"各遵议书，勤俭成家，始终如一"，以后"各管各业，毋得争执。为此合同分书三本，各执一本，永远存照"。在这名为《陶功化分书户管》的合同中。我们可以看到小有家产的陶功化将家产一分为三后，每家所得家产就微而又微了。其三子陶品三得到田为八亩一分七厘五毛九系。其中五亩多实为公田，自己所有的仅为三亩左右。所谓公田，就是族内几家公有的田，所有权不是自己的。它的种植所得，要负担祖宗的祭祀、祖坟、祠堂等的修理和其他公众的支出。有时也要轮流种植。只有其中一部分收获才是自己的。除田外，还有连同后坡平屋共三间半房子。在当时人口较少的水乡平原，人均田应有四亩左右（到1951年土改时还有二亩多），所以陶品三所得的田很少，诚为历史上的"无地或少地的农民"。1990年初，据陶成章家长媳（时年91岁）回忆她到陶家时，家里仅有三亩六分田。分家十二年后，陶成章来到了人间，他就生活在父亲陶品三的这一清贫的家庭中。"清苦的生活"，是留在陶成章幼小心灵中的印记。

品三先生以种田为主，成章从小就随父亲参加农业劳动，他学会了插秧、耘田、收割、晒谷，除了耕犁、打稻、担谷等重劳动外，这些一般的农活他都逐渐熟悉。哥哥成玉也参加劳动，但比较多的时间花在读书上。陶堰地方多水荡湖汊，七八岁的孩子多喜游泳，成章自幼在家门前的水塘里学会了游泳，仰泳、潜泳均为熟练，特别会浮水，即用两足蹬水，胸部以上浮出水面，双手还可举起拿物。成章因为一身好水性，故他还到江河中去捞鱼摸虾，那里的鱼虾又多又肥，成章每次出去，总会满载而归。这时母亲陈氏夫人就会爱惜地说："你捞了这么多鱼虾，家里的菜有了！你一定要小心在意，水火无情，特别在风浪中，深水潭，不要去。"

品三先生除务农外，还兼做油漆工，人称漆匠。幼年陶成章也跟着父亲做个小帮手。父子俩十分勤劳，只要有工做，不分寒暑总是出门不误，以此手工所得来补贴农业之不足，维持一家生计。但这种手工工种，往往被人看不起。品三手艺精湛，出手不凡，劳动又认真，为人正派，因此他的漆作大受欢迎。但是，社会地位低下，无财无势，总为势利者所鄙视，尤为财主所不齿。陶成章幼时就经历了一件影响他终生的气愤事。一次，本村一家姓赵的人为嫁女儿，要品三公去他家漆嫁妆，这位赵财主是用钱买来的监生，视钱如命、为富不仁，人家都怕他三分。他为了显示自己的财势，表示自己的阔绰，就请了细木作来家精心制作一套像样的嫁妆。木作工毕，他就请五里三乡最好的油漆工品三公来家作嫁妆油漆。品三在那里一直做了两个多月，终于圆满完成任务。这位赵财主和家里的人也均满意。按照当地的规矩，嫁女儿的人家凡与嫁妆有关的工匠，在工作完毕后，还要有一笔赏金叫做彩钱，彩钱多少不论，但总要有一些。品三公做好油漆后，不见赵财主有彩钱给他，不仅如此，对两个月来的工资，还要东折西扣，不给全额。品三据理力争无效，就气愤地说："我这些工资索性不要算了，送给小姐当嫁妆罢！"财主听此一言，认为是品三有意唐突他，于是恼羞成怒，竟出手打了品三一个耳光，且说："你是发昏了，你配给我送礼吗？我家要你的贺礼吗？"把品三赶出了门。品三公受此侮辱，气不打一处来，但是财势不及，又有什么办法呢？只好忍气吞声回到家里，悲愤莫名。一家人顿时失去了欢乐。这时成章才七八岁，见父亲受辱如此，幼小的心灵就滋长了要为父亲出气的思想。品三公知道凭自己现在的力量是斗不过赵财主的。"君子报仇，十年不晚"，他只能寄希望于下一代，因此，除给长子成玉读书外，也要让成章读书出山，中举取仕，光大门楣。在这以前，成章已经入塾，经此打击后，父亲盼子之心愈为急切。每天早上，成章离家上学时，品三总要垂泪叮嘱成章：读书用功啊，你不要忘了父亲遭受的耻辱！要求成章考出好成绩，为家族争光。成章见父亲如此受气受辱，也就下决心读书，将来总有一天要斗倒这些恶财主。但是，家中毕竟太贫苦了。有一年绍兴大旱，田地荒芜颗粒无收，品三公母亲陈太夫人由于饥饿和辛劳加之年事已高，就一病不起而离世。不久，品三之女文姑由于哀伤过度，平时体质不佳，年仅青春十九，也重病而逝。连年遭此不幸，家中就更为清苦贫穷了。品三夫妇与两个儿子苦度光阴，挣扎在死亡线上。一个夏日晚上，月明星稀，成章族叔祖陶七彪路过成章家，这家房子不大，在路旁就可见到其家中情况，平常总可听到成章琅琅读书声，雄健而有力，但这次为什么书声中含有凄婉之音？他惊诧不已，就推进门去，见一家人沉默有泪，原来已断炊两天了。七彪速让人赶回家去，连夜送来银钱米谷，以救断粮之急。所以后来陶社同人在陶成章《祭章》中叙述"维公（指陶成章）少时岳岳，不以温饱累其身"。但成章自小有大志，"平居讷讷然不出言。偶与群儿戏，辄树各国旗为盟主，以扶弱抑强为目的，天性然也"。（章乃毅、鞠僧甫《民国浙军参谋陶公焕卿传》，以下简称章、鞠《陶传》。绍兴县政协文史委《陶成章史料》1987年。以下简称《史料》）他志向不小，连与其他孩子做游戏时，也要各小孩执各国旗，作为"盟主"。清贫的家境，受辱的社会地位，给了陶成章在曲折中锻炼、在逆境中成长的机会。他忍饥挨饿，劳动不息；受尽白眼闲气，孕育出傲霜斗雪的意志。勤勉的父亲，慈爱的母亲，忠厚传家的家风，使他的蕙质兰心不断成长为能与天地参的思想与才干。

二、乡风熏育

陶堰是个文化村，陶氏家族是江南一个著名的文化世家。

《重修会稽陶氏族谱》载，陶堰陶氏迁自浔阳，中古时之先祖为晋大司马陶侃和侃之曾孙陶渊明。陶渊明之第 28 代孙元末遭乱，避之台州，其子幸五，名岳字宗阳的到绍兴卜吉而居。于是斩茅除草，开路辟径，建屋营邑，聚族而居之。宗阳公遂为陶堰陶氏始迁祖。宗阳公有子名昌三，昌三公长子仲廉（1347—1412）号菊庄。菊庄有三子，乐沚、淳、淡分为西、东、南三房，后每房有子两人，为长、次两房，由此共为六房。这六房自明代中期直至 20 世纪中，依然房族清楚，世系条贯，真可谓三乐奠基，六房分明，东西亲密，房房相连，全村如同一房之人。陶成章为陶堰陶氏第 19 代孙，属东长房，三国时朱育曰："海岳精液，善生俊异。"钟灵毓秀之地，必然人才竞出。陶堰陶氏之最大特色就是人文荟萃，代有人杰。仇兆鳌在《序》中云："树棨刻阀，甲第相望，出而为巨卿、名臣、词宗、学士，后先辉映者，代不胜数。"过去有人说：陶堰在明清两代除少了一个宰相，缺了一个状元外，其官职如尚书、御史、翰林大学士、总督、巡抚等一职不少；科举上，榜眼、探花、进士、会元、解元等，一应俱全，其中举比例之高、官宦时间之长、政绩之显著，也是罕有伦比。有人统计，陶堰明代进士 14 人，举人 18 人，贡生及其他 11 人；清代进士 28 人，举人 50 人，贡生及其他 29 人。两朝相加，进士 42 人，举人 68 人，贡生及其他 40 人。一个小小的村庄，在这四五百年间，能出这么多出类拔萃之人，真是世所罕见。陶元藻在《会稽陶氏族谱》中说："《明史》中即有庄敏、恭惠、文僖、文简诸列传。自成化以来，祀乡贤九，名宦十三，鼎甲及乙科八十有奇，自乡土至封疆守令凡百计。可谓衣冠相望，卓卓在人耳目。"

所以这是一个科举村、一个文化村。文风蔚然，彬彬大盛，是这个村的特点。我们可以举以下两个现象：

一是村中牌坊多。牌坊是一种石雕艺术，寓褒奖、瑞祥、吉庆和激励多种含义于一身。一个牌坊无异于一座功德坊、一座纪念碑。在陶堰村的牌坊中，有一些贞节、孝女牌坊，但更多的却是官第牌坊、中举牌坊，而且高大精致，显赫夺目。陶堰最早的牌坊是文元坊，这是为陶氏开科举人陶性而立的。他幼而特英，占对颖敏，年十三从师学《春秋》，尽得其义。以后陶堰人大多以学《春秋》为长。陶性中秀才后，岁岁科考，皆名列前茅。明成化元年（1465年），乡试中为第9名举人。这是陶氏族人第一位中举者，从此科举中试者络绎不绝。族人为纪念这位开科举人，上疏请立此牌坊，以旌其功。又如秋官里坊，这是为陶悌中进士而设立的。东次房陶悌，自从兄中举后，读书奋发刻苦，结果于成化七年（1471年）一举中魁，这是陶堰第二个举人，弘治三年（1490年），考取进士，这是陶堰第一位进士，自此后陶堰文气大盛，仕途坦荡。作为开科进士，世受全村人敬仰，故立此牌坊。陶悌授刑部主事，执法公平，不阿私情。当时刘瑾把持朝政，想拉拢陶悌，许之以高官，贿之以重金，陶悌一口回绝，曰："不义富贵于我如浮云。"愤而辞归后，写出《家约》数十条和《族谕文》等，规范家族、子弟和房族间行为。后来会稽县在陶堰与城里分别树立"秋官里坊"——刑部在《周礼》中属秋官。又如世第坊，为嘉靖十年（1531年）翰林院庶吉士陶谐立。陶谐（1474—1546）是陶氏族人中关键人物，他承陶性、陶悌进一步敲开科举之门，使其子弟进学中举入仕，以至累世簪缨，不可胜计；而其行其德又为世之表率，可入于史册。陶谐于22岁时弘治八年乡试第一，为解元，次年又成进士，这是陶堰第二位进士。时刘瑾当权，陶谐直言上疏，要求严惩刘瑾和与他朋比为奸的"八虎"罪行，但皇帝听信谗言，将陶谐重责庭杖削职回籍。大学士谢迁和兵部主事王守仁等上书揭发刘瑾，刘瑾反诬谢迁、陶谐等53人结为党锢，陶谐又被遣入京，复遭庭杖，入锦衣狱，发配肃州。嘉靖改元，刘瑾处死，朝廷复召陶谐，升江西按察司佥事御史，他复查民案，平反冤狱，为民申冤，人称"断案如神"。又任治河副使，筑堤护堤省财省工而水患得除，升河南省参政、河南布政使、兵部右侍郎，总督两广军事，晚年为兵部左侍郎。年73卒，赠兵部尚书，谥庄敏。《明史》有传。陶谐的功名业绩、道德文章为陶堰人的骄傲，在陶堰和绍兴城中，有不少与陶谐有关的牌坊。又有忠良传世坊、祖孙都宪坊、月桂同攀坊、奕世堂卿坊、兄弟宗伯坊等，为兵部尚书陶谐，礼部尚书陶承学、陶大临，翰林院侍读学士陶望龄，赠兵部侍郎陶寿，工部侍郎陶试、陶建奎，翰林院侍读学士陶师贤立。联袂中捷，兄弟、父子登科，这些本是十分不易的事，但在陶堰却屡屡出现，这是陶堰人科考的特色。陶堰牌坊还有许多光彩名词，反映美好内容，如"奎甲传芳""紫盖联辉""奕世荣卿""泰运汇征""科第龙飞""群英拔萃""鹿鸣汇荐"，等等。如此众多的牌坊，反映了村中科举之风，这对人是一种巨大的激励。

二是大型厅堂多。这个不大的村庄，在清末民初还有36个厅堂。厅堂是整个宅第建筑中心部分，堂名反映主人的处世哲学和生活理想，也反映其品质和素养。以东长房、东次房为例，有西野堂为东长房西野公建。南野堂为东长房南野公师颜宅。怀邠堂，为东长房怀邠公儒襄宅。济美堂、得师堂为东长房南川公陶谐祖孙宅。重褒堂，为大顺父子宅。又有平心堂、起元堂、三槐堂、孝友堂、心逸堂等，共12座。南长房、南次房也有多座，如双寿堂、敬德堂、瑞生堂、兰馨堂、大小五乐堂、滋德堂、引素堂等，另外还有五柳堂、一径堂、盛新堂等，除陶堰本地外，也有建在绍兴城里的。这些宽大、明敞的建筑是本家本族的荣耀。是本宅主人休养生息之地，也是族人聚谈、议事决事的场所。它都给人一种力量、一种推动。

从以上两种情况中，可见陶堰村中村风族风的独到之处。陶氏在数百年间肇丕基而振家风，历动乱而尤盛大，珠联绳贯，长盛不衰，其基本原因是始终重视教育，重视对子弟的培养。陶氏的教育有三个特色：一是重视对人品的熏陶和培育。陶氏人常以他们的二位祖先为族人终身的楷模。第一个楷模是远祖陶侃。陶侃（257—333）世称恒公，随父定居于浔阳，时值三国与晋嬗变之际，他可说是亡国贱俘之后，贫穷落魄之家，但母亲湛氏夫人贤淑勤劳，以纺织为生，教子课读。侃天性至孝，以捕鱼补充家用。受友人推荐，举及孝廉，辟为长史，几十年间，终以一介寒士而位极人臣，史称有晋一代纯臣，原因在何？在他心怀黎庶，志在社稷，虽屡遭猜疑，诽言不断，仍屹立不变，一身正气，未尝毫末有怠。正如乾隆帝评曰："吾谓长沙之绩，可与管葛比肩，王导、谢安非其伦矣！"这种忠义之士，刚正之气，是陶氏的荣耀。陶堰陶氏为官为宦者，亦多弘毅死节之臣，可谓威武不屈，富贵不淫，贫贱不移。第二个楷模是陶堰陶氏第四代陶敬字乐淳（1376—1443），时有太监阮某来浙搜刮民财，后闻有密诏搜捕，大惧。他知陶敬厚道，托将财物藏其家，陶严词拒绝，阮威胁道："如不答应，我可以转祸于你，你不念及身家性命吗？"陶敬只好默许，计白金六千余，投之井中。未几，阮监死于狱中。数年后，绍兴一带大饥，陶敬取出白金告之太守，全作赈荒之用。太守大喜，拟拨一半给陶敬，敬云："我如爱财，何必禀告太守？"太守与众饥民感激不尽，一时饥困得解。此事在《浙江通志》《绍兴府志》上皆有载，后在陶堰村上立一"乐善好施"坊，以资表彰。这一义举善行成为陶氏后代诚信忠实为人为事的榜样。陶氏这种对后代人格品行的教育，形成了一种族风、家风和村风，让青少年沐浴在良风美俗中，接受中国几千年的优秀传统美德教育，接受优秀民族精神熏陶。

重视家庭教育，这是陶堰教育的第二个特色。即使家境竭蹶，也要让子女读书识字，创造条件进学中式。陶氏人乐于谈论第六代世祖陶燧的故事：陶燧（1445—1499）是陶成章第十四代高祖，家境贫苦，未事举业，但却诲子成功。长子陶诰于成化二十二年（1486年）中为举人，二子陶谔于弘治十四年（1501年）中为举人，三子陶谐弘治八年（1495年）中为举人，为解元，次年又成为进士。三兄弟在十五六年间均考取为举人，且有一人为进士，真是满门光彩，合族惊喜。在陶谐为工部给事中后两个月即弘治十一年（1498年）冬诏下：陶熖受封，其官阶如陶谐一样为工部给事中，由此，兄弟同举，父子同阶，堪为科举史上美谈。陶氏全族喜庆。人说这就是陶熖教子有方。其《墓志》说他"综理家政，早作夜思，惩醋斥情……言功必归于礼。恂恂雅饬，喜愠不形。人或犯之，恬不介意。遇章逢耇硕，奉事唯谨。孤厘匮乏，周之未恐弗及"。这就是陶熖重视家庭教育。他修身唯谨，待人以诚，故能教出如此之好儿子。人称他为"乡之善士"。他死时，皇帝特遣浙江布政使致祭，由宰相谢迁撰写墓志。

这种兄弟砥砺、父子奋勉、全家协力的家庭和房族气氛，在以后的子孙中产生了巨大的影响。陶氏六世出举人，七世出进士，官至兵部尚书，而到九世"允"字辈，继续上扬。这几辈人的科第中式可谓是兰桂齐芳，兄弟携手，父子登科，叔侄连捷。先是陶谐之孙陶大顺于嘉靖四十五年（1566年）登进士。而这一年，其子允淳亦得进士，真是"父子同科"荣耀至极。《明史》卷203有传。大顺为政30年，是一个清廉自守又大有政绩的能臣循吏，晚年谓子女曰："吾以清白贻尔，胜籯金矣！"这就是清白传家之家风。在此前后，其弟陶大临于嘉靖三十五年（1556年）进士及第。为榜眼第二，任吏部尚书，《明史》亦有传。其时，严嵩擅政，大临与他人冒险上奏弹劾，及待徐阶为相，遂得平反。其子陶允宜万历二年（1574）为进士，这样兄弟父子四人在不到20年时间都中为进士，又有陶大临为陶谐之侄孙，于嘉靖二十三年（1544年）中为进士。取为二甲，出守广州，人称一代英豪。陶大年亦为陶谐侄孙，嘉靖十九年（1540年）乡试为举人，次年为进士，他破倭平盗，保境安民，功勋卓著，又生性凝重，行为规范，太守任上，衙清如水，为民称颂。以上是东长房在第九世、第十世得六位进士情况，可见其时家风、族风之一斑。

在东长房科举联翩同时，南次房也在花蕾饱绽，竞相怒放。先是第九世陶承学，乃陶谐之从弟陶试之孙，嘉靖二十六年（1547年）登进士二甲，授中书舍人，后为湖广道御史，政有清声，两袖清风，婚丧事还要向人借贷，兄弟同居，仅楼屋三间。其弟陶幼学嘉靖三十八年（1559年）登进士二甲，为翰林，为工部营缮司事，在福建、江西、云南主政。南次房第十世又科第奏捷，陶承学之子，我国著名理学家陶望龄，万历十七年会试为会元，殿试为探花，他是陶氏继陶大临得殿试第二（榜眼）后，第二个进入鼎甲得第三（探花）这一最高层次的人物，后官至国子监祭酒。布衣粗食终其身。他服膺王阳明心学，在家乡设石箦书院，传授心学理论，为阳明学泰州学派代表人物，一生著述丰富，《明史》有传。陶望龄有兄与龄，万历十三年（1585年）与望龄同在乡试中举，一时传为美谈。望龄又有一孪生兄弟奭龄，万历三十一年（1603年）浙江乡试中举。这样一家三人全中举，其光荣程度可想而知了。而在此同时，他们的同房兄弟荣龄亦浙江乡试中举，出任国子监助教，和州知府。曾龄浙江乡试武举中举。他深谙兵法，勇于骑射，其臂力无出其右。陶堰多出文学之才，但自陶良学于嘉靖间中浙江乡试武举，成陶堰第一个武举人后，陶志宁于万历三十一年（1603年）又中乡试武举，如今陶曾龄为陶堰第三个武举人，在明末崇祯十五年（1642年）又出第四个武举人陶靖流，且于次年特恩以武进士用。可见陶堰人的科举中式不仅文才竞出，武举也络绎不绝。文臣武将，辅佐之才大备于斯。陶堰真是人才之乡。

从上述简略叙述中，可以想见，在明嘉靖到万历的五六十年间，这么多举人、进士荣登高第，一次次捷报频传，一场场锣鼓响起，一个个高官出现，随之一幢幢大宅树立，这对人是多么大的激励，尤其对同一房族的年轻同辈是多么大的推进力量。

　　重视办学是陶堰教育第三个特色，历史上陶堰有不少义塾、书院，还有不少文人结社。如惜阴书院。陶氏以晋代大司马陶侃为远祖，陶侃常对人曰："大禹圣者，乃惜寸阴，至于众人，当惜分阴。岂可逸游荒醉，生无益于时，死无闻于后，是自弃也。"（《晋书·陶侃传》。中华书局1974年11月）其后代陶澍在南京建"惜阴书院"，以"惜阴"教育青少年。陶堰也建"惜阴书院"以培养陶氏后代。建精舍若干，延请名师，收族中子弟免费入学，规制完善，教学严谨。在书院中树陶侃像和陶澍的陶恒公像赞及序。指出"以惜阴之义为多士有志于学者"，希望陶氏后代"每怀古哲，庄语日强，尺璧非宝，百炼弥刚"。惜阴义塾又称陶氏义塾，是村中最大义塾。除惜阴书院（义塾）外，还有"惜阴家塾"。光绪二十八年（1902年）义塾改制为浔阳学堂，1904年后，改称学校，这是绍兴县最早由义塾改制为学校的两级小学之一。此外，还有明强初等学堂、南强初等小学堂、运川初等小学堂、和济小学等。在光绪末年，陶成章的族叔祖陶浚宣（字心云）在建东湖以后，又办了东湖通艺学堂，以自己的笔耕收入，为学堂经费。所以陶氏办学育人有优良传统，不仅为陶氏一族也为地方教育作出了杰出贡献。陶堰地方还经常组织文学社团。明代万历间有"阳辛学社"，并出刊物，天启间又有"丛云文学社"，有陶祖龄、陶崇义等18人参加，也有《丛云诗章》传世。当时陶堰村是比屋弦歌，连间诵读，文化气氛达于极点，就这样，诗礼传家、科举出仕、簪缨继世，成了陶氏人才的基本道路，也成了陶堰陶氏最主要的族风家气村风。这是对青少年的思想陶冶和精神鞭策，是长辈们对后代的期望和要求，也是他们应有的志气和目标。一代一代在陶堰传承与发扬，由此陶氏人才层出不穷，宛如芝兰玉树、列于庭阶；长江碧波、滚滚东来。

　　陶成章就在这样一个环境中逐渐成长起来。

三、坐塾与读史

陶成章于6岁（1882年光绪八年壬子）入本村陶氏义塾。成章生性颖悟，读书过目不忘，遂博通经史。入义塾后，按当时规矩，阅读《三字经》《百家姓》《千字文》，读《大学》《中庸》《论语》《孟子》和《诗经》《尚书》《春秋》等儒家经典。品三先生自己也认识几个字，可以看懂《御批通鉴辑览》这类历史书籍，因此儿子放学之后他要亲自课读，即使过年过节也从不间断，这为成章阅读史籍引发了兴趣。但读塾的基本功课是做制艺，俗称八股文，以为日后科考打下基础。成章兄成玉，长成章六七岁，为邑庠生，亦为义塾塾师，他对成章的课艺勤勉指点，成章不喜这种八股写作，但仍勉力为之，且进步甚快。章、鞠《陶传》云："（成章）性鄙制艺，不屑模仿，入手便工。"汤志钧编《陶成章集》（中华书局1986年版。以下凡引陶成章制艺文，皆出是书）收有陶成章1891年即15岁以前的课艺5篇，这些制艺文虽因年幼而行笔稚嫩，然亦见成章努力揣摩八股而认真训练之情。又有49篇为1894年之课艺。陶成章自15岁（1891年）起亦被聘为本村义塾塾师，他在执教之余，勤奋读书，继续学习艺文。有一事在章、鞠《陶传》中记述尤详。品三先生严于课子，一次请有关人测试成章。测试毕，他袖文请教同族孝廉吉生先生。先生一见文章十分器重，说此文必冠前茅。但揭晓时，却被刷下，原来成章平素无意学诗，结果，试帖诗做坏了。时值宗庙冬祭，同席燕先生恐品三先生指责过甚，乘间向品三先生陈说原委。他还未说完，成章就肃然起立说："不然，天下事舍短取长，公理也。予文六百余字，诗仅六十字，天下安有以少数能掩多数者乎？"同席的几位先生认为成章的话具公德心，不仅仅是为自己而说。酒正酣时，燕先生停杯起立，敬告品三先生说："公子不凡，不特为吾宗光，且为天下贺。"自此之后，成章努力于古

陶堰陶氏义塾　　　　　　绍兴陶堰西上塘陶成章故居前门

文辞，韩愈、柳宗元、欧阳修、苏轼诸大家作品无不熟读，不洞悉它的款窍、它的精髓不放手。不久，作《牵让篇》又请孝廉公看，孝廉公认为文章的精义独到处，不是赫胥氏《天演论》优胜劣败之口头禅所能表达。当时科举不废，欧学未萌，而成章已有种族革命思想流露于字里行间，凡见到成章文章的人虽咋舌担忧，而无不为之叹服。

从这一记叙中，可见陶成章对制艺举业的态度，他在制艺上虽有不足，但其议论的锋芒、义理的深度已与众不同。到后来他逐渐成熟，对八股文写作的要领有了体会。如《辛》一文，塾师的批语是："大致清楚，惟须再求典雅工夫，开广思路，庶可日起有功，角胜艺林，不负高堂培植一片苦心也。"在《率》一文末批曰："短比屑屑相生，有典有则，不蔓不支。"成章的议论手法和文辞功夫，已大有长进，通篇布局亦有可观。

在成章的课读中，其兄成玉的指导起了很大的作用。在上述制艺文上，有许多成玉的修改文字，指出文中的不足。有时甚至作一范文供成章仿效学习。如《今麦》一文批语："文颇顺适，惜太犯实。兄他日有暇，当另作一艺以示之。"表现出一片谆谆教诲之情。其他塾师也起了指导作用。并常以"不负高堂培植一片苦心"告诫成章，奋勇上进。使成章受益匪浅，进步甚大。到写作《而信节用》《或乞醯焉》时，塾师就写道："通体颇稳，再求矜炼，庶可角胜名场。""扬之高华，按之沈实，行文篇篇如是，已成入彀之技矣。"以入"名场""入彀"来激励他。他在《而信节用》的制艺文后，按题要求又赋一诗，应制诗要限韵限字，此诗题为《赋得春草碧色》（得色字，五言六韵），诗曰：

遥望芊绵碧，芳郊草正春。

粘天香不断，夹岸看无垠。

欲与苍波混，偏宜丽日匀。

窗纱横映砌，绝袖半遮茵。

想得寻花径，应迷拾翠人。

熙朝隆化育，四境尽醇民。

　　成章写诗不多，但此诗却形象生动，又按照应制诗要求写作，表达了期盼时来运转、一朝中举的愿望。制艺文、赋得体诗是代圣贤立言，释儒家经典，粉饰圣朝升平，很少有个性色彩，更少讥评时政的言辞，成章的这首诗也是应例而作。1991年绍兴市发现一篇陶成章的科举佚文，是1894年成章在稽山书院以童生身份参加考试的制艺文，卷题为《人不间于其父母昆弟之言南容》，又有一首赋得《道是春风及第花》诗为"得风字，五言六韵"。文由《论语·先进》中一句话"子曰：孝哉！闵子骞！人不间于其父母昆弟之言"而拟定，"南容"也是孔子学生，闵子骞同学，名适，故又称南容适。文将此两人作一比较，赞闵之孝思，南之人品，又以子夏、曾参作对比，左开右合，转折自如，议论风发，用笔老辣。其诗从"及第"上伸展开去，用语双关，是一首五言咏春诗，亦是一首抒志诗，当然更是一首科举干谒诗。如果到此为止，陶成章极有可能科举中式，封官晋爵，光辉门庭，其父品三先生愿望固然得遂，陶氏亦会又添一大员矣！但时代毕竟不同了，而陶成章个性追求又不在制艺出仕。他在生活中受到的遭际，在传统儒学中获得的新知，使他渐渐超出了朝代的因袭、族人的依凭，而有了自己的独立思考，有了自己的向往，虽然这种向往这时还不甚分明，但毕竟开始了新的梦幻，他要执着追求，不懈探索。

他在《驱虎》一文中指出："虎为害人之兽，驱之不容缓矣。夫害人之兽，固不独虎也，而虎其最也，驱之岂容缓乎？"进而指出人间多猛虎，"在朝者多猛虎之政"。最后揭示只有"尽涤猛虎之苛政"，"天下之民"方能安生，方得喜悦。文章从害人之兽虎，进而引申到苛政，以孔子所言"苛政猛于虎"立论而生发开去，表现了成章对现实猛烈抨击之心。

成章的学识与人品，随年龄的增长已崭露出不同寻常的风貌，在陶氏义塾为塾师五年后，于1895年19岁时，应聘在东湖通艺义塾教书。东湖通艺义塾（旧为东湖书院），在今东湖风景区内，由陶成章族叔祖清代举人陶浚宣（一名心云）独资创建，任监督。义塾设史学、子学（包括经学）、算学（包括天文）、译（外语）学共四斋，分别授课，又有藏书楼、宿舍等。真可谓文理并包，中外兼通。光绪二十八年（1902年）改称为东湖通艺学堂。在义塾（学堂）中不少革命人士，包括光复会会员如孙耦耕、谢震、陶成章等为教员。又有越中名师何阆仙、寿孝天等来校执教，由此培养出了如竺可桢、刘大白、陈仪等近现代史上的著名人物。从陶氏义塾而为东湖通艺义塾老师，成章凭年轻和知识才干，特别是思想活跃、思考敏捷，很快适应了新的环境，加之陶浚宣是一个见识博洽、经史博通、热心地方公益的乡绅，思想进步，勇于探求改革之路，所以在他的周围，团结了一批思想先进分子，包括不少时代叛逆者。这一新环境，无异给了陶成章新的天地、新的追求。这主要表现在他对中国历史研究的巨大热情上。

上文已述，陶堰人从明代开始，对《春秋》一经有特别的兴趣，几乎

绍兴东湖通艺学堂——
陶成章曾在此任教

所有中举出仕的人，对《春秋》《史记》等均有很深的研究。陶成章因对制艺文不屑于心，就用心钻研中国史籍。他精读的一些文学大家，如韩、柳、欧、苏固然工于文章结撰，但其重要基础——史学造诣均很精深，均有其独到见解。这为他阅读史籍，提供了榜样。中国史一个最基本的观点是大一统和大汉族主义思想，不论是公修巨制还是个人撰著，无不如此。这一观念延续到19世纪下半叶，则带有悲怆的色彩，给人以更强烈的刺激。此时，资本主义列强步步入侵，清政府腐败无能，步步退缩，已经败退到豆剖瓜分、无可再退的地步，民族危机达于极点，救亡图存成为爱国者一致的口号。当时人们普遍认为救国首先一着是要进行种族革命，推翻清政府，恢复汉族地位，如此方能拯救危亡的华夏民族。在这种社会思潮涌动潜流中，陶成章阅读史籍就更有了政治动力，有了明确目标。他特别对先秦各诸侯国的历史，加以整理与研究，了熟于心。当时他向三方面的藏书者借阅书籍，一是陶堰的本家叔伯兄弟。陶堰人中举多，藏书者当然亦多。在陶成章稍前或同时的陶堰名人不少，如陶方琦，光绪二年进士，通经儒雅，又长于画兰。同年又有陶揩绥为进士。陶联琇、陶仁荣亦均于光绪二十年中为进士。

举人则更多。陶成章读书就多从这些族人家中借阅，成章的辈行比他们小，是族曾孙族孙辈，但他们对同族中有这么一个卓越英绝的青少年，都很垂青看重。上文已述，有两位同族的孝廉先生见到成章的文章，均赞不绝口，十分器重。因此这些先生也都愿意借书给成章阅读。尤其是陶七彪（在宽）先生，对成章更是关怀备至。经济上固然时解无米之急、言语上时加奖掖鼓励，在读书上更加多予方便。七彪颖悟过人，往往出于绳墨以外，精研数学，擅长外文。他说："焕卿读书有见识，有判断，非凡儿所及。"他不但将自己所有的书籍借与成章阅读，且常辗转向他人借得再转借给成章读。成章读书有一习惯，就是边读边思考且于书旁动笔记述，每读一书竟，或眉批，或题跋，笔墨淋漓，就在借来的藏书上也大书特书，这事常为借书的人家所不悦。但七彪非常赏识成章这种做法。据陈觉民先生回忆，七彪藏书在七彪亡故后，由绍兴旧书商经手卖给上海旧书店，这位书商说内中有很多陶成章批阅过的书籍，可惜这批书散落各地，了无踪迹。族人的资助，使成章学问大进。第二个来源就是到绍兴城内书店阅读。当年绍兴城内已有古越藏书楼，为栖凫人徐树兰所建，可以借书阅读。又有徐友兰所办铸学斋和墨润堂书店，还有奎照楼、会文堂等。尤其是墨润堂书店办在大街上，进了许多绍兴先贤时俊和西方的书籍，如《华盛顿传记》《拿破仑传》《泰西新史揽要》《万国史记》等。到东湖通艺学堂执教以后，成章常早上来城，中午仅以麦饼等充饥，站着阅读一整天，要等到上店门时才离开。初时店员有厌恶之情，以为常来看好书，不买书，后来被成章精神感动，不仅让他看，且有凳子让其坐，有茶水供他解渴和冲食。成章如饥似渴阅读中外书刊，大开眼界，从中国传统的一个水乡集镇，逐渐认识到还有这么一个五彩缤纷、人事纷争的外部大世界。让他逐渐从整个中国、整个民族及至亚洲和全球来认识分析中国的现实问题。第三个来源就是向当时绍兴的有名人物请教和借阅。当时绍兴城内名士有李慈铭和平步青等人，李在北京任官，名闻中外；平步青系进士，为官几年后，就辞职返乡从事考证著述。他家在乡下，但长居于绍兴城里上大路。平家富藏书，平步青又是一个识见独到、勤于考证论析的大学者。成章上门请教，初时平氏家人冷淡对待，及至后来见其态度诚恳，虚心好学，多次求教，令人感动，就让其入书房看书并借阅外出，平氏藏书多乡贤遗著，由此成章才得以大量阅读王守仁、黄宗羲、万斯同、邵廷采、全祖望等著作。陈觉民先生《陶焕卿轶事》转述陶熙孙（陶浚宣之孙）的话："曾见到过焕卿手批的《南雷文集》《明夷待访录》《思复堂文集》《东南纪事》《西南纪事》《鲒埼亭文集》等书，连书目都是批得淋漓皆满，旁无隙地，而记语精辟，多可传者。"（《史料》）

陶成章从大量阅读越地先贤的名著，尤其是从黄宗羲等著作中，看到了君主专制主义的极大危害，他逐步认识到了时代更替、王朝变换的必然规律。樊光在《我所知道的陶成章》文中云："成章自幼好学，富正义感，钻研浙中先儒黄梨洲著作，对黄氏撰出的'为天下之大害者，君而已矣'，'天子之所是未必是，天子之所非未必非'，'天下之治乱，不在一姓之兴亡，而在万民之忧乐'等大义微言，深以为是。平时还喜读西方哲学名著，逐步有民主思想。他目睹清廷官僚及驻防旗人胡作非为，凌辱人民的情况，非常气愤。"（《史料》第 20 页）文中的这些引语多是黄宗羲《明夷待访录》中《原君》的话，痛斥了专制君主制度的虚伪和危害。傅以潜也在《陶成章》文中云："君性沉毅淳朴，尊重实行。自其少时，已主张救世之学。痛异族之专制，悯社会之暗塞，思欲改革而扫除之。间形诸辞色。"（《绍兴县志资料·人物列传》第一辑，第十六册，民国二十六年二月）就在阅读中外书籍，尤其史学著作和绍兴先贤遗著过程中，他逐渐提高了认识。他从历史经验中得到启示，又要以这种启示去改变旧的历史，创造新的历史。他要投身于时代的潮流中，做一个知行合一、敢于改革的越中奇男、中华斗士。

第二章

游学东瀛

甲午义愤

北上京师

奔赴日本

一、甲午义愤

1895年4月，一个惊骇国人的消息传遍了大江南北，也打破了陶成章平静的塾师生活。这个消息就是清政府派李鸿章于4月17日在日本签订了卖国的《马关条约》。条约割让辽东半岛、台湾、澎湖给日本，赔偿白银二万万两等。在这前一年，日军借故进兵朝鲜，10月间分两路进入东北。而在9月间的黄海大战上，经营了二十多年的中国北洋舰队灰飞烟灭，几乎丧失殆尽。战败的消息不断传来，但谁也不能预料到如今竟会订立如此屈辱的卖国条约。人们对清政府完全失望了，其愤慨之情真欲目眦尽裂。正在此时，又传来绍兴名士李慈铭在京愤激而亡的讯息。李慈铭（1830—1894）光绪六年进士，官至山西道监察御史，为晚清文史大家，著名诗人。《清史稿》本传云："时朝政日非，慈铭遇事建言，请临雍，请整顿台纲……数上疏，均不报。慈铭郁郁而卒，年六十六。"其老友平步青在其传中更具体点明是甲午败讯所致："今年夏，倭夷犯边，败问日至。……至是独居深念，感愤扼腕，咯血益剧，遂以十一月二十四日竟卒，年六十有六。"（《越缦堂诗文集》下"附录一"。出版同上）这是绍兴名士忧国忧民而亡的又一个典型。凶讯传到绍兴，引起了社会骚动，人民对清廷的腐败无能痛恨极了。什么才是出路呢？人们在期待着。李慈铭的愤而暴亡，当然更加深了青年陶成章对清廷的仇恨和对时局的深思。他决心要"驱虎"，要扫除这种"害人的老虎"。"驱虎"的办法，就是实行宗族革命，推翻清政府，所以他后来说："愚从事军事之志，起自甲午。"甲午战败对他的刺激确是异常深刻的，决定了他今后的人生道路。

陶成章是一个重实行的人，既然立定了志向，就要从身边事做起。当时洋人传教士遍及各地，在绍兴城乡他们勾结地方官衙和劣绅，霸占土地，起造教堂。陶堰也有一座教堂。洋教士欺压百姓，引起了村中不少有志青年的不满。一次，陶成章率领族中几个青年，冲进教堂，责问洋教士的不法行为，义正词严、理直气壮，使洋教士理屈词穷，无言以答。过后不久，洋教士召来两个衙役，气势汹汹闯进陶成章家，成章父亲品三先生自顾势孤力单，只好向洋教士赔礼道歉，又送衙役若干银钱，此事才平静了下来。但由此，更加引起了陶成章对洋人的痛恨之情。一次，成章在城中清道桥，见到一顶八抬大轿，轿中端坐着一个洋人，可能是个法国人，当时任会稽县邮政局局长。他威风凛凛的样子，骄横不可一世。成章见了，气不打一处来，略微一想，就到街边的一个油烛店买了一串百子炮仗（即鞭炮），点燃后，丢进轿内，鞭炮一燃，哔哔叭叭响声不断，烟火四起。这位洋大人还以为有人放枪，惊吓得几乎死去，连喊"救命"，出尽了洋相。跟从之人迅即抓人，围观群众却无不拍手称快。陶成章在众人掩护下早已逃出了城。后来洋人又派密探查找，终以一无所得而不了了之。自此更坚定了陶成章要与清政府斗争的决心。

对敌人的愤恨是与对人民的热爱紧紧连在一起的。恨敌人恨之入骨，爱人民奋不顾身。一次，成章从东湖回陶堰，时值冬日，雨雪霏霏，行至樊江江边，闻河上有水波四溅之声，在朦胧月色中，见有江水回流旋转，成章知有人投水了。他毫不犹豫，脱去棉袍，一跃而入水中，奋力游去，凭自幼识得水性，不久就把那位妇人救上岸来。讯问缘由，是因婚姻所逼，自寻短见。成章安慰宽解一番，妇人千谢万谢而去。又一次，陶堰附近之道墟村，有一个地头恶棍叫赵老虎，他无恶不作，霸占了农民一个鱼塘，农民不服，就群起反抗，结果被赵老虎豢养的狗腿子打了一顿，有几个农民竟致卧床不起，生命垂危。此事惊动了陶成章，天下哪有如此不平之事，他仗义执言，挺身而出，伙同一班血性青年，赶到了赵老虎家中，严词责问："你有什么根据说鱼塘是你的？"赵老虎当然没有根据，就强词夺理地说：

"我说这鱼塘是我的，就是我的。你有什么办法？"说着就出手殴打陶成章。赵老虎这种蛮横无理、横行不法的恶霸行为，激怒了当地乡民，人们就群起打了赵老虎一顿。赵老虎勾结会稽衙门，县令发令拘捕陶成章。陶成章不得不连夜逃走，至嵊县一农家放牛。半年后，赵老虎病死，成章才回到家中。陶成章就是这样一个富有正义感、同情心的人。正如其长孙陶永铭先生所言："先祖父平素见义勇为，见人之急难，常排难解纷，毅然以身任之，从不考虑一己之得失。"（《陶成章青少年时代轶事数则》，《史料》第 41 页）

陶成章在东湖通艺学堂执教二年后，辞去了工作，专意阅读史籍和乡贤遗著，特别是黄宗羲的大量著作。他越发坚定了种族革命思想，并且从各种中外史籍中知道革命的手段应该用武力。甲午之役后，不少知识分子提出改革主张。就在签订《马关条约》的 1895 年，以康有为为首的在北京应试举人签名上书，这就是著名的"公车上书"。提出"自强雪耻之策，分富国、养民、教士、练兵四项"。（翦伯赞主编《中国史纲》第四册第83 页，人民出版社 1964 年 7 月）不久得到了光绪帝的同意，引来了梁启超、严复、谭嗣同的积极参加，展开了资产阶级思潮对封建主义思想的大论战。在康有为发动"公车上书"的同时，孙中山于 1894 年在檀香山华侨中间秘密组织了"兴中会"，次年春在香港成立兴中会总会，积极开展武装起义。这样，又开始了中国历史上改良与革命两种主张的斗争。陶成章的"从事军事之心"与中山先生的主张是一致的。到 19 世纪末的几年中，资本主义列强加紧在中国侵略。救亡刻不容缓，救国任在双肩，于是形成了震动社会的变法思潮。在绍兴这一思潮的集中代表者是山阴人汤寿潜，他于此时写成了《危言》一书。《危言》的中心内容是倡导"变法"。"《危言》是近代维新思想最早的、比较完整的一部代表作。汤寿潜是近代史上浙江最早的、影响极大的维新思想家和先驱"。（傅振照《绍兴史纲（近代部分）》第 46 页，西泠印社 2008 年 9 月）要救亡图存，必先富国强兵，"走变法之路"，当时许多人信奉了这一办法。但是，青年陶成章并不相信变法能改变大清朝病入膏肓的命运，能让这些仰仗洋人、向洋人摇尾乞怜的封建贵族改变吃人和乞怜两种本质。他认定正如打他父亲耳光的赵财主不会变善，章镇村上霸占农家水塘的赵老虎不会施仁一样，清廷是不可能挽救国家危亡，洋人是不会自动离开中国的。只有起来斗争，打倒他们，驱逐他们，像他父亲那样的农民才能翻身，所以他思考的结果是走另一条路，这就是"从事军事"。要用军事的手段来救亡图存，来拯救苦难的人民。

这时，父亲陶品三开了家瓦窑，让成章去经营店务，但成章却爱看书和从事革命活动。一次父亲责问陶成章："你搞那什么革命？那么为的是啥呢？"陶成章回答："为了要使得人人有饭吃。"品三先生似懂非懂，对人说："我儿子要使得人人有饭吃，这个怎么好去阻挡他呢？"（曹聚仁《陶成章与光复会》，曹雷编《听涛室人物谭》第 38 页，上海人民出版社 1998 年 10 月）他以此安慰自己。也不再让成章去管店，由他去流浪做革命运动了。这段时间里，陶成章有一首诗表达了他对乡人的关心，诗题是《赠周海门先生》，诗曰：

> 身是高阳旧酒徒，年来稚与地俱无。
>
> 问谁得似东坡老，为写虬松怪石图。

周海门，绍兴东浦人，饱学，但屡试不售，嗜酒，性怪辟，不满于社会现实，家赤贫，时遭断炊之虑。他精通文史，综籍百家，常有学人往返问教。陶成章与他相识、相知。诗意是苏轼写虬松怪石图典故，表达了对友人的一种慰念，而后在实际中又真起了济人扶困的作用。陶成章性如钢坚，疾恶如仇，但对友人、对贫苦之人充满同情，情深如海，他的为人是刚与柔的统一、是剑气与书卷的结合。

二、北上京师

在陶成章 24 岁时，迎来了 20 世纪的开始。世纪之交，风雨交加，电闪雷鸣，国家处在存亡之际，民族进入继绝之境。风云际会，志士奋起，陶成章在全国汹涌澎湃救亡声中走出了革命的第一步：北上京师，寻求机会，迈步雄关，考察形势，他要一举推翻清廷统治。产生这种行刺暗杀思想的动机是：1898 年，康有为、梁启超呼喊了多年的变法维新，在光绪帝的支持下开始了，但仅只百日，变法就彻底失败了。人们不堪忍受洋人的欺凌，于是在 1899 年爆发了义和团运动。帝国主义列强于庚子年（1900 年）7 月组织八国联军攻占北京，在中外反动势力联合攻击下，义和团运动失败了。列强于辛丑年（1901 年）9 月逼迫清政府订立了《辛丑条约》，中国完全陷入了任人宰割瓜分的境地。

在这千钧系于一发的情况下，救国已刻不容缓。孙中山加紧了武装起义，留日学生也呼声日炽，各地民众如烈火干柴，待日而动。在绍兴，也出现新变化，蔡元培于 1898 年毅然离开高官厚禄的任所，回家乡从教育入手，走教育救国的道路。在前一年的 1897 年 3 月，徐树兰已创办了"绍郡中西学堂"，蔡元培一到，就被聘为学堂监督（校长）。从此，蔡元培开始了他从事教育的一生。蔡元培回到家乡的消息，这种可贵的爱国行动，当然影响到陶成章。他素主中央革命，认为在国家的中心城市，一举火矩，就会四方响应，形成燎原之势，摧枯拉朽，推翻清人统治。他又认为，最迅猛地挽救危亡的办法，莫过于搞奇袭暗杀。暗杀从来是出其不意、置敌人于死地的特种手段，一剑封喉，何其快哉，又何其震惊。所以在蔡元培南下返绍不到两年的时候，陶成章却北上京师，去实现其救国救民的愿望。

对于这次北上，陶成章之友魏兰在《陶焕卿先生行述》（以后简称《行述》，汤志钧《陶集》第49页）中如此描述："庚子义和团之乱，先生即欲刺杀西太后，亲赴奉天，并游历蒙古东西盟，察看地势，以为进行之计。"樊光先生在《辛亥革命光复会领袖陶成章传》（以后简称《陶传》，汤志钧《陶集》）中亦云："庚子年义和团起，拟潜入北京，乘机刺杀满清西太后那拉氏，以起事不成，因又只身赴天津，历游蒙古东西盟各地，观望山川形势，以规光复。"北上京师，实为陶成章一生事业的开端。但西太后的出行岂是东南一隅的乡村塾师所能了解的，何况此时西太后也确实不在万寿山的万寿宫，她已挟着光绪帝和一班朝廷重臣西逃西安了。陶成章空等了许多时，行动无成，就照原先预定的计划到天津出山海关而入满洲。满洲是清的根据地，他要了解那里的山川形势、民情习俗、物产土宜，以为将来直捣黄龙作地理上的准备。在满洲考察以后，他又走蒙古东西两盟，满、蒙是连在一起的，那里是八旗子弟的老巢。他也"察看山川形势，了解民情风尚，以图光复河山，为革命作准备"。考察数月后，费用殆尽，只好只身南返。但他不因行刺无成而懊丧，而因得东北形势而高兴，其老友樊光回忆道："回来后，与我见面，不及落座，即一再高呼：'清朝真正王气已尽，清朝真正王气已尽！'说我们革命兄弟，摧枯拉朽，推翻满清王朝，此其时矣！"（樊光《我所知道的陶成章》，《史料》）

这年闰八月十三日，陶家喜添贵子。成章17岁时与王氏夫人结婚，未有生育，今年成章24岁了，喜得一子，当然不胜喜悦，他为儿子取名守和。这也是品三先生的长孙，品三当然喜不自胜，一族人也为之高兴庆贺。成章长子陶守和后来在浙江法政专门学校毕业，成绩优异，为全省第二名，留校任教。法专停办后，在秀州中学任教。20世纪30年代，先后由蔡元培、陈仪推荐去江苏高等法院、福建蒲城邵武地方法院任职，抗战后任常州法院院长。中华人民共和国成立之初，陈叔通向最高人民法院推荐守和，并通知其速上京师，孰料肝病加剧，于 1950 年 5 月亡故。

陶成章并不因儿子出生、家中诸事繁忙而停止革命活动。1901 年春节过后不久，他又一次北上京师。这次他住到了族人陶杏南家中。他先以为西太后已回北京，故再往颐和园，欲手刃那拉氏自誓。章、鞠《陶传》云："岁辛丑作燕游计，家故贫，摒成行。之京谒族人前廉访杏南君。君雅敦族谊好士，重其为人，遂居焉。日与任侠仗义者游。亲见夫清西太后窃国，光绪帝幽囚，痛陷于无政府虚君位之国家。愿效骆宾王讨武曌故事，手刃那拉氏自誓，大庭广众，倡言不讳。杏南君惧祸，讽示公。公以不可以郁郁久居，策蹇出都门，渡孟津。越太行，之徐之铜山。令铜山者即公族某也。某非杏南君比，又见公佗傺落拓，不为礼，即辞去。某赆公墨西哥银数十，却不受，实则行囊早罄，乃跣足步而行。"陶杏南，名大均（1858—1910）系陶成章同族之侄，为东次房第 20 代孙。14 岁时以官费留日，7 年学成，任清廷驻日使领馆翻译，甲午战败，被李鸿章选中为使团四人之一任翻译赴日，后即入李鸿章幕府，在直隶总督内处理对日事务。1898 年于总理各国事务衙门（即外交部）上行走。官阶为正六品。八国联军时，李鸿章单骑入城，倚大均为左右手，慈禧太后重返京城后，重用陶大均，任为奉天驿巡道道台，官阶连升六级为从三品。1904 年改组称为外交部，大均为第一任左丞，官阶从二品，一年后为从一品，这是陶堰陶氏明清两代官宦中最高官阶。以后因得罪清廷贵族，被贬为正三品，1910 年 8 月 13 日在南昌去世，终年 50 岁。他可以说是我国近代史上一个重要人物。陶成章二次上京时，正是陶大均为李鸿章出谋划策与八国联军谈判之时，也正是他全力以赴保大清君臣安全还都，并乘机向朝廷进言要图变自强之时。以亲属关系讲，他热情接待了陶成章，且也耳闻成章为人仗义，素有才干。从内心来讲，他与陶成章来京目的是相反的，时间一长，果然见到成章尽与一些豪侠之士聚谈，且扬言要效法唐代骆宾王《讨武盟檄》的办法——刺杀当代武则天慈禧太后。这时，他害怕了，先是几次劝说无效，后来就流露出希望成章早日离京，以免祸及自身。成章看到大均如此惧祸，就知道不能久居于此，不久就辞别大均，"策蹇出都门"。"策蹇"就是骑着一匹跛足的驴（或驽马）。他离开北京，直到江苏的铜山。当时铜山县令陶在铭，为陶堰南长房第17代孙，与陶浚宣（心云）、陶七彪（在宽）均为陶成章之族叔祖。陶在铭字仲彝，平日也乐意资助同族困难子弟，但此时却正处于为难之时，因他长期在江苏上元、江宁、高淳等地为县令，如今在铜山又为令，多时不迁，使其坐立不安。他见到成章一副疲敝落拓的样子，顿生厌恶之情。他没有陶大均那样雅量，而是不予接待，仅出墨西哥洋数十，让成章离县返乡。成章见话不投机，知其不屑于自己，就推辞了这笔钱，而独自继续南行了。其实他行囊早空，身无分文。他忍着饥饿赤足徒步。魏兰《行述》云："道径徐州，旅费缺乏，步行七昼夜，几至饿毙。"后幸逢好人，才勉强回到绍兴家中。

经过这两次北上，虽然没有达到行刺西太后的目的，但是，扩大了眼界，结识了不少江湖豪侠，认识到了清廷必然灭亡的原因，增强了革命造反并最终必能成功的信心。一些友人看望他，他畅谈二上北京，直到关外察看地形情景。有一诗表达了此时此刻他的壮志豪情。诗题为《奉答友人绝句》：

天绝风云急，神州剧可哀。

雄谈关山外，君看越王台。

自注："昔人云：会稽为报仇雪耻之邦，非藏污纳垢之地。吾侪生长是乡，宁能无卧薪尝胆、沼吴复越之志乎！"他向友人表示要以勾践卧薪尝胆精神勉励自己，百折不挠，万难不屈，作长期斗争的准备，但"沼吴复越"是一定会成功的，他对前途充满了信心。但行刺已非所宜，则下一步办法最好还是谋入军事学校，于是过了年后他再次北上京师，他还是去了陶大均处。打听到当时有陆军学校可以投考，而陶是重要官员，可以为之介绍，故向大均提出了这个要求。但陶大均既为清廷重臣，此时正是深得朝廷器重之时，同时他又明白成章入军校的目的是推翻清朝，因此，不但没有支持，反劝说他放弃这条道路。成章见终不能如愿，就离京南下。他在京数月，所见所闻感触良多。七月初五，他在给马水臣信中说："（在北京）耳所闻者，不过丝竹；目所见者，市之刑人而已；车如流水马似龙，引见之官也；手执国旗身佩剑，欧洲之兵也。"他已识透了清廷的奴才本质："（清廷）非境遇之奴隶，则情欲之奴隶，非崇拜古人之奴隶，则必仰承白人之奴隶耳。"他已深知，对于这种奴性十足的朝廷，唯有彻底推翻，国家才有前途，而毫无变法改良之可能。对于这次北上，陶成章在《浙案纪略》云："壬寅，居北京，审察大势，知非由陆军着手不可，因之屡谋入陆军学校，以图晋身之阶，乃竟不获如愿。"

既然不能进军事学校，在北京已无施展手段之机会，则只能将希望寄托于国外，在境外来寻找一条新的革命道路，于是陶成章来到了上海。

三、奔赴日本

当时上海是新式知识分子聚集之地。蔡元培自辞去绍郡中西学堂监督后，于1901年3月到上海，先后在澄衷学堂出任总理、南洋公学任总教习。他与章太炎、杜亚泉、罗振玉、王国维、盛宣怀、蒋智由等相交相识。次年3月，组织中国教育会，被举为会长。其时不少中国学生赴日留学，而清廷驻日公使馆电请清政府停派学生留日，并请日本政府禁止中国学生学陆军，于是引发了留日学生抗议。正在此时，陶成章来到上海，并敬谒同乡蔡元培。元培在乡时已闻成章之名，也许有几次结识，而成章素敬元培。

当年一人南下，一人北上，现在两人在上海聚会。蔡是陶的长辈，年长陶10岁，而学识与人品上均是成章的表率，在社会声望上更是无法并提的，但蔡元培对这位同乡后辈给予了热情接待。当了解了成章这几年的经历后，尤生钦佩之心，认为这是一个值得培养的好青年。于是倾心相交，决定资助陶成章留学日本。章、鞠《陶传》云："至沪，谒今教育总长蔡元培先生，一见倾盖如平生欢，蔡君赠以银，遂附某日丸东行。"高平叔《蔡元培年谱长编》（人民教育出版社1996年3月）亦云："七月（8月），资助陶成章赴日游学。陶到上海，'谒……蔡元培先生……蔡君赠以金，遂附某日丸东行。'"（章乃毅、鞠僧甫《民国浙军参谋陶公焕卿传》、钱茂竹《陶成章年谱》均见绍兴县政协编印《绍兴文史资料选辑》第6期，1987年11月）

就这样，陶成章在蔡元培的指点与资助下，要走另一条反清斗争的道路，要去当时许多青年聚集的日本东京，加入革命队伍，而再不是单枪匹马独斗的革命方式，于是他在8月间乘日本轮船四等舱去了东京。轮船有四等舱，为贮石炭处，黑暗如地狱，无人居住。成章认为此处价廉，就乘四等舱，"栖息恬然"。而且他渐次与司汽炉工人熟悉，"代充火头军之役"。这些工人喜欢成章的诚实作风，一路上待他很好，就这样，平安抵达了东京。

当陶成章在日本清华学校学习的时候，光绪二十八年（1902）十一月初十，他的次子守咸降生了，这是品三先生又一个孙子，也是王夫人在三年中第二次生育小孩。虽然父亲成章不在家中，但全家人依然喜气洋洋。陶守咸，字寿生，早年考入浙江大学前身——杭州浙江公立工业专门学校。毕业后，在东北沈阳兵工厂任技术员。"九一八"事变后，他化装出行到天津，乘轮船到上海回至家乡陶家堰。后来蔡元培推荐他去南京金陵兵工厂任工程师。南京沦陷后去武汉，任武汉兵工厂副总工程师。后又去长沙任公路局业务处长，为湘西公路设计者之一。抗战后，为反对蒋介石搞内战，

陶成章于日本东京的和服照

毅然返乡在杭州、绍兴等地中学任教师，1967年7月病亡。守咸为绍兴市政协第一、第二、第三届委员，民革成员。

陶成章到东京后，入清华学校。清华学校是由中国人办的一所预备学校，它的前身是东亚商业学校。对于这所学校，陶成章在1903年3月10日致族侄陶汉超的信（汤志钧《陶集》第71页）中作了详尽的介绍："清华学校，犹一客寓，今日来，明日去，无一定法律，故功课亦不甚严整，教习又不时至。盖此校乃吾国人设立，为初来者不熟情形计耳。"陶成章进学，也主要是为学日文、日语。他认真学习，很快通晓了日本语言，与此同时，他又学习催眠术，以备将来之用。

当时，中国在日本的留学生很多。浙江是留日学生最多的省份之一，1898年诸暨籍的何燮侯就入日本帝国大学，1902年，山阴的许寿裳、会稽的周树人等也相继入日本留学。当时，日本的教育体制、教育内容大大超过中国的教育，不少留学生提出中国应学习日本的教育。1903年1月底（农历正月初），陶成章与蒋智由、何燮侯、周树人、许寿裳、经子渊、陈仪等27位绍兴籍留学生，在东京牛区清风亭召开绍兴同乡恳谈会。并联名发出《绍兴同乡公函》。函中详细介绍了日本教育之先进处，联系中国现今情况指出："我中国空疏陈迂之教育，必不能敌各国之教育；我中国腐败朽蠹之政治，必不能敌各国之政治；我中国枯窳拙劣之工艺，必不能敌各国之工艺"，当此丧师赔款，历史大辱；海疆要隘，割弃殆尽；势力范围，及于内地之时，如"不动感情，愤思奋发，则无贵乎有人类之智识矣"。因此盼同乡能奋发自效，而赴日留学。"公函"还介绍了赴日留学的各种经费、交通，各种可供选择之学校和专业，最后指出："我绍郡古有越王勾践、王阳明、黄梨洲煌煌人物之历史，我等宜益砥砺，以无坠前世之光荣。"《公函》拳拳乡情，娓娓越语，陈说大势，剖析利害，使之听者动容，闻者惊心。可见此时陶成章已与留日中国学生，尤其是浙籍学生有相当的情谊交往了。

1903年2月8日（正月十一），成章致书族侄汉超（汤志钧《陶集》第70页），信中述说："愚进东以来，五月于兹，始蹇于遇，继困于病，终累于境。"说明其时经济困顿，身体患病，但他依然孜孜于学，目的是为了革命。他说："愚从事军事之心，起自甲午，以迄今日。犹不遂志，心犹未挫，志犹未灭。"他坚持信念不改，经历艰险而尤强。并认为"我国病非一朝，其救之亦岂可期旦夕之功"。因此劝导汉超"当以求学为心"。并珍惜时日，"日月易逝，岁不与我，勿谓少年之足恃，勿谓见功之不易。愈年少则时愈可惜，见功愈不易……则用心愈益坚，如是则集事之不难矣！"谆谆告诫，寄予厚望。信中表达了他对家人的挂念之心，"家内久无来信，未识平安否？足下祈代探之"。又挂念陶氏义塾近况，"均望汉超复信时详细言之"。

正如成章在致汉超信中所言："某于此校，无久留意，不过以其费用较省耳。"学习了半年多后，成章即于1903年3月离开清华学校而进入成城学校学习。

当时中国留日学生很多，如入军事学校，一般人功课跟不上，因此就有为中国人设立的补班性质的学校，亦即预备学校，在陆军方面，有成城学校和后来的振武学校。这是陆军士官学校的预备学校，学习时间为8个月，除日语、日文外，重在日式体操。1903年成城学校浙江籍留日学生有38人，其中就有陶成章和陈公侠、汤介和等。绍兴籍学生为6人。但38人中官费生仅只16人，其余22人为自费生。陶成章当然属自费，他学的科目是"陆军"。成城学校纪律严明，教师质量高、教学认真，要求严格。陶成章进入成城学校，事遂心愿，故读书益自勤奋，学有殊绩，引得当时人们的敬重。但不久发生了一件事，使成章学业中断，抱恨终身。

原来当时留学生监督汪大燮，系清廷派来驻日公使馆人员，汪系钱塘人，举人。以后曾任驻英公使、教育总长等职。这时他侦知成章系革命实行家，"毅力惊人，对革命事业始终不渝"。（沈砥民《记光复会二三事》，《辛亥革命回忆录》第4集第131页，文史资料出版社1981年版）因此千方百计除之。正这时，陶大均与一些清廷官员到日本，汪大燮告之此事，陶大均当然知道成章学军事目的是反清革命，因此也正担心他在成城学校学有所成，于是两人合谋除去成章学籍。陶大均与成章说：你回北京，我设法让你进陆军，任一定职务。成章想，若真如此，不是比在此学习更好吗？他急于进取，就同意回北京。但成章还是担心会不会是个圈套，因此他提出回北京是请假，不是退学。是年5月23日（四月二十七）成章申请请假归国，经清政府留日监督汪大燮批准，6月12日（五月十七）由清国学生监理委员长福岛安正批准请假。其申请书云："陶成章于本年五月廿三日请假回国。"批准时间为明治三十六年六月十二日，并盖有清国留生监理委员会福岛安正之印，并送"本成城学校校长鉴"（汤志钧《陶集》）可见陶成章是请假返国，并非退学。但到北京后，陶大均拖以时日，虚与委蛇，一无让成章进军界的迹象。成章始知中计，于是拂袖而出，转天津于友人处借十余金，急返日本。但此时成城学校已削其学籍，令其退学矣！成章多次去汪大燮处论理，汪大燮畏避不见，不予理睬。成章知学习军事已不可能，但其志不灰、其行尤力，决心另找出路，进行新的斗争。这就开始了与留学生一起组成新的队伍，投入拒俄义勇队、军国民教育会、浙学会并进而联络会党组织光复会等实际爱国和反清活动。

联络会党

陶成章的专著《教会源流考》

　　联络会党，把会党引上革命道路是陶成章毕生的一大功绩。1903年冬，陶成章在进行留学生运动的同时，着手研究会党并开始联络会党的工作。

　　会党是中国社会特有的，具有特殊地位、处在最底层的被人歧视的人群，却为辛亥革命的四大支柱（会党、新军、学界与华侨）之一，浙江又是全国会党最集中的四大地区（两湖、两广、川贵与浙江）之一，能否把会党发动起来，关系到革命的成败，陶成章是较早认识会党力量的革命党人。他在自己的专著《教会源流考》中说，北方白莲教，南方天地会"具有左右全国之势力"，"虽借宗教为惑人之计，而其间实含有民族主义也"，"有志救世者，不可不探索，其内容也明矣"。光复会成立前后，他都花了大力气，有时扮作走乡郎中，有时扮作风水先生，有时又如"乞食沙门"，深入山乡腹地，潜访秘密组织，做了大量艰苦工作，联络会党，成功地把他们引上革命道路，成为重要的革命力量，光复会的同盟军。陶成章也成了名副其实的会党专家，在他身上也就带上了许多与会党有关的传奇色彩。

一、会党源流与演变

浙江的会党已有悠久的历史，多是从明末遗民以反清复明为宗旨而建立的秘密政治团体"天地会"演变而来的，在反对清朝封建专制统治与帝国主义侵略的斗争中发展壮大，到了辛亥革命时期，浙江的会党已经成为遍布全省的一支重要社会力量。陶成章、魏兰等为了弄清会党情况，"为了组织反清力量，秘密运动会党阶层，尤其是争取青红帮极为感人。……奔走浙东金衢严处各县，以至双脚起泡，不能下地，还咬紧牙关到处奔走"。（张云雷《辛亥革命见闻琐谈》，《浙江辛亥革命回忆录》，浙江人民出版社，1981年版第197页）

浙江的会党大致经历了三个发展阶段：

第一阶段，明末清初。在民族英雄张煌言、郑成功领导的抗清斗争先后失败后，散处于台闽一带怀着强烈反清情绪的有识之士，改以组织秘密会党的形式，继续坚持斗争。在浙江"有一念和尚者，明之遗民也，别名张念一……尝组织一秘密会，谋反清复明，以浙东之大岚山为根据地"，一直斗争到康熙中叶，这是浙江清初最早的秘密组织之一。

第二阶段，到了太平天国时期，"太平天国之师入浙，浙人恢复之思想复活，而会党之势乃又炽矣"。宁波的双刀会响应福建、上海等地的小刀会起义，在浙东沿海组织武装暴动。诸暨的莲蓬党，温州、乐清金钱会、红线会的起义，声势浩大，成为太平军的有力后援。自此以后，直到义和团运动，四十余年间会党起义此起彼伏，连绵不绝，这是浙江会党蓬勃发展的时期。

第三阶段，辛亥革命时期，会党的斗争更加趋向自觉，更具有反帝反封建的性质。这一时期又"可分成两个阶段：1904年以前是会党单独活动，主要是进行反教会斗争；1904 年以后是和革命党人联合行动，主要是进行反满革命"，一方面革命形势高涨起来，另一方面，会党在几十年间经过起义、失败、再起义的锻炼，有了更大的进步与发展。在地区分布上已遍及全省十一府，在规模上一些大的会党都是会员成千上万。全省较有影响的会党有二十几个，这些盘根错节、枝干交叉的会党组织，形成了辛亥革命前夕的"秘密社会"，清朝政府无法驾驭的"地下王国"。辛亥革命时期，分布浙江的主要会党有：

终南会系从湖南传入江西，再传入浙江。

龙华会是从终南会演变而来。是鸦片战争以后浙江的主要会党组织，本部在金华，分散在金、衢、台各府，当时一批具有新思想的知识分子，如张恭、蒋六山等密切关注时局，渴望整顿终南会组织，以适应时局需要。而会主何步鸿病故，副会主朱武离开浙江，于是，张恭约沈荣卿、周华昌等另立山堂，拥沈为会主，张、周为副会主。因当时流传"若要天下真太平，除非龙华会上人"的民谣，所以取名龙华会以应民心，争取群众。

伏虎会，创建人王锡桐，是清末宁海大里的秀才，为人"胆气粗豪""不谨于小节"，崇尚乡贤方孝孺刚正不阿的精神品格。1900 年，他不满地方政府官员包庇天主教会欺压平民，被关押在宁海县学宫，获释后，为了反对天主教会"立会招贤，以排外为宗旨"，组织伏虎会。

双龙会是处州拳师王金宝受终南会的委托而组建的，在府属十县设有分部，也以反对洋教为号召，从者骤增至两万多人。

白布会起于浙南，原为对抗金钱会起义军的团练组织，后来流入浙西，成了在严州一带温籍客民的同乡会性质的团体，首领濮振声就是建德、分水、桐庐、富阳、临安、新城六县客民总董事。濮为桐庐人，岁贡生，以训导衔候补在家。仗义好侠，接受白布会领导，创立了"独立军"。濮自任总师。1902 年秋，乘群众纷起反对天主教的专横展开斗争之机，白布会起义，旋失败，濮被俘后关在仁和监狱。由于他的声望，清政府不敢轻易杀害，白布会继续在严州等地活动无忌。后来陶成章在浙江腹地联络会党，就靠了濮的介绍推荐才得以深入会党内部开展工作。

平洋党也称平阳党，创建人竺绍康，嵊县人，为报大地主蔡老虎的杀父之仇，组织平洋党。因斗争矛头日益指向地方封建势力及其后台清朝官府，反清革命思想与日俱增，号召力也逐渐扩大，总部设在嵊县。

另有不属于洪门，在运河两岸以漕运为生或以贩盐为业所谓盐枭，号称潘门或叫潘家，又称庆帮，即俗称青帮。有主帮客帮之分，散居在浙西、浙东与温台等处。此外还有教门系统的一些组织。

会党的成分与性质比较复杂，随着形势、条件的变化都有所不同。会党中，以农民为主体的是多数。这类会党有两个显著的特点，一是分布在农村和与农村密切联系的小集镇，如龙华会就分散在金华地区的八个县的农村；双龙会的中心在松阳县即今丽水市遂昌县的西坪镇，"处属十县，咸有分部"，而且，越是偏僻的、交通不方便的，清政府鞭长莫及之处，会党的发展更多。在浙江就"以金华府属之武义、永康、东阳等县，台州府属之仙居，绍兴府属之嵊县，处州府属之缙云、青田、松阳、宣平等县为最多"。二是会员众多，如龙华会"党徒号称五万人，实则两万数千人"，光缙云的一个分支"徒属凡三千人"，嵊县的平阳党"羽党万人"，双龙会"年余之间，会员骤增达两万人"。这两个特点本身就说明这些会党的成员多数来自农民。会党组织遍于乡村，以至当时革命党人陶成章去联络会党时要"历游桐庐分水各村落，遍谒白布会诸党员"。他们一有号召，"市者无不即弃筐筥，耕者无不即弃耒耜"，一旦有事，放下锄头，揭竿而起，一当事息，就散而为民"以从事于耒耜也"。

另一类是以游民为主体的会党，他们多集结于绿林山寨、水泊"梁山"，或者某个交通冲衢。如浙西的私贩党，成员原来多是以运河漕粮为业或以贩盐为生的，他们为了保卫自身利益而组织起来，到了20世纪初，他们的职业更无保障，生活更无着落，因而其中的一部分人就"在杭嘉湖之间"的水网地带建立"根据地"，会众也更复杂了，如其中的一派叫客帮，"凡江南皖南浙西诸府之流氓光蛋，咸属此流派"。显然它的成员主要是游民。又如仙居县潘门主帮，也是占山为王，立寨为营。仙居县太爷的势力又只能达到县城周围十五里以内，此外都是他们的天下。这个会党的骨干也多是游民。

上述两种情况，第一类在浙江是多数。第二类以游民为主体，但他们的基础仍然是农民或其他小生产者。如仙居的潘门主帮，其核心是脱离生产的"绿林好汉"游民，而到下层仍然是分散在各乡村的农民。

二、制订《龙华会章程》

早在1903年（癸卯）11月，东京浙学会开会要陶成章、魏兰归国运动，回国以后，陶成章在联络会党调查研究同时，着手起草《龙华会章程》。1904年初《龙华会章程》定稿，后经多次修改，故具名为"天运岁次甲辰正月朔日新中国军政省檄"，作为联络会党时使用。1908年春夏之交，陶成章偕张恭带炸弹回国，旋来杭州，拟组建新的革命组织——"革命协会"，因保持会党色彩，仍定山名为"一统龙华山"，堂名为"汉族同登普度堂"。所以后来学术界就有争论，有的认为《龙华会章程》是原龙华会的章程，是陶成章撰写的，而更多的人则认为是陶成章为新组成的"革命协会"而写的文件。其实无论是原龙华会的文件，还是为革命协会而新写的章程，都是陶成章动笔，体现出他的民主革命的思想，堪称为动员民众起来推翻清皇朝君主专制的纲领性文件，革命造反的宣传书。而且经过当时各地会党首领聚会讨论，如平山周《中国秘密社会史》所说："于是有陶成章、沈英、张恭等倡议于杭州，集浙江、福建、江苏、江西、安徽五省之头目，开一大会，打作一团，名龙华会"，龙华会、革命协会也可视为光复会联络会党的一个革命外围组织。

《龙华会章程》分檄文、会规十条、约章五条、入会仪式、祭文、入会的次序、附录共七个部分。章程开宗明义，一开头就旗帜鲜明地宣称："怎样叫做革命，革命就是造反。"我们"要把田地改为大家公有财产，也不准富豪们霸占，使得我们四万万同胞并四万万同胞的子孙，不生出贫富的阶级，大家安安稳稳幸福有饭吃"。《章程》用老百姓语言详尽地解释革命造反推翻专制皇帝的道理，语言通俗，说理深刻，《龙华会章程》在近代中国革命思想史上的意义是不可低估的。于此，对陶成章思想的现代性、革命性也是不可低估的。

三、串联发动

漫布浙江各府的会党是一支不可忽视的潜在力量，为了把分散各地的会党引上革命道路，陶成章在1903年底和1904年做了艰苦工作，"革命志士之着手会党运动，其始于癸卯甲辰二年，而运动之主要人物，则有孙翼中、龚宝铨、陶成章、敖嘉熊、魏兰数人，成章其最著者也"。（冯自由《浙江之秘密会党》，《革命逸史》第5辑，中华书局1981年版第45页）

1904年2月13日，陶成章偕魏兰从上海到达杭州，寓城头巷杭州白话报馆，这天已是旧历十二月二十八，"后天就是大年三十了，杭州与绍兴一水相隔，焕卿为什么不回家一趟，与家人团聚，过完年我们再出发呢"，魏兰关切地问，成章这时也着实思念家乡："幸好老父犹健康，家计无忧。一至故乡，恐被人情牵累，不复能出矣。""陶成章以革命大事为念，四过家门而不入，舍小家为大家，移孝于忠，义无反顾，令人感佩！"（樊光《陶传》，汤志钧《陶集》，第 440 页）事有凑巧，人遇良缘。陶成章、魏兰住在杭州白话报馆的主编孙翼中原是东湖通艺学堂主讲席，后去日留学，是他们的朋友。经他提议："你们现在尚缺少实力，我认识白布会首领濮振声，可介绍二位前去见面，或许可以利用会党的力量，发动武装起义。"这正中陶、魏的下怀，次日，他俩拿了孙翼中写的介绍信，前往仁和（杭州当时分仁和、钱塘二县）监狱，与关在那里的濮振声相见，三人相谈甚欢。濮振声，字景潮，浙江桐庐人，岁贡生，以训导衔候补在家，是建德、分水、桐庐、富阳、新城、临安六县的客民水利总董事，家资殷实，仗义疏财，颇有众望。他又精通医卜星相之术，尤以医术名世，这六县地为浙西要冲，向为兵家必争之地。太平天国战乱以来，人口大减，人烟稀少，成为外来居民逃荒垦殖之地。正如陶成章说的"既无室家之好，亦无人生之乐，好勇斗狠，在地方最为不靖。然亦各有其党类，又各受其党魁之约束"。（陶成章《浙案纪略》，《中国近代史资料丛刊·辛亥革命》第 3 册，上海人民出版社 1957 年版第 52 页，以下凡引自此书者均不再注）

这些人分为十支，有一组织"白布会"，濮振声是他们的首领，大家叫他为"濮先生"，云和人刘某为军师，自称为明代开国功臣刘基之后人，人呼他为"刘师爷"。1900 年濮以保护乡里为名创办团练"宁清团"，暗中开展反清活动。1902 年夏，天主教教民倚仗外国教会势力横行乡里，白布会就在建德、桐庐、新城三县交界处发动起义。对前来镇压的桐庐守将吴宗选迎头痛击，并教育桐庐和分水县署官吏安分守己地维持地方秩序。白布会拟进兵严州，挥师安徽，浙抚闻讯，速令统带黄云霖率军驰援严州，起义军无精良武器，被清军击败，战死一百余人。义军不屈，再挫再战，死约千人，元气大伤，孤军难支，濮振声被迫率余众退守山林，清政府悬重金缉拿，同时以乱杀百姓相威胁，濮才于 1903 年 1 月 6 日以"罪我一人，不妄杀无辜"为条件出山自首，义军星散。濮被软禁于仁和监狱，六邑绅董曾联名省府，请求从宽处理，浙抚怕激起民变，不敢重判，在狱"待之甚厚"。白布会屡拟劫狱救濮，多被他传谕制止。

2月19日（正月初四），陶成章与魏兰再次去仁和监狱探望，双方更无拘束，畅谈反清大计，濮见陶、魏革命意志坚决，抱负远大，深为嘉许，当即写好几封介绍信并送十几张名片，拍着胸脯表示："凡持余名片到新城、临安、富阳、於潜、昌化、分水、桐庐等地，沿途都有兄弟照料，不会有日暮途穷之虑。"两次会见与濮的秘密介绍，打下了陶成章等日后联络会党的基础。

陶成章、魏兰抱着不入虎穴焉得虎子的决心，要去闯荡江湖，潜入到秘密社会中去，陶成章化名为陶起东与魏兰由杭州出发，拿着濮振声的名片、介绍信，进入浙西山区，入乡随俗，登门入户，联络会党。陶成章、魏兰从杭州江干坐小船沿江而上到达富阳。"富春山水甲天下"，他们无心赏游富春名胜，而直抵桐庐招山埠，住在魏兰族侄魏兰存家，马不停蹄即开始走访附近的秘密会党。因濮长住狱中，白布会一切事务由刘军师主持，陶成章、魏兰得先取得刘的帮助，才得与白布会各支派取得联系，进展还算顺利。为了赶时，陶成章与魏兰分道扬镳，各走一路，魏兰走水路，经兰谿至遂昌、松阳、丽水，返回云和。陶成章则脚穿草鞋，腰系麻绳，走陆路遍访桐庐、分水二县村落，拜会白布会会员。在分水，陶成章还巧遇了潘家的人，建立了联系。陶成章又从分水"由设峰岭历歌舞岭以入建德，由建德历寿昌、汤溪、龙游、遂昌、松阳以至于云和，寓于魏兰家"，这段行程约跑了近月时日。

陶成章以魏兰同学的名义在魏兰家住下。但这时清政府对访查反清志士极为严格，到处可见"随时抓获，就地正法"的告示，寓藏者同罪，尤其像他们都是留日归来，更易引起人们关注。魏兰家又是云和的名门望族，一个陌生人住在他家，更易被发现而发生不测。为此，魏兰与陶成章商量创办一所学校作为革命据点，可以教师身份隐居下来公开活动。也可发现人才、培养人才。这时清政府仍在实行科举制度，云和只有县学教谕负责管理廪生和秀才，还没有一所新式学校。经过周密讨论，审时度势，他们认为在云和这个偏僻县城，人们多有渴求新知识的愿望，办一所新学校，开设新课程，延请新教师，一定能吸引进步青年入学的。因此，打定主意，立即行动，借箬溪书院校址，挂出先志学堂的牌子，贴出招生广告。魏兰甘冒"不肖子孙""败家子"的骂声，毅然卖掉祖传田产，充作办学经费，置办课桌椅与必要设备。先志学堂除魏兰自己任课外，聘请陶成章、陈华等留日学生为教员，开设国文、历史、地理、数学、化学、国画、体操与日语等新式课程。语文选学优秀古文诗词，日语采用日本原版教材，历史由陶成章亲自编写，其他如数学、化学、地理、国画等课教材都由魏兰编写，后来整理成《数学易知》《地舆易知》《国画易知》等书，于 1905 年统由日本东京中国留学生会馆印行。体育则采用日本出版的《体育全书》，由双龙会少林派拳师李春贤亲来传授。先知学堂作为云和有史以来第一所学堂，又是日本回来留学生执教，人们颇觉新鲜，吸引了远近许多年轻人入学。也有一些脑子顽固不化者流，不相信这一新鲜事物，听说陶成章熟悉历史，也多抱怀疑。"有张生者，闻先生系历史专家，取九朝纪事本末，翻阅数日，特来诘问先生，先生皆对答如流，且引他书以证其事，又有张生者问日本何年开国，先生则对以周惠王十七年，由是乃大信服"。（魏兰《行述》，汤志钧《陶传》第 340 页）

一个小县城，能有陶成章这样文通古今、学贯中西的大学者来执教，真是满城风雨，年轻学子争相报名入学，使先志学堂声誉远播。先志学堂也是魏兰、陶成章用革命思想开办学校培养青年的一个创举，是处州会党的集结地、处州革命的发祥地。如陶成章所述："处州府之有学校，自此始也。学校既立，处州各县之人咸莅至，成章为任教事职，兰则奔走于瓯括两郡，处府由是多革命党。"处州从此涌现出一批辛亥革命卓越人才，光复会的优秀干部，如丁嵘、赵舒、许绍南、阙麟书、黄桂芬、何子华、阎逊斋等，人才济济，极一时之盛！因有先志学堂，大大推动了处属各县开办新学之风，也促进了处州各县的留日高潮。陶成章、魏兰后又在处州创办"丽水实业织布学堂"、"体育学堂"、缙云"半日制学堂"以及后来绍兴的"大通学堂"，也都步先志学堂之后尘而发扬光大！

陶成章因急于去上海，由魏兰负责联络处州、金华二大会党双龙会与龙华会。魏兰充分利用他能说会道又熟悉当地民俗之便，每到一地一村，必聚众宣讲民族大义与革命道理。

双龙会是终南会的分支，总部在松阳，首领为拳师王金宝，副首阙麟书。在处州各县设有分部，组织庞大号称二万之众。阙麟书，碧湖人，1879年出生，自幼聪明，喜听祖辈讲太平天国故事，13岁曾因家庭官司，代父出庭，谴责翁某仗势欺人。19岁应府试得第一，他对甲午战败痛心疾首，立志报国，毅然抛弃功名，走上反清道路。1902年加入王金宝的双龙会，被推为副会长。由他主持的双龙会处州分部发展很快，常以"单百会""双百会"仪式，成百的人入会，他家乡碧湖几乎全镇人加入了双龙会。双龙会成了处州各县之霸主。魏兰由阙的介绍，与王金宝交上朋友。青田人王金宝，幼跟父亲拳勇王玉明闯荡江湖，游走闽赣等省，结交了各地秘密会党首领。1894年父因年老，侨居松阳，经营商业，获利结交四方豪杰。金宝继父的武道，为当地富户黄某作卫士，据有一方之地。富户因不堪受恶霸欺侮，愿出资请王金宝倡议立会以求保护。正好王金宝受终南会委托建立组织，于是金宝利用松阳西乡双龙滩每年秋季举行水神会的习俗，取名双龙会，大肆发展当地来赶庙会的农民入会，一时声势大振。双龙会规定仪规，入会者要先交一对红蜡烛、一只大公鸡，聚众宣誓，歃血为盟，再由会主传授密语暗号，发给会员证。一时处属10县各有分部，成为双龙会的天下。

处州民众老实可欺，清吏残酷无情百般鱼肉百姓，人们敢怒而不敢言，自从有了双龙会，情况大变，大家抱成一团不再害怕官府。当时外国传教士污蔑双龙会为"土匪""乱民散勇"，王金宝率领数百民众捣毁了教堂，牧师被打得鼻青脸肿，远逃省城。魏兰因势利导，向王金宝等指出"洋教肆无忌惮，欺压百姓，盖由于清廷腐败无能，投靠帝国主义，纵容教士鱼肉人民。不推翻满清，就难以灭洋，不灭洋就不能有中国人民安居乐业的日子"。（《辛亥革命先驱魏兰》，《云和文史资料——辛亥革命史料专辑》第1期，1985年版第10页）

王金宝等认清了道理，遂将双龙会的宗旨由"仇洋"改为"反清灭洋"，矛头直指清政府与帝国主义，双龙会从此走上反清道路。

接着魏兰又与陶成章联系，决定着力争取以浙中要地金华为基地的另一大会党——龙华会。龙华会约建于20世纪初期，亦称龙华山。会主沈荣卿，副会主张恭、周华昌先都入终南会，因会主何步鸿病逝，副会长朱武离开浙江，三人才自立一山堂。因当时金华有民谣："若要天下真太平，除非龙华会上人"，才定名为龙华会，龙华会遍布金华府八县和丽水的缙云等县。魏兰经龙华会首领之一丁嵘介绍，去缙云壶镇会晤吕逢樵叔侄与李造钟。吕逢樵又名东升，家本小康，开吕万盛杂货铺，性喜结交豪杰，仗义疏财，挥金如土，怀爱国之志，具远大眼光，与谈时事，竟日不倦，语及扬州故事（指清军扬州屠城），涕泪滂沱，切齿摩掌，然感蛰居山城，知音难求。自认识魏兰与从温州携《新山歌》等革命传单前来的冯豹等，即作知交，畅叙形势，一见如故。吕逢樵族侄吕嘉益也是"秉性强直，最喜抑强扶弱，结党数千，雄踞一隅"的好汉，他与居住永康的龙华会会长沈荣卿、武义周华昌是莫逆之交。经嘉益介绍，魏兰与丁嵘、李造钟去永康与沈荣卿订交。沈荣卿名乐年，又名王英，原籍浙江山阴，侨居永康，开设新万顺商号，富甲一方，自小喜爱武术，备有石锁二对、铁底鞋十双，舞剑弄棒，臂力过人。他曾纳粟入监，穿过花翎，戴过红缨，因日见洋人侵略，清政府腐败，民不聊生，才萌"革命排满"之志，初结有"百子会"，隶属于终南会，升为副首，后与好友张恭、周华昌另开山堂，名龙华会，被推为会主。周华昌，缙云人，侨居武义，外号金海，也少有异志，"仗义疏财，深得诸党友之欢心，而能致其死力，胆力识力亦复加人一等，故其所办一切事宜，颇有成效可见"，被推为龙华会副会主。后魏兰又经沈荣卿介绍，到金华与龙华会另一副会主张恭交上朋友。张恭，金华人，1900 年就读于杭州紫阳书院，1902 年中举人，是一位进步爱国青年，受沈荣卿器重而为副会主，以后成了龙华会实际首领。张恭又善于鼓动群众，他曾借金华八婺书院演讲，历数列强侵略罪行，揭露不平等条约与洋人通商、传教的实质，号召民众联合以反抗外侮。建会不久，他于 1903 年变卖田产，招聘艺人组织了一个剧团——大鸿福戏班，在附近农村巡回演出，内容多为宋明亡国故事一类有现实意义的历史剧。到 1904 年，他又组织了另一个剧团——小鸿福戏班。两个戏班，人们亲切地称之为"张恭大班""张恭小班"。1904 年秋，陶成章、魏兰曾乔装风水先生，跟着张恭戏班串镇走乡，开展秘密工作，与张恭结成生死之交，龙华会也日益变为革命团体。陶成章、魏兰等的艰苦工作，日行百里，夜宿丛莽，"金、衢、严、处、温、台六府秘密会党之情形咸为成章等所探知矣"。通过党人宣传发动劝说诱导，会党渐被引上革命大道。陶成章、魏兰总结出联络会党的办法有三："先是调查也，调查之概要凡五，一曰秘密之调查，二曰兵营之调查，三曰贫富户之调查，四曰地理之调查，五曰钱粮之调查。一切皆有纪录。其次，则党会之调查，又其次则开导党员也。"

　　陶成章与魏兰堂侄魏毓祥等于 1904 年 5 月离开云和经丽水去温州。魏毓祥，少怀大志，以推翻清朝统治为己任，谈到激动时，常拍案而起。1903 年经魏兰介绍，认识陶成章于东京，时浙学会开会讨论拒俄对策，他们均与会，并同时被派回国运动。陶成章与先期到达温州寓平阳古鳌头小学校的龚宝铨、陈大齐会合，相约一齐赴沪。途经嘉兴，与祖宗教首领敖嘉熊相识。敖嘉熊，字梦姜，平湖人，"幼豪迈，髫稚通经义，弱冠入庠，屡试优等"。1902年他去杭州，加入了浙会，后回嘉兴经营商业，被推为嘉兴商会董事，又以改良农业、提倡教育为己任，与友共创竹林庙小学与学稼公社，并加入上海农会会。1903年在上海认识蔡元培，加入爱国学社与中国教育会，加深了对革命的认识。他曾在大白天提着灯笼穿街走巷，并声言说，"这世界太黑暗，我要光明之火，照亮黑暗大地"。他创作了《新山歌》宣传反清，受蔡元培赞扬，在上海代为印刷，沪上各县青年多相翻印广为散发。《苏报》案后，他返回嘉兴，与田月斧、褚辅成发起组织"竞争体育会"，在成立大会上慷慨演说："强国必先强身，东亚病夫不改就要亡国。"他又根据嘉兴一带土广民稀，主客民矛盾突出，而又受地方恶吏之欺压，倡议成立温台处会馆，代办税务、组织团练、调解纠纷，得到了地方支持。其实会馆之设立，"谋握地方上财兵二权，以次组织独立之军，且以交通浙东西之各秘密党会"，深得陶成章等革命党人之赞许。他这时虽未列名光复会，却是陶成章所依托的重要人物。正如识者所言"名为温台处会馆，实则一纯粹之革命机关部也"。（冯自由《浙江之秘密会党》，《革命逸史》第5辑。中华书局1981年版第49页）陶成章介绍魏兰叔侄去该馆任职。温台处会馆直接支持革命斗争，成为杭沪革命党人之联络中枢，也一度成为光复会机关部之所在地。但好景不长，敖嘉熊一人承担全馆费用，由于商业失利，屡遭家难，财政困乏，难以为继，敖嘉熊将妻子的首饰变卖也无济于事。会馆执事人员相继离散，魏兰离开，冯豹、陈梦熊去乐清，陶成章、龚宝铨与吕熊祥去绍兴协助徐锡麟创办大通学堂。1907年浙皖起义失败后，敖嘉熊处境更为艰难，清吏视作眼中钉，欲除之而后快。1908年春，终被暗杀于嘉兴郊外，卒年35岁。嘉兴光复后，葬敖嘉熊遗体于杭州栖霞岭岳坟之后山，精忠相会，绝非偶然，迄今幸存，1981 年重修，坟前竖有"辛亥革命烈士敖嘉熊之墓旧址"的墓碑。对嘉熊之猝亡，成章悲痛之极："嘉熊死而浙西江南一带革命之事业坠矣。嘉熊身体禀质虽弱，然状貌则壮实，动作咸有威仪可像，有口才善辩，所操论说，人不能难。其宅心慈惠，凡恤厘育孤养老赈穷等诸慈善事业，无不首为之倡。又常提倡教育，多建学校，故所造就人才极众，其影响之波及于社会人心者亦甚大。自兴立温台处会馆后，浙东士民敬仰之若神明，迄今称道不衰。"对嘉熊的革命功业赞美有加，"敖嘉熊以休休有容之度，兼能善为大计，岂仅方面之才，直可涵盖万有。昔孔子赞仲弓曰：'雍也，可使南面。'余于嘉熊亦云。昊天不吊，哲人先萎，光复之绪，其果斩乎！《诗》曰'彼苍者天，歼我良人，如可赎兮，人百其身。'可为嘉熊咏也矣。"（以上引语，皆出陶成章《浙案纪略》）

湖南华兴会原定于 1904 年 11 月 16 日（旧历甲辰年十月初十）清西太后七十寿诞之日起义，约定湖南发动，湖北响应，又专派杨守仁、章士钊来上海联络，策动江浙革命党人响应，蔡元培得到黄兴约请后，要魏兰邀陶成章紧急来沪会商。陶成章正在温州，见急信立即赶回上海，同蔡元培商议浙江具体军事行动，但觉得要与浙江会党进一步联系，并表示到时一定接应。陶成章做事审慎，认为两湖方面虽已口头部署，尚无具体行动，而浙江会党也须有几天准备，所以决定待长沙起义打响，再作响应为妥。

为做好响应起义具体准备，陶成章与魏兰和毓祥三人马不停蹄赶往嘉兴，与龚宝铨、范拱薇、敖嘉熊等商量并帮助嘉属会党落实各项战备工作。三人又立即转回杭州，经兰溪入金华。陶成章决定龙华会为这次起义的浙江主力。他们到达金华后，即以堪舆家卜吉穴名义，跟随张恭戏班，在金华和义乌、东阳各地演出，一路做好群众宣传工作与落实具体战备，计划在长沙起义打响后三天，浙江会党出击响应，"先以计袭金、衢、严三府，然后由严出皖以扼南京，由衢出赣以应长沙，而用金华之师，以堵塞杭城之来兵，且分道以扰绍兴、宁波、湖州之诸府，而震撼苏杭及探官场警信于衢役"。浙江会党按陶成章的布置，枕戈待旦，箭在弦上。然而早过长沙起义日期，仍无消息传来，成章心知有变，立即从义乌赶回杭州，看到报纸大吃一惊，阅上海各报，始知湖南事败，马福益死难，湖北按兵不动。先生急出松城，返义乌、金华，按秘不动。每日走行 110 多里，不辞劳瘁。但因龙华会会主沈荣卿还是把响应长沙起义的计划通报给双龙会会主王金宝，要求处州与衢州会党联合出兵江西。王金宝立即作了相应部署，消息一时在松阳传开，知县立即向省城告急，清军开赴松阳，处州知府四处贴出布告悬赏 2000 银圆捉拿叛逆王金宝。金宝被一亲信出卖告密，在丽水被斩首，头颅被悬挂松阳城门示众三天。金宝遇难年仅 26 岁，陶成章甚为悲痛，对金宝作了极高评价："金宝之义侠，其感人心者，可谓深且厚矣！"清政府也悬赏缉拿龙华会张恭，张恭被迫离开金华，革命形势一度受挫，可喜者已走上革命道路之会党并未因此消沉。金宝虽遇难，副会主阙麟书化名为吴应龙，勇敢挑起重担，领导双龙会继续战斗。

四、会党的革命化

在陶成章等革命党人的引导下，浙江会党走上革命化道路，成为光复会同盟军。会党对辛亥革命是出了力、立了功的。它的历史作用可简括为以下四个方面。

一、民主革命思想的传播者。遍布全省各地的会党，成为革命党人向农村开展宣传活动的渠道与阵地。会党传递、散发了革命党人运寄来的大量革命书报，如《革命军》《浙江潮》《新湖南》《猛回头》《新山歌》《警世钟》等。"外间输入不足"就自己"自相翻印，私相分送"，使"革命之思想，亦遂普及中下二社会"，出现了"内地革命风潮大炽，农工平民亦多自相聚议"的崭新局面。从而在一定程度上促进了农村风气之变化、农民觉悟的提高。

二、革命党人武装起义的同盟军。陶成章为了配合"湖南黄兴欲在长沙起事"，赴金华"布置一切"，龙华会积极响应，会首沈荣卿还联络双龙会"协约共起"。为了响应萍乡起义，浙江的会党在秋瑾领导下奋起备战，"凡金处绍三府各会党首领，于大晦日均坐以待旦"，后因萍乡失败而未举。徐锡麟、秋瑾在安徽、浙江同时起义的计划，以会党作主力，得到浙江会党的积极支持，"金处各会党首领入绍兴计事，……前后相继至者凡百余人"。为了实现秋瑾的计划，这些地区的会党都作了深入的动员与部署。由于起义的失败，先后丧失了好多会党骨干。会党招之即来，虽赴汤蹈火而不辞，成了革命党人的可靠的同盟军。在皖浙起义失败后，次年春夏之间，成章与张恭从东京带炸弹回沪，组织"革命协会"。

三、清朝反动势力的死对头徐锡麟、秋瑾起义失败，风云突变，清统治者加紧镇压。浙江的会党并没有屈服于压力，前赴后继，坚持斗争，并且在范围上比前更加扩大，在阵势上比前更加壮阔，起义一浪接着一浪，遍及全省。如绍兴、萧山之间钱清人民起义；嵊县乌带党裘文高起义屡败清军；处州义军为替秋瑾报仇"特为起义军……清之驻防军不能敌"；蒋禄飞等起义于东阳，"四处联合者四千余人""清将沈棋山击之大败，杭城清吏震恐"，后又与马陵山义军联合，打出"光复军"旗帜，"欲由浦江沿兰溪江以袭杭城、并与白布会、终南会约与共起"，多次击退阻击、围攻的清军，坚持了三个月，"杭城清吏闻信，大惊""从衢州府城起，沿严州府城，以达于杭州府属之富阳，清吏皆布戒严令"。这些起义使浙东上八府"尽皆震动，其影响遂及于浙西之杭嘉湖三府"，私贩党也在余孟庭、夏竹林的率领下随之暴动，大小四十余战，歼灭清军二千余人，涉及"浙西江南之诸府，声势震撼"，真是山寨水泊起义军，刀光剑影惊朝廷，弄得江浙一带官府心惊胆战、草木皆兵。"南京清督端方惧，尽调南京劲队，合力攻之"。会党的起义，严重地扰乱了东南重地"沪杭往来孔道"，官府因"匪焰日益猖獗"，一日三报，以致清廷下旨把"督率无方任意疏忽"的江南提督刘光才"着交部议处"；统带官副将徐锦堂、欧阳成祥"着即行革职"；两江总督端方、江苏巡抚陈启泰、浙江巡抚冯汝"疏于防范，行不践言，应一并先行交部察议"。会党的不断起义，沉重地打击了封建统治的反动气势，成为清廷的心腹大患。

四、为辛亥革命光复江浙造成了有利的政治形势。发动会党既是光复会的功绩，又是江浙辛亥革命运动的特色。会党的历次起义虽都被镇压下去，这时会党好多骨干已参加了光复会、同盟会等革命团体；有的加入了新军，成为新军的基层骨干；有的远遁偏僻山区，积蓄力量；有的参加到当地人民的抗捐抗税、抗租抗粮斗争与浙路风潮等群众斗争中去，使这些斗争更加广泛深入，造成了辛亥革命前夕"山雨欲来风满楼"的革命形势。尤其值得一提的是，光复江浙的几次有名战役中，原来的一些会党分子发扬了他们"特别能战斗"的传统，闯头阵，打先锋，立下了汗马功劳。由于遍布各地的会党的支持与出力，才使辛亥革命在江南的恢复进展迅速，"东南各省，义旗一举，四方响应，两三月间，奄有半壁江山"，这与光复会平时运动会党工作是有密切关系的。

浙江会党对辛亥革命的功绩是不可磨灭的。辛亥革命在浙江比其他地区稍有群众基础，成为当时先进省区的原因之一，就在于革命党有遍布全省的会党的支持。而革命党人中有陶成章、徐锡麟、秋瑾这样善于联络会党的英才，正是造成这一形势不可缺少的因素。

第四章

建立光复会

一、肇始于东京

陶成章是光复会的灵魂，光复会从建立到发展以及后期的重建到衰亡，都离不开陶成章的影子。光复会的兴衰折射出陶成章的革命奋斗的光辉诗史。正如识者所言：成也焕卿，败也焕卿！能与辛亥革命运动中东南革命团体光复会兴衰与共，真无愧于成章一生也！

1904 年冬建立于上海的光复会，是一批年轻知识分子组成的以反清为目标的民主革命团体，开始人数不多，行动秘密，影响不大，随着革命形势的发展，吸收了会党、新军的人员才逐渐壮大。尤其在思想的发展上，包括陶成章都有一个演变的过程。也可以这么说，陶成章、龚宝铨等早期光复会的骨干分子，是从东京留学生爱国革命运动中涌现出来的，东京开花，上海结果，在中华大地扎根的革命团体，而光复会正是 20 世纪初革命形势的产物。正从这个意义上说：光复会是"肇始于东京"的留学生组织。

清朝政府在甲午战争中吃了败仗以后，改变了以前鄙视日本的看法，崇拜日本科学昌明、教育发达。从 1896 年开始派遣留日学生，各省地方政府也均以派遣留日学生培养人才为急务。日本的新学源于西学，明治维新也来自向西方的学习，然而日本是君主国家，清政府认为学西方的民主共和不如向日本学习保险，有利于巩固封建专制的根基，一般国人又认为中日两国同文同种，比较亲近，而且只有一海之隔，往来方便，留学费用比较低廉。日本的知识界也有一股倡行研究中华文化的中国热，而那些扩张分子又有培养中国人以达到控制中国的野心。如此一拍即合，中国向日本派留学生，一年多于一年。1896 年首派 13 名，1899 年增至 200 余名，1902 年达 600 余名，1903 年有 1000 余名，1904 年 3 月达 1202 名，下半年增至 2406 名，1905 年猛增到 8000 余名，1906 年突破万人大关。一时间东京街头到处都有中国学子足迹。就留学生省籍而言遍及中国各省，尤以两湖、直隶、浙江、安徽等省为多。中国学生初到日本，纯系为了接受科学，好多抱着学成报国的宏愿投入学习。他们从日本实际生活中感觉中国之落后不仅军事上落后，实是政治经济文教社会的全面落后，积重难返。内忧外患，接踵而来，爱国学生越来越认识到朝廷腐败，屈服于洋人，不反清无以救国。正如陶成章所指出的："于是汉人有思想者，因新仇以记旧怨，共提倡逐满主义，不几年而革命之风潮，遂遍及于全国矣。"（《浙案纪略》《辛亥革命》第 3 册，上海人民出版社 1957 年版第 14 页，以下凡引此书不再注释）随着留学生风气开通，进步分子以"励志会"为先导，各种团体、报刊相继涌现，进步书籍如卢梭《民约论》、孟德斯鸠《万法精理》、穆勒《自由原论》、斯宾塞《代议政体》等风靡一时。各省留学生还均办起自己刊物，《江苏》《广东》《新湖南》等。《浙江潮》也是办得较好的刊物之一，1903 年 2 月 17 日（光绪二十九年正月二十日）创刊于日本东京神田区骏河台铃木町十八番留学生会馆，编辑兼发行人为孙翼中、王嘉祎、蒋智由、蒋方震、马君武等，共出版 12 期。《浙江潮》每期 60 余页，涉及内容颇为丰富，尤其是针对时局的评论、杂说更是思虑清晰、说理深刻、笔锋犀利，能动人心弦。《浙江潮》显示出当时浙江青年的志向与才华，流露了海外的游子对故乡、对祖国眷恋与热爱，也闪耀着青年人炽烈的革命雄心。这些刊物的问世给东京留学生运动以有力的推动，也对国内革命运动起到催生的作用。

浙籍学者、流亡在东京的章太炎，在 1902 年 3 月 19 日明崇祯帝殉国忌日举行"支那亡国二百四十二周年纪念会"，亲自草拟了《宣言书》，鼓吹种族革命，十人联名，众起响应，在横滨的孙中山也复信赞成。清政府驻日公使蔡钧闻讯后，当即要求日方禁止，章太炎等据理力争，不成。许多人不知已被禁止，原定开会之日仍有数百中国留学生前来，日警如临大敌，拦阻劝止。孙中山当日返回横滨，集同志多人在永东楼开会补行纪念仪式。香港《中国日报》等全文刊登《宣言书》，广为宣传，影响遍及海外。"支那亡国二百四十二周年纪念会"虽被禁止，但留学生们的爱国热情进一步高涨，励志会中一部分激进分子叶澜、董鸿祎、王嘉祎、秦毓鎏、冯自由等人又另组织了"青年会"，以民族主义相号召，成为东京留学生中最早的革命团体。

上海的学生运动与东京留学生运动相呼应。1902年蔡元培、蒋智由、黄宗仰、汪德渊、钟观光与吴敬恒等创中国教育会于上海。这年冬，南洋公学学潮退学同学跟随蔡元培设立爱国学社，同时创办爱国女学。爱国学社由蔡任总理，吴敬恒为协理，邀章太炎主讲席，延聘一批进步学人，并在张园创办演说会，号召革命排满，又通过陈范所办《苏报》日日声言"排满"。这时四川革命青年志士邹容到上海著《革命军》，章太炎写的序以及章太炎政论《驳康有为"论革命书"》都在《苏报》刊出，章太炎在文中以犀利之笔，贬光绪皇帝为"载湉小丑"，引起清政府的恐慌与震怒，令两江总督魏光焘与上海各国领事交涉，封禁《苏报》，6月30日逮章太炎入狱，第二天邹容投案，均被关入西牢，分别被判处三年和二年徒刑，爱国学社被迫解散，史称"苏报案"。蔡元培因中国教育会与爱国学社之间内部纠纷，调解不成，已先避赴青岛。数月后，因日俄战争紧急，蔡元培回到上海，与同志倡办《俄事警闻》，后改为《警钟日报》，成为当时申江进步舆论中心。这时在东京留学的陶成章积极声援苏报案，对章太炎的革命勇气与人格大为赞扬，"章炳麟，浙江人也。其学问素为浙江人所崇拜"。

在陶成章结束成城学校读书不久，我国东北形势急变，东京留学生中兴起拒俄运动，陶成章积极参加拒俄义勇队。原来沙皇俄国在参加八国联军入侵中国京津外，又出兵十万强占我东北。由于中国的抗争，加上列强不愿沙俄独霸东北，沙皇政府被迫于 1902 年 4 月 8 日与清政府订立《中俄交收东三省条约》，承诺俄军在 18 个月内分三批撤出东北。然而一年过去，第二批撤兵期限已过，沙俄不仅没有撤兵，反而增兵丹东，再占营口。1903 年 4 月 18 日，沙俄进而向华提出阴谋吞并东北的七条无理要求。消息传出，激起全东北以至全中国人民的强烈声讨，上海各界在公共租界张园召开拒俄大会。东京中国留学生会馆干事及评议员开会商量对策，多数同意组织义勇队，开赴东北参加拒俄，并通电南北洋大臣，请其主战。接着在锦辉馆召开全体大会，500 人到会，当场报名组成拒俄义勇队"学生军"，陶成章报名参加义勇队。东京留学生拒俄运动引起日本当局的警惕，召见中国留学生监督汪大燮，以组织义勇队有碍邦交为借口，要求解散，清政府对留学生运动高涨有戒意，认为名曰拒俄，实则革命。汪大燮命令义勇队立即解散。义勇队召开临时大会，议决改名为军事讲习会，解散义勇军，保留属于教育性质的体操训练。就在这个时候，经同乡陈蔚介绍，陶成章认识浙江云和人魏兰这位坚定的革命者，二人结为终生之交。这时在锦辉馆拒俄义勇队全体会上，有人提议中国国民缺乏尚武精神，屡受列强欺压，建议改军事讲习会为军国民教育会，一致通过。军国民教育会组织严密，订有详细规章。《军国民教育会公约》十一章，宗旨为"养成尚武精神，实行爱国主义"，还订有《临时公约》与规则。首批会员有"程家柽、叶澜、王家驹、张继、周宏业、陈定保、贝镛礼、翁浩、郑宪成、胡景伊、董鸿祎、翁友巩、桂少伟、陶成章、卢少岐、萨韵坡、陈天华、黄轸（克强）、刘揆一诸人"。（冯自由《秦毓鎏事略》，《革命逸史》初集，中华书局 1981 年版第 125 页）陶成章成了军国民教育会的骨干，"以争俄约事，游学诸生相连为军国民教育会，则黄克强、杨笃生、钮惕生、陶焕卿、汤尔和皆在焉"。（龚宝铨《自叙革命历史》，《浙江辛亥革命回忆录》，浙江人民出版社，1981 年版第 104 页）

这时的军国民教育会实际已成为华兴会、光复会以及相继成立的同盟会三会诞生前的准革命政党性团体。《发起军国民教育会意见书》毫不隐讳揭露清政府的反动本性。认为清政府杀我祖宗，夺我财产，已逾两百年，现在又压迫我同胞，割让我土地，使中国有亡国灭种的惨祸。军国民教育会排满的宗旨从徽章制黄帝像就已表明，之前措辞含糊，未将"民族"二字大书特书以揭明宗旨，现在表明宗旨就是"养成尚武精神，实行民族起义"，事成为"独立之国民"，不成则为"独立之鬼雄"。可见，军国民教育会已发展成为反清革命团体。宗旨明确，态度鲜明，不愿为此奋斗者也就退出组织，而剩下者都是各省坚定的革命分子。而两湖、江浙、安徽等省留学生军国民教育会活动相当活跃。不久军国民教育会的活动由公开转入秘密，由海外转向内地，由言论转入行动。他们主张通过鼓吹、起义和暗杀三种途径实行排满革命，以后在大陆相继组建的华兴会、光复会等革命团体，从思想萌发到骨干培养，实皆肇始于东京。

陶成章、龚宝铨都是军国民教育会的革命坚定分子，是组建光复会的关键人物。在二人建交上还有一个戏剧性的故事。军国民教育会曾推举汤审和钮永建特派员回国开展拒俄运动，要求北上面见北洋大臣袁世凯，力求主战并允许义勇军出发抗俄。但他俩到达天津向袁氏请愿受到冷落。"清政府闻而恶之，指为该学生等名为拒俄，实则革命，有逮捕风闻，代表人遂返东京"。清政府密谕各地政府"东京留学生已尽化为革命党，不可不加防备"。于是清政府与日本政府加紧勾结，迫使留日学生解散拒俄义勇队。清驻日公使还掌握了一张激进分子的名单，指控为"革命党"，并公开威胁要报告清政府，给予严办。军国民教育会的领导人因此怀疑出了内奸，有人甚至怀疑陶成章暗中作梗，在破坏拒俄运动。这显系误会，但也事出有因。原来陶成章平日态度鲜明，行动激进，引起了清政府驻东京留学生监督汪大燮的注意。这时恰好陶成章的本家陶大均因参加大阪的国际博览会来到东京，汪大燮与陶大均密谋，以为陶成章谋军职为名，诱骗成章回到北京，因此一时与汪大燮、陶大均过从较密，以致引起军国民教育会领导的误会。于是，军国民教育会专门指派浙江嘉兴志士龚宝铨跟踪成章，二人住在一起，暗中观察其言行。陶成章为人直爽，坦白诚恳，与龚宝铨无话不谈，龚宝铨了解了陶反清密谋的良苦用心，疑虑全消，终成莫逆，结为生死之交，都成为日后组建光复会的关键人物。

浙江在东京的留学生在军国民教育会中极其活跃，曾计划组建革命团体。在留日浙江青年里，有一批浙江大学堂的前身求是书院的进步师生组织"浙学会"的成员。浙学会因"鼓吹革命，旋被清朝政府下令通缉"，于是一部分会员声明退出，一部分会员转到日本留学，也有一些在国内继续斗争的。1903 年 10 月，日俄战争即将爆发，在东京的原浙学会会员，感到"中国革命的好机会"到了，他们聚集在《浙江潮》编辑"王嘉祎的寓所密商"。第一次参加的有王嘉祎（早稻田大学学生，嘉兴人，24 岁）、蒋尊簋（近卫骑兵联队学员，诸暨人，22 岁）、许寿裳（弘文学院学生，绍兴人，21 岁，也是《浙江潮》的编辑）、沈瓞民（弘文学院学生，杭州人，25 岁）等十余人，讨论结果，"决定另行组织秘密的革命团体……要用暴力发动武装起义"。会后又与陶成章（东京清华学校学生）、魏兰、龚宝铨（军国民教育会的骨干）、周树人（即鲁迅，弘文学院学生）等人联系。十一月"举行第二次密商"，陶成章等都参加。这时，军国民教育会的各省成员多回国搞革命运动，所以浙江籍的爱国学生也准备回国，成为这次讨论的中心，会上决定回国"取得革命武装根据地"，（沈瓞民《记光复会二三事》，全国政协《辛亥革命回忆录》第四册，中华书局 1963 年版第 131，132 页）开展反清斗争，并作了分工。回国后龚宝铨在上海组织了暗杀团，陶成章去浙江运动会党后，不久也到了上海。

1906 年春，陶成章与 6 位光复会成员在东京的合影。前排左起：陈子英、陶成章、李燮和、龚宝铨，后排左起：魏兰、陈魏、沈复生。

二、组建于上海

　　辛亥革命团体光复会组建于上海，绝非偶然，首先当时上海是辛亥革命国内活动中心。辛亥革命许多著名志士先后都以上海为立足点。上海的军国民教育会的形成与东京军国民教育会同时，1903 年 5 月 25 日上海的中国教育会得知东京拒俄义勇队改名为军国民教育会后，即以"上海热血动物候补军国民教育会同人"之名（见《留学纪录》，《湖北学生界》第 5 期）致函祝贺。随即上海爱国学社的义勇队易名为军国民教育会。这时在上海的中国教育会、爱国学社中主要骨干蔡元培、吴雅晖、黄宗仰等均为军国民教育会成员，"志愿入会者共九十六人，分为八小队，早晚训练"。（蒋维乔《中国教育会之回忆》，《上海研究资料续集》1939 年）当时上海已是国内革命活动基地，也是与海外同志联络中心。虽因《苏报》案，章太炎、邹容被捕，爱国学社停办而受到影响，但爱国女校继续存在，半年以后形势有新的转机，1903 年冬蔡元培重返上海，正是东京军国民教育会成员大批回国运动之际，他们都以上海为落脚点，随后分赴内地开展活动。翰林革命又是中国教育会会长的蔡元培威望高，人缘也好，又多年居住上海活动，已是上海"老土地"，所以归国人员多找蔡元培联络，成为核心人物。这时东京军国民教育会回国同志与上海同志声气相投，合成一股革命力量。

集合在蔡元培周围的组织有王小徐、汪允宗、蒋维乔等组织的对俄同志会（后又有"反对联俄会"）、《俄事警闻》改名的《警钟日报》、爱国女校、镜今书局、科学仪器馆、中国白话报等机关团体。东京军国民教育会除派往各省运动的人员，有部分成员留在上海。他们活动的场所，有为留日学生刘季平 1903 年底回国，与其兄刘东海在上海华洋泾自己家中创办的丽泽学堂，是聘东京军国民教育会骨干秦毓鎏、上海军国民教育会骨干费公直等为教员的一所进步学堂；安徽志士吴旸谷、高荫藻等所发起，蔡元培、秦毓鎏主持教务，从丽泽学堂解散后部分学生组成的青年学社；以及"安徽万福华主持，实为从事革命活动的机关"的新民学堂，俞子夷 1904 年回国后即由蔡元培介绍他在此任教。这几个团体也都与蔡元培为首的上海革命志士有千丝万缕的联系。蔡元培一向主张革命两手策略，暴动与暗杀，再加鼓吹、舆论宣传，而这正是他这个时候的实践行动。

陶成章与魏兰回国以后，上海与浙江内地的革命活动空前活跃，响应华兴会黄兴发动的长沙起义，成为浙江革命党人的紧迫任务，陶成章、魏兰、杭辛斋等联络全省会党积极准备，温丽台金衢严各区会党已作了相应战斗部署。华兴会为便于联络各省同志策应长沙起义，特派新从京津南下的杨毓麟（守仁、笃生），得蔡元培帮助在新闸路余庆里设立华兴会在沪机关，与爱国女校、青年学社都很靠近。杨守仁，湖南志士，东京军国民教育会重要成员，"专主暗杀，研究爆发物十余种，……党人能自制炸弹，自守仁始。甲辰（1904 年）夏，守仁偕周来苏、苏鹏等组织暗杀队，由日（本）携炸弹进发燕京，约张继自湘至，何海樵自沪至，设机关于津门，图炸内城宫殿及颐和园，以倾天下之耳目……狙何数日，无隙可乘，南旋到沪"。"夏历 8 月，（湖南）电召守仁归，未启程，长沙事败消息传出"。（曹亚伯《杨笃生蹈海》，《武昌革命真史》前编第 370 页）同志们十分沮丧，众集中到上海。起义方案既已失利，更多人主张以暗杀挽救革命。黄兴坚持"以暴动为主"，而杨守仁一向以为"暗杀必要"。杨守仁就在这时在上海创设爱国协会，扩大暗杀组织，由杨守仁（笃生）为会长，章士钊为副会长，黄克强、蔡松坡（蔡锷）皆入会，仍以新闸路余庆里为会址。爱国协会虽为暗杀组织，却仍以诗会面目出现，联系的面日益广泛，蔡元培、陈独秀参加密谋，杨度、刘揆一都"歃血莅盟"，张继、蒯若木、于右任、万福华等均为成员，以后成为光复会重要人物的龚宝铨、陶成章、徐锡麟、敖嘉熊、赵声等都参加爱国协会的组织。这也是一次长江中下游革命力量的大联合，使东京军国民教育会的暗杀团与上海军国民教育会的暗杀团合而为一。

革命无坦途，这时又出了一个轩然大波，万福华刺王之春案发。万福华（1865—1919）字绍武，安徽合肥人，清候补知县，热血志士，以前曾组织易本羲击铁良于南京未果，得知前广西巡抚王之春在沪发表主张割地给俄的谬论，十分气愤，与同乡吴春阳、高荫藻等商量，经《警钟日报》主编刘光汉、《中国白话报》主编林獬等策划（他们当时都是在青年学社任课），假借吴葆初之名，请王之春到四马路湖北路口金谷香西餐馆赴宴，当时学社中一扬州青年陈自新自告奋勇愿作射手，但临阵脱逃，王之春登楼见中计，急忙退出，万福华在店门口迎面举枪射击，可是慌张中忘记打开保险闸，弹不出膛，当即被扭送租界捕房，被会审公廨判处十年徒刑，到上海光复才获释放。"万案"的发生使革命顿受挫折，余庆里机关被破坏，华兴会主要领导人被捕，青年学社被查封，新民学堂被解散，黄兴、章士钊等东渡日本，爱国协会解体，杨毓麟虽脱险却因在搜查机关时被捡去名片，遂改名为杨守仁，北上与吴樾等另组暗杀团。为了重整革命力量，江浙皖等省在沪革命党人重振精神，经过酝酿才在暗杀团基础上成立光复会。"蔡元培声望素高，欲推为首领以资号召"，（沈瓞民《记光复会二三事》，《辛亥革命回忆录》第四册，中华书局1963年版）"光复会在暗杀团基础上在上海结社，曰光复，以蔡元培为会长"。（《辛亥革命回忆录》第134页）可见，光复会显系从东京、上海的军国民教育会和上海的暗杀团曲折发展而来。但由于后来相关人员与叙述者视角、侧重点的不同，而且时过境迁记忆不尽确切，再加后人理解的不同，对光复会组建过程及其成立时间均有争议，当然对光复会建立之总的历史是清楚的。下面我们细察当事人的话语，以弄清其来龙去脉：

光复会创始人之一、一直为副会长的陶成章说："军国民教育会创立后，革命党人功用从此一大进步，均由鼓吹时代而渐趋于实行之一方面。湖南杨卓林、黄兴等，以军国民教育会会员归乡运动，结徒散票，别成一会，号曰华兴会。谋在长沙起事，失败遁于上海。各省军国民教育会会员亦多归居上海。军国民教育会组织有暗杀团，规则极为严密，为上海中国教育会会长蔡元培所觇知，求其入会，于是改名为光复会，又名复古会。军国民教育会之名词，亦遂销去无踪矣。当光复会成立之时，正万福华枪击王之春不中之时也。"（陶成章《浙案纪略》，汤志钧《陶集》）

东京军国民教育会骨干、暗杀团成员、光复会创始之一的龚宝铨在1921年回忆说："癸卯春，以争俄约事，游学诸生相连为军国民教育会，则黄炎培、杨笃生、钮汤生、陶焕卿、汤尔和皆在焉。余亦加入会中。而内地有外舅章太炎先生及蔡鹤卿、吴稚晖诸君，以复汉之帜相倡和。是时，大义萌芽，人皆选练。及《苏报》案作，上海同志散亡殆尽。唯鹤卿以清静不竟，得留故国，因相与联合为光复会。"（龚宝铨《自序革命历史》，《浙江辛亥革命回忆录》第 341 页）

被推为光复会会长的蔡元培说："自东京同盟会成立后，杨笃生君、何海樵君、苏凤初君等，立志从暗杀下手，乃集同志六人学制造炸药法于某日人。立互相鉴察之例甚严。何君到上海访孑民，密谈数次，先介绍入同盟会，次介绍入暗杀团。并告以苏君将来上海转授所学于其他同志。其后苏君偕同志数人至，投孑民。孑民为赁屋，并介绍钟宪鬯（即钟观光）君入会，以钟君精化学，且可于科学仪器馆购仪器药品也。……开会时，设黄帝位，写誓言若干纸如人数。各签名于纸上。宰一鸡洒血于纸，跪而宣誓，并和鸡血于酒饮之。其誓言，则每人各藏一纸。"（《传略》上，《蔡元培全集》第三卷第 665 页，浙江教育出版社 1997 年版。引者注："同盟会"当时尚未成立，可能是"军国民教育会"之误）

从上述相关回忆中，可以理清光复会是由军国民教育会学生爱国运动逐渐发展过来，在华兴会长沙起义失败，万福华刺王之春案发，新闸路余庆里革命机关被搜查，一些党人被捕以后，浙江与皖湘在沪同志为重整旗鼓，在暗杀团基础上成立于上海的反清革命团体。推蔡元培为首任会长。时约在 1904 年冬，"万福华枪击王之春不中之时"那段时间，只是一个笼统说法，而绝非指万福华案发生当天的光绪三十年甲辰十月十三日（公历 1904 年 11 月 19 日）。自光复会创建以后 80 年中，从未有人这么认为，到了 80 年后有一位作者撰文说就是这天成立，实系猜测误会，并非陶成章的原意。从当事者到后世研究者大都认为光复会建立于 1904 年冬，应是正确的。

三、光复会的性质与特点

光复会是全国性的革命组织，长江下游革命势力的总汇，东南数省会党之统领，也是我国社会进步力量的代表。光复会的义士们胸怀全局，为全国革命运动献计出力，流血牺牲，在所不惜，无论是华兴会的湖南起义，还是同盟会的黄花岗起义，光复会总是全力以赴，不怕牺牲；当武昌首义湖北民军被清军反扑垂危，光复会义无反顾，加紧工作，全力投入沪、杭光复之役，以分散清军对武昌压力；并毅然组织浙江攻宁支队参加江浙联军，浴血征战，终于攻克金陵，完成了光复会最后一次赫赫战功。在光复会身上，也有其落后的方面，传统文化因循保守方面的消极影响，这也是无可讳言的。民国诞生，光复会的领袖陶成章被刺身亡，光复会不仅得不到尊重，反而受到压抑与排挤，不久销声匿迹，连光复会的会员也不敢承认自己有过这一段光荣的历史。再加上以后掌权的国民党是从同盟会演化而来的，人们的正统观念，促使他们自然而然地只肯定同盟会的作用，而忽视光复会的伟绩。新中国的史学界对光复会的研究虽已开始重视，并取得一定成绩，但对它的性质与功过仍有争论，它的社会地位功绩尚未为社会所全面肯定，现在应是为光复会正名的时候了。

光复会的组织成分

光复会是以爱国知识分子为骨干的革命团体。建立之初，人数不多，力量不大。他们为了开展武装革命，必须扩大组织，"大家注意力集中到运动江苏、浙江、安徽、福建、江西五省会党方面，动员参加"，才有一批会党成员加入光复会。不仅光复会的先后任会长蔡元培、章太炎为全国著名学者，而带头入会的会党首领，也是一批具有民主思想的年轻知识分子。如龙华会的沈荣卿"曾纳贡入监"，张恭"中癸卯举人"，蒋乐山是杭州紫阳书院学生，平洋党的竺绍康系清季"文生"，王金发系"生员"，

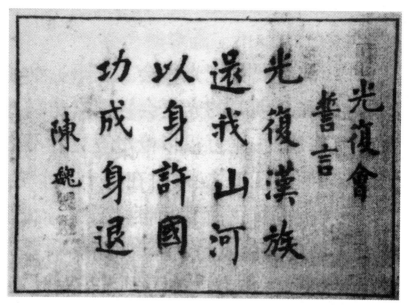

光复会誓词

谢震是杭州崇文书院学生，等等，而且他们也多先后出国留学。以后徐锡麟、秋瑾在国内陆续发展的一批会员和陶成章等在南洋爱国华侨中发展的，也大都是一些知识分子。

由此可见，光复会的会员，主要是两部分人：一是有民主思想的爱国留学生，二是有反封建传统的会党成员。而作为骨干的是具有进步思想的爱国知识分子。他们为"吸自由空气"而东游日本。为推翻清朝封建专制制度而奔走呼号，是"少有大志，胆识过人，见中国政治废弛，官吏萎靡不振，故其民族思想印入脑筋，愈深而不可解，所以怦怦欲动"的激进民主主义者，即一批有新思想的青年。

从光复会的主要成分可以看出，我国近代史上新一代知识分子出现了，他们作为民主革命的生力军活跃在 20 世纪初的中国的政治舞台。这个新的情况，不仅革命派自己认识到了，清朝统治者也意识到了："今之革命，皆青年才俊，愤政治不良，轻于一掷。"光复会就是清末这批怀有强烈爱国情绪的新型知识分子的革命集团，它的出现，标志着由一批具有民主思想的时代新人唱主角的辛亥革命已经揭开了序幕。

光复会的组织结构

据老会员陈魏回忆，光复会会员入会誓词为："光复汉族，还我山河，以身许国，功成身退。"誓词充满崇高的爱国主义、自我牺牲精神，也带有几分书生气。光复会员庄莼渔的儿子庄文诚见过光复会的证章，"外形作桃子样，上面还有两片叶子，中间铸有'光复中华'四个字"。光复会会员还有一个标记，佩戴金质徽章，中镂"复"字篆文，旁刻真楷，也有说为"光"字头、"复"字脚相合而成的"字"。

光复会组织发展分三个阶段，简述如下：

蔡元培首任会长、陶成章为副会长时期

本部在上海设联络处，先在新闸路仁和里，由王廉主持，后移到浙江旅沪学会，由沈祖绵主持，地址在四马路益智社楼上，再迁至三马路宝安里。1905 年 1 月，陶成章去东京成立光复会东京分部，由王嘉祎负责。

在光复会初建时，不仅有江浙同志，也有安徽籍同志，如暗杀团孙毓筠、陈独秀，志士吴春阳等，所以除了上海本埠，在芜湖、安庆等地就有光复会组织，光复会早期会员俞子夷、刘光汉、敖嘉熊、徐慕达、苏曼殊、龚宝铨等先后入皖执教，陶成章也在安徽公学工作，他们开展宣传、发展会员，很快就在芜湖、安庆等地形成光复会队伍，不久温台处会馆成立，光复会领导力量转移到嘉兴。

徐锡麟、秋瑾领导时期

蔡元培去西欧留学，陶成章参与创办大通学堂后也奔波于国内外，光复会由徐锡麟、秋瑾领导开展活动，会务有所发展，大通学堂的学生毕业离校，仍受光复会节制，入会人员因而激增，会员散居全省各地，温、台、处、金、衢、严、甬、绍及浙西均陆续有光复会的组织活动。当秋瑾主持大通

学堂时组织光复军，原计划颇为庞大，也是她改造、整合江浙会党的大胆尝试。把光复军分为八军，以"光复汉族、大振国权"八字冠之，一字一军，为光复军编制，秋瑾还规定军中干部分成十六级，以"黄河源溯浙江潮，卫我中原汉族豪。不使胡奴留片甲，轩辕华胄是天骄"七绝一首为表记，从"黄"字起到"使"字十六字都有职位，正好十六级，如"黄"字为首领，推徐锡麟等五人任之；"河"字为协领，秋瑾自居其一；"源"字为分统，以会党头目竺绍康、吕熊祥、张恭、叶颂清等任之。

陶成章、章太炎重振光复会时期

1910 年 2 月，陶成章重组光复会于东京，主要在南洋发展组织。陶成章、李燮和、沈钧业、王文庆等在榜甲岛组织光复总会，把原由李燮和主持的同盟会支部改为光复会支部。1911 年 4 月，陶成章又去爪哇，与沈钧业等组织泗水光复总会。7 月，陶成章为了推进长江下游的革命工作，曾回到上海与尹锐志姐妹"在上海法租界平济利路良善里，组织锐进学社，发刊《锐进学报》，以为内部交通之所"。并在杨树浦及法租界顿格路两处，设秘密机关。这些实际上是革命重心从海外向国内转移的部署，是为后来把光复会重新迁回上海作组织、干部准备。不久因上海起义的发动，陶成章派李燮和任光复会驻沪总干事，统率上海军事活动。陶成章在上海未多停留，立即回到南洋募集资金并动员华侨回国参加革命，与陈魏、陶文波、李一民等往各埠建立光复会分会。

除光复会本身组织外，在光复会建立前后，尚有许多团体、学校与光复会有密切历史渊源关系，甚至打成一体者。光复会成立前有：杭州之浙会（成立于1900—1901 年）、上海的中国教育会（成立于1902 年）、东京留学生的军国民教育会（成立于1903 年）、嘉兴的温台处会馆（成立于1904 年，光复会成立后，主要成员均曾在此下榻开展活动），以及上海的爱国女学和爱国学社等。光复会成立后，其领袖人物在各地为便于开展活动，成立的各种名目的团体，或与光复会挂钩，受其支配与影响的，或虽只属有关领导人的个人关系，但与光复会声气相投者。团体方面，东京的国学讲习所（成立于 1906 年）、东亚亡国同盟会（成立于 1907 年），和云南独立会（成立于 1908 年），上海的浙江旅沪学会（成立于 1906 年）、社交社（成立于 1907 年）、秋社（成立于 1908 年）、锐进学社（成立于 1911 年），芜湖（成立于 1906 年）、安庆（成立于 1907 年）、南京（成立于 1907 年）等地的岳王会，以及岳王会会员在无锡组织的开明会（1906 年）、在安庆组织的维新会和同心会（均组于 1907 年）等，均与光复会有密切的关系。学校方面，绍兴的大通学堂（成立于 1905 年）、安庆的巡警学堂、台州的耀梓体育学堂，以及南洋槟港的中华学堂（三校均成立于 1907 年）等，均与光复会有密切的关系。

除上述以外，曾与光复会及诸领袖关系密切的或作联络点，或为活动场所者，还有：绍兴东浦热诚学堂，1904 年由徐锡麟、陈子英、陈赞卿等创办，后作光复会的联络机关；绍兴特别书局与万卷书楼，分别由徐锡麟与王子余开办，售卖革命书刊，后为光复会人士碰头联络之所；绍兴府学堂，也是大通学堂建立前之革命活动联络点与枪械藏匿地；绍兴城内诸暨册局，1906 年，徐锡麟、秋瑾办的体育会移到这里，1907 年秋瑾筹建光复军，招各地会党于此集训；绍兴明道女学堂，秋瑾从日本第一次回国，在此校执教 3 个月，后作通讯联络机关；秋瑾娘家绍兴和畅堂故居，秋瑾主持大通学堂时住在这里，皖浙起义之策划、光复军的筹组皆从此出；嵊县公局，原为嵊籍人士应府试的寓所，后成为光复会嵊县志士的秘密活动场所，1904 年后，革命党人在开元寺设秘密机关，1911 年 11 月住持僧巍峰和尚在此建绍兴僧团北伐军，曾当过秋瑾助手的王领英在此训练女子北伐队；绍兴孙端大端工艺女子学堂，光复会员孙德卿创办，秋瑾任教该校，也是光复会活动场所；绍兴瓦窑头旧渡庵与塘湾统捐局，都是嵊县来绍兴的光复会员秘密联络点；杭州西湖白云庵，是光复会、同盟会来杭活动的秘密联络点；宁波、处州、金华、嘉兴等地革命者各有联络点、通信处；此外在上海除前面所述的以外，还有上海浙江会馆与周昌记客栈，均系徐锡麟赴皖后在沪联络机关；上海北四川路厚德里91号，秋瑾于1906年春创办蠡城学社，在此创办《中国女报》，也作光复会、同盟会的通信机关。

由上所述，可见光复会初建之时，虽如许多史学家所言，为"小团体"，而经过不断扩大、发展，光复会变成了地域涵盖东南各省以及海外组织的庞大革命团体。

光复会的性质，更明确地反映在它的政治思想倾向上。它的根本点就在于推翻清朝专制统治，建成以自耕农的"自由"发展的小康社会为理想的民主共和国。

光复会的革命总目标是建立民主共和国。这个理想明确写在徐锡麟起草的光复会的纲领性文件《光复军告示》中，"誓扫妖气，重建新国，图共和之幸福，报往日之深仇"。也见之于章太炎的《讨满洲檄》中："与内外民献四万万人契骨为誓曰：'自盟以后，当扫除鞑虏，恢复中华，建立民国，平均地权。'有渝此盟，四万万人共击之。"

为了建立共和国，首先要推翻清朝封建反动统治，"惟排满为其先务"。"排满""反清"是光复会的响亮的政治口号，也是光复会员浴血战斗的直接目标。其实章太炎已作了很好的回答："是故排满者，排其皇室也，排其官吏也，排其士卒也。"也就是说，"排满"只是为了摧毁其封建官僚机器。"夫排满洲即排强种矣，排清主即排王权矣。"

光复会强调的民族主义，已远超出明末清初地主阶级反满派的范围了，且看光复会领袖们自己的表述："所谓民族革命者，本欲复我主权，勿令他人攘夺耳，非欲屠夷满族，使无孑遗，效昔日扬州十日之为也；亦非欲奴视满人不与齐民齿叙也。"换句话说，只要反掉封建专制的王权，对满族人民是要与汉族人民一视同仁的，还说："若夫列为编氓，相从耕牧，是满人者，则岂欲剚刃其腹哉！"只要不去统治、压迫别的兄弟民族，大家都从事和平劳动，也就不必分汉人、满人了。可见，光复会的民族革命，目的是要推翻专制统治，建立民主国家。他们的民族主义，是"五族共和"的民族主义。当然，他们的民族主义也是有狭隘性的，如在某些文章中也鼓吹大汉族主义，但与单纯的反满还是不同的。他们所以要挂明末清初反满派的招牌，以吕留良、全祖望、王夫之、曾静等人的事业的继承人自居，是为了寻找精神支柱，以壮自己的胆；还带有一点古为今用、权作号召的意思，正如文艺复兴时期的欧洲人一样，他们并不真正要恢复古代文明，而是旧瓶装新酒，借此反封建专制罢了。

光复会在政治思想上还有一个显著的特点，即有一个倾向于广大自耕农利益的土地纲领。宋明以来，浙江一带土地制度，出现了有利于自耕农发展的一些变化，特别是太平天国以后，浙江的自耕农明显增加了。光复会关于土地制度的设想与追求的目标，就在一定程度上反映了广大自耕农的利益与愿望。这一思想不仅农民家庭出身的陶成章有，其他领导人物也有，如章太炎就公开提出："田不自耕者不得有，牧不自驱策者不得有，山林场圃不自树艺者不得有，盐田潟井不自煮曝晒者不得有，旷土不建筑穿治者不得有，不使枭雄拥地以自殖也。"他们的理想是建立一个"地权平均""全国无地主""土田、农圃自主者大半"的自耕农经济繁荣发达的社会。陶成章甚至通过《龙华会章程》提出"要把田地改作大家公有，财产也不准富豪们霸占；使得我们四万万同胞并四万万同胞的子孙，不生出贫富的阶级，大家安安稳稳享福有饭吃"的美妙想法。对这个目标，究竟如何实现，他们提不出有效的办法。事实上，这在当时也是无法实现的空想，但不失为值得肯定的理想。

综上所述，光复会要求推翻清朝封建专制统治、建立共和国、废除封建土地所有制等，均属于革命派的政治观点。

光复会在风格上也有自己明显的时代特色。深厚的爱国主义思想与强调个人主观作用的哲学观点，两者交织在一起，在他们身上形成了自我牺牲的精神与实干作风。他们处在国家瓜分豆剖、民族危机重重的苦难岁月，强烈的革命义愤与高度的政治责任感，使他们忧心如焚，"东侵忧未已，西望计如何？儒士思投笔，闺人欲负戈""危局如斯敢惜身？愿将生命作牺牲"，（秋瑾《感事》，《赠蒋鹿珊先生志，且为他日成功之鸿爪也》，《秋瑾集》，中华书局1967年版）爱国热情极为炽烈。他们好多原是文质彬彬的书生，为了报效祖国，学军事，学操练，学柔道，学拳击，学骑射，陶成章甚至学催眠术，像秋瑾这样的闺阁少妇，也能纵马驰骋，健如骁将。他们为了推翻清廷，视死如归，义无反顾，当徐锡麟被告知要剖他的心祭恩铭时，他昂首大笑说："区区心肝，何屑顾及！"（《徐锡麟刺恩铭实录》，《革命先声记》，《满夷猾夏始末记》第12页）曾被推为广州黄花岗起义总指挥的光复会会员赵声，因香港到广州的轮船误时未赶上战斗，七十二烈士殉难的噩耗传到，赵声悲痛万分，一病不起，竟至"发愤呕血以死"。光复会的先烈们都是具有苦干作风的人，大到联络会党，运动新军，细到造火药，运炸弹，件件桩桩都躬亲行之。陶成章、魏兰等为了联络会党，在一年中跋山涉水，昼行夜宿，日行百里，夜止丛莽，跑遍了浙江全省。陶成章"沈毅淳朴，尊重实行"，已为外人所称道。爱国主义是中华民族立国的根本，光复会继承与发扬了爱国传统，那种前承古人、后启来者的深厚的爱国主义精神将永垂青史。陶成章等人那种充分重视个人才能，提倡"依自不依他"的排除生死、旁若无人、"布衣麻鞋，径行独往"（章太炎《答铁铮》，《民报》第14号第117、122页）的主观奋斗精神，必将在中华民族伟大复兴的征程里引起越来越多的注意而被批判地加以继承和发扬。

光复会民主共和思想还突出地表现在对待男女平等上。光复会主要领导提倡女权，尊重妇女，以实践男女平等为职志。他们提倡女学，从教育平等入手，为妇女解放创造条件。蔡元培鼓吹女权，开发女智，创办并主持上海爱国女校，培养革命人才。秋瑾更是冲破封建牢笼的妇女解放运动的先觉者先驱者。她在绍兴明道女校与湖州南浔浔溪女校，亲手培养女革命者。还有后来与光复会员有密切关系的、散布在浙江各地的多所女校，造就了一批妇女革命人才。在光复会中有一批艰苦卓绝的妇女革命干部，如尹锐志、尹维峻、徐自华、徐月华、吴惠秋等著名女志士，都是名垂青史、传誉全国的。陶成章的妻子孙晓云女士就是光复会的杰出女战士。在奠定东南、建立共和的斗争中，她们还组建了女子北伐队，与男子并肩战斗，效命疆场。为纪念成章烈士，后人在他家乡绍兴与上海创办起以"成章女校"命名的学校，以弘扬先生生前一贯主张男女平等、尊重女权、培养女干部的先进思想，是令人深思的。

写到这里，对光复会似可这么说，它不是小团体，也不是局限于浙江一隅的地方组织，光复会上承中华优秀文化传统，外接世界先进西方文明，发轫于上海十里洋场，肇始于东京，扎根在江浙皖闽赣穷乡僻壤，活跃于长江下游，影响及于东亚南洋，以"耕者有其田，能者据其业，和谐富裕社会"相号召，沟通军学工商，广结三教九流，经略八年，艰苦卓绝，文绩彰彰，武功赫赫，是江浙、两湖、皖闽籍志士为骨干的创建民国的主流革命团体之一。而陶成章始终是光复会的一位杰出领导人，同时，光复会也是他毕生事业之所寄。

第五章
创办大通学堂

会见秋瑾、徐锡麟

建立大通学堂

捐官赴日

一、会见秋瑾、徐锡麟

陶成章与秋瑾、徐锡麟，均是光复会领导人，绍兴人称之为"辛亥三杰"，又亲切简称为"徐秋陶"。之所以这样排列，是因为他们三人中，徐锡麟居长（1873年生）、秋瑾居次（1875年生）、陶成章最小（1878年1月生），且每人以两年相距；又因为徐牺牲最早（1907年7月6日），秋瑾次之（1907年7月15日），陶成章遇难在1912年1月。这样的称呼自民国初期开始，直到今日依然如此。还因为对这三位烈士，绍兴、杭州设立了纪念性的"社"：杭州有秋社、陶社，绍兴有徐社、陶社。以"社"为名作为每年纪念活动之所，在绍兴和杭州的历史上也是少见的，这充分表达出人们对他们无限的敬仰和不尽的怀念之情。

陶成章结识秋瑾是1905年1月。陶成章《浙案纪略·秋瑾传》曰："甲辰冬，成章以事东渡。成章与陈氏子为同学，瑾因之以识成章。"魏兰《行述》亦云："乙巳正月，始晤于东京，（焕卿）并与黄兴、蒋智由、陈威、陈毅、秋瑾、彭金门各志士商议办法。"秋瑾，山阴县人，与成章系邻县，两县同城两治，故可谓同乡。1904年6月，秋瑾只身从北京东渡，7月初到东京，进日本帝国妇人协会的青山实践女子学校。她一边学习，一边参加社会活动，组织共爱会、演说练习会、普通话研究会，创办"白话"月刊，与刘道一等人宣誓加入三合会，被封为"白扇"（军师），1905年1月会见宋教仁等留日学生。正当此时，陶成章来到东京。当秋瑾只身东渡之时，陶成章在浙江内地做着艰苦的联络各地秘密会党的工作。当组织了光复会，自己担负会党实际工作后，为发展日本的光复会组织，使国内革命力量与在日革命力量联合起来，他便于1905年初由上海抵东京。沈瓞民《记光复会二三事》云："光复会于1904年10月在上海成立后，陶成章认为首先必须与日本东京原发起人商议，遂于是年 12 月偕魏兰赴东京，与王嘉祎筹商，光复东京分会也正式成立，推王嘉祎负责。"（《辛亥革命回忆录》第四集，文史资料出版社 1963 年 1 月）这时，陶成章因同学陈静斋子陈威、陈毅的介绍而结识了秋瑾，两人交谈甚洽，志趣相投，并为同志。未几，秋瑾又介绍三合会员王时泽与成章相识。成章与各志士商议进取之法。当时在日本入光复会的有蒋尊簋、孙翼中、黄鸿炜、许寿裳、周树人等，这样上海与东京互相呼应，光复会声势壮大。从此，革命团体光复会、华兴会、兴中会鼎足而为三，革命趋向高潮。3 月，秋瑾之日语讲习会终回国省亲，并代办青山实践女校招生事，行前会成章，因叩成章所运动事，成章尽以所历告之。秋瑾要求加入光复会，成章遂为介绍信两封，一封给上海蔡元培，一封给绍兴徐锡麟。秋瑾持成章介绍信，于 4 月初到上海见蔡元培。5 月初，秋瑾又持成章信，去东浦热诚学堂会见徐锡麟。经陶成章、徐锡麟先后介绍，秋瑾加入光复会。此时，她又持成章介绍信首次会见浙江会党首领丁镣、吕熊祥等。这为她以后接办大通学堂，联络浙江会党准备起义事作了准备。秋瑾于 1905 年 7 月返日，这时她在上海又会见了刚回国的陶成章，她向成章转交了徐锡麟促成章回绍兴共商革命大计的信。1905 年底，锡麟、成章等捐官赴日，秋瑾在东京迎接。在长期斗争中，他们的心连在一起，在不同地方，以不同方式进行着同一目的的革命斗争：如徐锡麟、陶成章创办的绍兴大通学堂，后来由秋瑾接办；秋瑾在上海办《中国女报》等鼓吹革命，陶成章在日本、南洋主办《民报》和《光华日报》等，宣传革命主张。当秋瑾牺牲后，是陶成章最先于次年（1908）写成《浙案纪略》，记秋瑾革命活动全过程，并写有第一个《秋瑾传》。是他最早整理、出版秋瑾遗稿，并广为散发于革命同志，宣传秋瑾思想英勇业绩。他对秋瑾作了最高评价："瑾之天性义侠如此"，"瑾之信义，著于遐迩。""瑾往返杭绍，运动军、学两界，而以大通学校为其中枢。""（瑾）喜群不喜独，且遍为张扬其事，故自秋瑾返绍兴以后，而革命之风声乃大露。秋瑾者，素热心于办事，凡开会时，彼如有可到会之资格者无不到，凡革命秘密会之有可入者亦无不入。"成章以有这么一位志同道合的"鉴湖女侠""巾帼英雄"而自豪，他深深地怀念秋瑾。秋瑾也关心成章，当 1907 年 7 月 13 日下午，清兵即将来到大通学堂时，王金发力劝秋瑾快速避走。秋瑾坚决地表示坚持到底，让金发快走，并让他立即去陶堰通知陶成章举家避难。金发出城后，急赴陶堰通知成章父亲。由此，品三先生及家人、各族人得以及时离村躲避。次日，清兵来村拿捕时，扑了个空。秋瑾牺牲，党人们痛恨清政府，也恨那些告密者。当陶成章和王金发了解到这个告密者是胡某时，成章即让金发严惩告密者。1910 年 9 月某日，王金发设计让胡一个人出来，即予击毙，为友报仇。而多少年后，在人们怀念秋瑾诞辰 130 周年的座谈会上，年已八旬的陶成章长孙陶永铭先生还激动地叙述了此事经过，他的发言题目是《秋瑾先烈临危救我家》。

陶成章与徐锡麟相识比秋瑾早。陶成章《浙案纪略》云："锡麟常以癸卯春，因观协览会一至日本，与陶成章相识。"在该书《徐锡麟传》里具体叙述："（锡麟）以观博览会赴日本大阪，顺便游东京，寓本乡龙冈町某旅馆……浙江学生因章炳麟言革命入狱事，开会于牛込区赤诚元町清风亭，锡麟出资赞助其事。会所中遇陶成章、龚味荪，相谈颇洽。散会后，即偕其徒张某访陶成章于驹込追分町浪花馆。成章导之以见松江钮永建，相谈宇内之大势，锡麟大悦，颠覆清政府之念由此益专，遂购图书刀剑以归。"冯自由的《革命逸史》亦作以上论述。他们于 1903 年春，首次相见，相谈颇洽，分析大势，识见相同，从此结下了同志情谊。徐锡麟回国后，习武练剑，办热诚学校，专注于时局变异，这第一次会见，给了锡麟以深刻印象和影响。第二次会见是在 1904 年冬光复会成立后不久，地点在上海。蔡元培《自写年谱》云："（爱国女学校教员龚宝铨）本随陶君焕卿（成

这是光复会会员 1906 年 4 月在日本东京的合影。前排左起：陶成章、陈魏、徐锡麟；后排左起：龚宝铨、陈子英。

章）属往金、衢、严、处等地，运动会党，劝他们联合起来，待时起事。而绍兴又有一派秘密党，则为嵊县王君金发、祝（竺）君绍康所统率，而主动的是徐君伯荪（锡麟）。此两派各不相谋，而陶、徐两君均与我相识。我就约二君到爱国女学，商联络的方法，浙江两派的革命党，由此合作。"此次三人聚会，对光复会的发展关系极大。因为在此次会见中，徐锡麟由蔡元培、陶成章介绍，加入了光复会，而且陶成章将自己在浙江内地联络会党的情况，尽行告诉了徐锡麟，徐锡麟很振奋，在回到绍兴后，就开始以兵法部勒其子弟，而且仿成章办法，于开年初，出发经诸暨、嵊县、义乌、东阳等地联络会党。陶成章在《浙案纪略·徐锡麟传》曰：甲辰冬，以事过上海，寓于五马路周昌记，因至虹口爱国女学校访蔡元培，成章亦在焉……成章因尽以已所经营者告之锡麟。锡麟归，绍兴始以兵法部勒其子弟矣。明年正月，与弟子数人游行诸暨、嵊县、义乌、东阳四县，自东阳至缙云，昼行百里，夜止丛社，几及二月，多交其地奇才力士。归语人曰："游历数县，得俊民数十，知中国可为也。"不久，他就打算办绍兴大通学堂。

陶成章自别锡麟后，为发展光复会，遂于 1905 年初去东京，上已述，在东京会见秋瑾，又见黄兴、蒋智由等商议进取之法，还"因中国人迷信最深，因约陈大齐在东京学习催眠术，以为立会联络之用"。（魏兰《行述》）约是年五月，成章回国，在上海设催眠术讲习所，并撰《催眠术讲义》。关于催眠术事，他在《催眠术讲义弁言》中述说了此事的经过：壬寅夏，在日本东京开始学催眠术，"去岁，复因事游东京，与彼国精斯道者日夕讨论，且从之学，观其实验，益有心得。归国以后，独居上海……通学所诸执事且邀予居讲席"。"讲毕，即以讲义付印，以公同好。"他在第一章《诠言》第一节"命名"中谓："催眠术者，一灵妙不可思议之学科也，居心理学中之一部，其组织研究之方法，与各科学同"。（汤志钧《陶集》第 316 页）可见成章之推行催眠术，一是当时国内外不少地方推行此术，以科学道理上讲，催眠术主要是涉及心理学的问题，也有生理、教育上诸因素，因此受到各方注意；但成章行此术，又可为立会联络之用，并可获得一些费用以故开展活动。蔡元培获悉此事，也很感兴趣，以为可作暗杀之用。然而行此事并不顺利。后来鲁迅在《华盖集续编》中的《为半农题记〈何典〉后·作》作了客观论叙："想起来已经有二十多年了，以革命为事的陶成章，穷得不堪，在上海自称会稽先生，教人催眠术以糊口。有一次他问我：'可有什么药能使人一嗅便睡去的呢？'我明知道他怕施术不灵，求助于药物了。其实呢，在人众中试验催眠，本来是不容易成功的，我又不知道他所寻求的妙药，爱莫能助。""清政府却比这干鸟人灵敏得多，所以通缉他的时候有一联对句道：'著《中国权力史》，学日本催眠术。'"

正当成章联络各方力量时，光复会浙江联络点的嘉业温台处会馆无法维持。诸办事人相继散去。未几，李燮和到上海会见陶成章，李是湖南安化人，此时正招致党人密谋长沙起义，他相识成章，遂即加入了光复会，并从此结下了深厚的友谊。五月二十六（6月28日），秋瑾回日本路过上海，她带着徐锡麟促陶成章回绍兴的信，陶成章接信后，就与龚宝铨到了嘉兴，即约吕熊祥、赵卓等先后来绍兴。成章到绍兴后，即与徐锡麟会见。

接着就是两人一起办大通学堂，以他们的精诚合作开创了辛亥革命史上煌煌大业。

二、建立大通学堂

在陶成章来绍兴前，徐锡麟已于 1904 年 2 月在家乡绍兴东浦创办了热诚学堂，校中有联曰："有热心人可与共学；具诚意者得入斯堂。"请曹钦熙任总理。热诚学堂尚体育武备，特注重于兵式体操。锡麟及知友陈志军常亲自督率训练。1905 年初夏又在绍兴城内创办体育会，向富商许仲卿借银五千两，至上海购买后堂九响枪五十杆，子弹二万粒，对外称购枪二百杆，子弹二十万粒。事先征得绍兴知府熊起蟠同意，声称为学校体操所用，领公文而往，公开地由挑夫十余人直过杭城，警吏皆不予过问，至钱江而雇船直到绍兴城内，寄存府学当中。他计划建一学堂，借东浦大通桥旁大通寺屋宇数间以为校址，后被其父梅生先生所知，父亲坚决反对，让方丈不准借房于其子。当时锡麟又亲至嵊县，与平阳党首领竺绍康商谈，让其选派会党兄弟中强有力者 20 人来绍兴城中，每人给费 20 元，这些人到来，也要有住宿之处，正筹划无计之时，成章与龚宝铨来到绍兴，于是大家熟商进行之策。

此时还有一事，蔡元培之弟元康在上海入光复会后，1905 年春亦回绍，他与一些同志提议劫银庄以助军需之法。成章知晓后，即行制止，以为此法暴露党人力量，于革命不利。成章提出一好办法：办一所学校。因当时，正值废科举，兴学堂之时，一些官员对办学很有兴趣，以此可以表现自己咸与维新之姿态。锡麟等人认为此议甚好，于是成章就正式呈请绍兴府批准办学，并以师范学堂为名，因师范是培养师资之所，更容易批准。成章又主张师范学校内设体育专修科，不论何府何县人，皆可入学。他向府台、

陶成章、徐锡麟等创办的大通学堂

省宪说明，当今东西洋各国尽征民兵，称之国民军，这些人都是中学校和高等小学校毕业者，在学校受操练，毕业后分之各地，可为地方办团练，若地方有事，一行号召，即能成军，为各地衙门效力。他亲至杭州学务处递禀，并请转达三司。于是得到府台、省抚同意，公开招收大通学生。他又与徐锡麟等商定，亲至府城内豫仓董事徐贻孙处，商借豫仓空屋数间为学校办学之用。豫仓，原系清政府存放救济粮食之所，1897年为越郡中西学堂用，1902年，学堂搬至别处，这时空关着，由徐贻孙兼管。此时，得成章借用，徐也得一个好名声，于是同意学堂要求。这样，成章与锡麟就先将寄于府学之枪杆尽数搬至豫仓，而竺绍康带来的嵊县20人等也如约而至，嘉兴之温台处会馆中执事吕熊祥、赵卓等又先后入绍，襄理学校诸事。学校定名为大通师范学堂，又称大通学堂。锡麟原想于开学之日集绍兴城大小清吏以尽杀之，继而起义，并请成章告各地党人，同时起兵。成章以为浙江非冲要之地，目下还是以培养骨干为宜，不宜行起兵之举。两人统一认识后，遂于八月二十五（9月23日）开学。在这前一个月，孙中山、黄兴等70多人，在东京正式成立了中国同盟会，孙中山为总理，而在同盟会成立一个月后，绍兴大通学堂成立，这是在国内国外同时结出的两个革命成果。学校成立后，成章又制定规章制度。他亲至金、处、绍兴各地，遍招各处会党头目入大通学校练习兵操，于是三府之会党骨干皆集于绍兴。他与锡麟又规定学员以六月为期，因时间一长，容易出现异状，引起议论。毕业后分散各地，以办团练为名，进行革命活动。又规定凡毕业者仍受本校办学人节制。学校学生皆为光复会会员。毕业后之文凭由绍兴给发，面上盖有绍兴府及山阴、会稽两县印，又盖大通学堂印章于末，背面则记以秘密暗号。同时又商定开学与毕业时，悉请本城清吏及有名士绅到校参加典礼，并设宴请之礼，同摄一影，送府县和各学校留念。总之，凡可以挟制官场绅界之法，无不详尽周到，所以以后虽有各种风潮，同僚士绅虽有窃窃私议者，学堂都能屹立不动，皆因早有准备之故，于此亦可见锡麟、成章等筹划之周密。

大通学堂的学业甚繁重，教学甚为严格。据1907年初入学的学生朱赞卿在《大通师范学堂》（《辛亥革命回忆录》第四集第143页）文中所述：课程为国文、英文、日文、舆地、历史、教育、伦理、算术、博物、兵式体操、器械体操、琴歌、图画等14门。起床、熄灯、上课、下课都用步号，清晰可听。催起号角一鸣，立即把被褥捆好，鞋子一律放在门外，不得在室内穿脱。除星期日外，每天第一课起，三课兵体操，要跑到几里路外的大校场去操练。有时朝露未干，青草没胫，教师喊"五百、六百米达卧倒，预备放"，学生们不问马尿牛粪，毫不犹豫地卧倒下去，并假想敌人在前面，眼亮手准地动作起来。遇到大雨就在饭厅里操击枪操练或在走廊四周做跑步。我们所用的枪，是从俄国买来的老毛瑟后膛枪，分量是很重的，所以操击枪操练最累人，左手把枪托在手上，伸直作瞄准状，教师不喊放，当然不许转来，手臂疼得不得了。还有跑步，开步大不行，小也不行，慢不行，快也不行。教师说一分钟走多少步等于几里。要这样作战才有用。此外还有星期一、三、五的一小时器械体操，很高的天桥、极长的溜木和平台、铁杠、木马、秋千、铁环、跳远等种种设备应有尽有。教师很认真严厉，譬如开步走走得不好，他就用指挥刀（未开刃的）敲你的腿。夜间打行军，你爬不上山，他就把你一推；泅河，你不敢下水，他也把你一推。可见，大通学堂的学生生活是十分紧张，是军事化的。曾任大通学堂数学教师之沈光烈在《大通师范学堂之特殊教育》中说："学生分特别与普通二班，特班尽竺（绍康）、吕（东升）子弟，管理训诲二君负其责……普通班一部为竺、吕子弟，一部在本县招致，年龄较轻……数学一科，曾命光烈承令，自编教材，凡四则、分数、小数、比例及浅近代数三角以至测量，题材悉与军事相联系，一年教毕，其进程之速不可想象。"（《绍兴文史资料选辑》第二辑，1984 年）

大通学堂文化课和兵操课兼具的是普通班，学生来源除会党外，主要在绍兴招考。特别班则是军事训练，学生是会党骨干。陶成章原议特班生于六个月毕业，然后分散到各地办团练，以掌握地方武装队伍。但一些当事人要求办下去，竺绍康、吕熊祥、赵卓认为以大通学堂为聚合会党之场所，使之不断壮大。故当 1905 年冬徐锡麟、陶成章离开了大通学堂，去了日本之后，特别班仍继续办下去，第一期毕业后，第二期依然招收。当半年多后，陶成章回到杭州，吕熊祥来见时，陶再次强调学堂是培养人才，不能成聚集会党之所。但此告诫仍没起作用，各地会党人员依然不断来大通学堂，由此造成学堂中各个府县的派别，本地学生与外地学生的对立，纪律松弛，以致经常斗殴，而学堂领导和教师也少有办法。因之引来一些地方士绅的指责。直到1907年春，秋瑾主持大通学堂，采取了一些措施，整顿了校风，学校才又出现了新面貌。

大通学堂的领导，初期由徐锡麟、陶成章主持，钱葆荪任总教习，陈魏任总监，学校设有董事会。当时学堂一切工作顺利，学校纪律严明。他们离校后，徐锡麟让原来东浦热诚学堂经理曹钦熙为大通学堂总理，负责学校一切事务，而会党事务，陶成章让吕熊祥代为照料。曹钦熙辞职后，由余静夫任总理，余为局外人，不了解会党内情，被动应付。后竺绍康介绍姚定生任总理。姚名麟，一字定缯，嘉兴人，时任学堂伦理教员，他也对学生内情不熟，治校无力，以致学生风潮时起，发生械斗。1907年初秋瑾受聘任监督，主持大通学堂工作，当时校长为黄怡。先后在大通学堂任教职员者，据《绍兴市教育志》列名为33人。大通学堂经费主要由学堂总理孙德卿出资。孙德卿名秉彝，字长生，绍兴孙端人，他于1904年赴日留学时，结识孙中山，先后参加同盟会和光复会。回国后，资助锡麟、成章办大通学堂，出任学堂总理（即总务科长），皖浙起义失败后，他被捕遭难，出狱后又参加了一系列革命活动。辛亥革命后，创办陶社、成章女校，又创办绍兴第一个乡村公园——上亭公园，1916年陪孙中山浏览该公园受到热情赞扬。大通学堂前后三年的经费主要由孙德卿出资，他对大通学堂的贡献是功不可没的。

大通学堂于1907年春，在秋瑾主持下面目一新。秋瑾组织了一支号称有5万人参加的光复军队伍，推徐锡麟为首领，自任协领，分8个军，设4个分统。7月6日皖案发生，7月13日秋瑾与师生19人被捕，学堂被封闭，学生四散。

大通学堂先后办了四期，每期半年，第一期学生30人，以后每期近百人，

1907 年又办体育专修科，有男生也近百人，加上各地会党骨干不时前来受训，故有人估计大通学堂培养了近千名骨干队伍。摘录一则《大通师范学堂第二次招生广告》（载光绪丁未年二月二十五日，即 1907 年 4 月 7 日《绍兴白话报》第 130 号附张）："本校已于二月初十日（1907 年 3 月 23 日）开校，十三日（3 月 26 日）开课，尚不敷额。如有年在十八岁以上，三十岁以下，果欲来校肄业者，务于二月三十日（4 月 12 日）前来本校报名，随缴墨银二元（注：经本校录取者，于膳金内扣除；不取者，出案日交还；如有录取而不到者，例不交还）限三月初二日（4 月 14 日）上午八点钟，各持照片至校投考，逾期截止。"

大通学堂从成立到结束，实际时间不到七百天，但它在中国革命史上占有重要地位，它的功绩，它的影响是一般学校难以企及的。它是革命党人在国内创办的第一所培养革命干部的学校，反对清政府，建立共和国，是它的总课程、总目标。但它的体制是灵活的，学生除会党骨干外，又是向社会公开招收；它是官方主办的，却主要由私人出资；它的教师均有一定专长，是社会名流，学有专业，但大多又均是光复会成员或倾向革命的知识分子；它以体操和政治训练为主，但又有普通课程；它是职业学校，又像是一所普通中学。特别是它的革命首创精神，在当时群雄奋起、百废待举之时能认识到干部队伍建设是第一要务，于是在万难丛集、千百事务中，抓紧办一所学校以培养、训练革命骨干，使之原来分散各地的会堂骨干集中训练，提高认识，具有革命自觉性，增强纪律，成为真正反清革命力量。正如陶成章所说：大通学堂成"草泽英雄聚会之渊薮矣"！"吾国各省秘密会党之能受正式军事教育盖自此始"。这种高屋建瓴、善识先机的举措是中国革命史上的创举，是深具战略眼光的识见。同时在办学过程中，它的团结协作风格和灵活机动方式方法，使之能在公开场合和官方允许的情况进行革命活动，这是一种了不起的斗争艺术，这对以后中国革命斗争无异起到了启示作用。由于绍兴大通学堂的创办，陶成章、徐锡麟、龚宝铨这些光复会领导人聚集在一校，各地会党头目又集中一地，因此当时光复会事权机关也由上海、嘉兴的温台处会馆而转移到了绍兴，绍兴成了光复会大本营。到1907年春，秋瑾就在这一基础上，组织了光复军，与徐锡麟一起发动了震惊中外、辛亥历史上最为壮烈的一次革命——皖浙起义。起义虽然失败，但由大通学堂培养出来的革命党人并不因此而气馁，在以后的革命中坚持斗争，在光复上海和杭州，在攻克南京等战斗中均作了巨大贡献。大通学堂的创办人陶成章、徐锡麟、秋瑾和他们的战友的胆识胆魄和胆略，他们的勇气、骨气和锐气是我国几千年来民族精神的一种凝聚和升华，他们的革命勋业永垂民族史册。

陶成章在绍兴这段时间里，曾于是年秋的某月初十，给族叔祖陶竣宣（心云）写有一信，对"畴荐栽培惠顾之恩，当日后学生稍有进步，再为效力"。对大通学堂教职员事向叔祖禀明，于叔祖拜托事未能挽回"自知负罪万千"，祈叔祖"曲为原宥"。（汤志钧《陶集》第73页）成章对叔祖陶竣宣之深厚情谊于此可见。又据陶氏后裔谈，成章在办大通学堂时，住宿在校，仅回家一次，住了一宿仍返学校。实在是事务丛集，无暇顾及家庭亲人，充分表现了革命者一心为革命事业的宽阔胸怀。但是，孰料此一别，竟成与家人的永诀，从此再没有机会与父母妻儿相聚了！这是令人扼腕痛惜的事。

三、捐官赴日

陶成章在《浙案纪略》云："当大通学堂成立先后，成章见绍兴同志中颇多资本家，于是又偶议捐官学陆军，谋握军权，出清政府不意，行中央革命及袭取重镇二法，以为覆巢之计。锡麟伟其说，相约五人捐官学陆军。"这是成章长存于胸、反复思考的反清策略。如今得到了锡麟和其他同志的认同，于是在创办大通学堂同时，首先就由徐锡麟运动，许仲卿出资捐官。许仲卿，原名克丞，字仲卿，山阴党山（现为杭州市萧山区）人，与徐锡麟系姻亲。许家早年在上海南京路购买有地皮百余亩，上海开埠后，此处地价飞涨，寸土寸金，于是很快成为巨富。然地处英租界，英商凭不平等条约，巧取豪夺，霸占地方。许家受其欺侮，对清政府之无能、英国等列强的侵略行为十分憎恨，因此，许仲卿也参加了光复会，赞成驱逐列强和推翻清政府，并以巨款支持光复会的革命活动。但捐官所需资金较多，此次借款45000元，答应革命胜利后，贴息归还。我国历来有以粟换爵的制度，至清代称之为捐纳，这是清政府解决财政困难的一种重要手段。据翁礼华在《以经济视角面对历史》（中国税务出版社1999年12月版）所列"乾隆三十九年外官（地方官）捐纳价目表"示（单位：银两）：道员为16400，知府为13300，同知为6820，知州为6020。当然，此时已是光绪三十一年了，价格不会同于130年之前的标准，所以五人捐官就要45000两银。当时锡麟有姻亲俞廉三，任湖南巡抚，他想得到浙江铁路总理之职。锡麟知其隐衷，对之游说，可博得支持新式办学的名声。廉三中其说，致函于浙抚满将军寿山。寿山为人贪且愚，当锡麟归浙后谒寿山，先言语吞吐，锡麟即纳贿三千金，寿山就嘱幕友批准五人捐官学陆军，并致函于时任清廷驻日使臣杨枢新，不久寿山离浙，新任浙抚张曾敭亦与俞廉三善，廉三又托张照顾之，并称锡麟为其表侄，余人均为其好友。故张到浙，亦不阻徐、陶等人之捐官赴日计划。这中间种种关节，转折情节，徐、陶均一一圆转，顺利进行，足见徐锡麟、陶成章等人行事之周密，计划之细致。五人捐官及拟学军种是：徐锡麟年岁居长，捐道台，填步兵科；陶成章居次，捐知府，填步兵科；陈志军又次之，捐知府，填炮兵科；陈魏又次之，捐同知，填骑步科；龚宝铨居末，捐同知，填工兵科。诸事筹备妥善后，即赴日本。当时赴日者，除捐官五人外，还有八人，共为13人，八人即为：陈伯平、马宗汉、范爱农、沈钧业、沈乐年（沈荣卿）、徐锡麟（锡麟之弟）、王金发、徐学舜（锡麟之侄）等，另外还有锡麟之妻王振汉。他们是在农历十二月中下旬先后抵达日本的。鲁迅参加了欢迎接待工作。他在《范爱农》一文中还具体写了他去横滨接 12 人的情景，因锡麟已与其妻先到神户，坐车从陆路去东京了。到东京后，受到秋瑾等热情接待，秋瑾遂与振汉为友。不几日，秋瑾与成章、锡麟、陈伯平、龚宝铨等人在东京结盟。

1906 年 1 月（农历乙巳十二月）成章与徐锡麟在东京活动，"诸事尚觉顺手"，但他们已感到，入陆军、入军校很困难，因为日俄战争，日军战胜，因此"陆军更严肃无比"。徐锡麟《致张之梁函》（二）（丙年正月二十四自东京）中指出："现在日本学校情形，入陆军非常名贵，且自费生不论各督抚如何说项，万万不能进去，因中国后来之整顿，全在陆军之发达也。"（孙元超《辛亥革命四烈士年谱》第 155 页，书目文献出版社 1981 年 10 月）当时清政府驻日公使已是汪大燮，而陆军留学生监督是王克敏。成章等先联系进陆军联队，去通商局长石井菊次郎处，被认为体格不及格不能进。转而去陆军所设预备学校之振武学校。振武学校学制初时是一年零三个月，以后改为三年，课程严格，管理严谨，日本语、日本文、代数、三角、几何、典令教范、体操等都要学。但在报到时，王克敏就起了疑心（也许有汪大燮影响），认为这些人举动不像学生，看不入眼，就找了一个借口，说你们是私费的，而进振武学校必须官费生，你们进其他学校，我可以立即送你们入学。成章等回寓所后，就拍电报给浙抚，浙江省抚即致驻日公馆，说明这五人是浙江官费生，要他们照例送学。但王克敏又推辞五个人不能开一个班，要等奉天（辽宁）学生到齐后一起送学。不久，奉天学生到达，大家一起去检查体格，结果又说身体不合格，且有近视而不能入学。成章等还直接向振武学校校长福易联系——在此之前，已与他作了些介绍，并认为这位陆军少将"尚觉好"，"日后交接，颇能于军务得力。"（徐锡麟《致张之梁函》一）也被拒绝，他说："这是你们监督处意见。"最后只求入陆军经理学校，终也未成功。这样虽经多方投靠，再三联系，均以失败告终。求入军校一途已经再无可能了，但革命必须坚持进行，不能因一时挫折而灰心，于是大家商议，一部分人仍留东京学习，陈志军学法政，陈魏进警监学校学警务科警政，在日人员由陶成章主持；一部分人回国，徐锡麟、陈伯平、马宗汉等谋入国内警察等差政，以代陆军学校，这由徐锡麟负责。议决既定，就随之行动，成章与锡麟依依惜别。行前锡麟又嘱留日人员学纸币，以备将来散发军用票。这时除徐锡麟外，大多剪了辫子。5月14日，因《苏报案》入狱之章太炎至东京，成章与龚宝铨等去迎接，介绍锡麟与太炎识。锡麟等5月23日（闰四月初一）返国抵上海，转绍兴后，继续寻求机会，最后终于谋入安徽巡警学堂，一年后就发生了震惊中外的皖浙起义。

陶成章在送别了徐锡麟等人返国，又待陈魏、陈志军进了法政警监学校后，于1906年6月（闰四月）因脚疾发作，只好入浅草区乐山堂医院住院。成章因上年连续数月奔走于山区，穿芒鞋，束绳子，风餐露宿，不辞劳累，联系会党，遂患下了脚疾，行走不便，只好住院治疗。

1905年11月，日本文部省公布了《清国留学生取缔规则》，文部省官员指责留学生中有不少无法无天之徒，要刷新这些"堕落学生"。由此激起了留学生的愤怒，他们一致要求日本政府取缔这一规则。12月6日，各校中国留学生实行集体罢课抗议，12月8日，留学生陈天华毅然蹈海自杀。陈天华，湖南人，担任同盟会书记工作，任《民报》编辑，蹈海前写下万言绝世书，希望大家誓死抗争。陈之牺牲，激起留学生更大抗议怒潮。陶成章、章太炎等积极投入这一斗争，奔走呼号，壮大了运动声势。樊光《我所知道的陶成章》（《史料》）中说，留学生的斗争"加之章炳麟、陶成章等四处活动,日本政府被迫取消了这一规则"。清政府为了镇压这一运动,曾下令驻日公使勒令樊光、吕操元等8人回国究办。陶成章与章太炎认为如果回国,等于自投罗网,力劝他们改掉名字,留在日本伺机而动。于是樊艸改名樊光,吕操元改名为吕复,"以示誓死抗清、光复中华的决心"。在这一影响深远的取缔风潮中,陶成章审时度势,冷静分析,认为还是回国从事革命活动为宜,既然两次谋入军校而均不成,想方设法谋握军权难以实现,则还是继续走联络会党,抱成一团,壮大革命力量,以践行既定的中央革命和袭取重镇的方略——在东南沿海、长江中下游举义旗,来实现反清革命的理想。

第六章

痛斥保皇党

陶成章于 1906 年（农历五月中）返国，但足疾未愈，遂偕龚宝铨寓于西湖白云庵。自此后，至 1907 年 7 月，成章多在国内活动；皖浙起义失败，被迫赴日，在东京等地活动，直到 1908 年 8 月下南洋止，如是两年多时间，他奔走运动，不遗余力，办报鼓吹，著文宣传，风险不避，万难不辞，表现了一个革命宣传家与实干家的本色。

一、五省大都督

杭州白云庵是当时革命党人往返出没之所，以拜佛宿斋为名，聚集同志，商议对策，是一处党人联络点。白云庵位于西湖南屏山雷峰日照寺旁，此处风景秀丽，湖光山色，四时如画。南宋建都临安时，曾为漪园，游人如织。既在四周山色之中，又有交通四达之便，是内廷宫人休憩的好地方。以后代有兴废，香火不绝。至清代光绪间，有高僧游方至此，见其清净明秀，便携其徒隐居下来。此僧原是清雍正间反清志士、著名诗人吕留良之后，释名智亮。吕留良（1629—1683），又名晚村，浙江桐乡人，为一代名儒，主"严华夷之防"学说，鼓吹反清复明。事败，出家为僧，后病死。不意其学生曾静，笃信吕留良华夷之说，力主反清，派学生游说川陕总督起兵，反被拘捕入京。由此连累吕留良，剖棺戮尸，著作几为全部销毁。此案震惊朝野，成当时最大文字狱，也影响整个有清一代。后起者为吕留良鸣冤复仇者甚众。此僧既是吕氏之后，又值是晚清之际，清廷已风雨飘摇，因此更坚反清之志。而其徒名意周，俗家淮北，据说是太平天国忠王李秀成之后。如此师徒两人在少林寺习武之后，就以这白云庵为修炼之所。见海内外风潮滚滚，就与豪侠们任侠倡言。章太炎、蔡元培曾在此集议，蔡锷、顾子才、吕戴之、黄元秀等亦在此商谈策略。今日见陶成章、龚宝铨到来，他们就尽行招待之诚。这样陶成章就居住于此，一面继续治疗足疾，一面开展革命活动。

陶成章根据他的实行中央革命和袭取重镇的战略构想，认为东南沿海、长江中下游一带工业发达，人口稠密，交通便捷，留日学生多，会党基础浓厚，如一方举义，则会四方响应，赢粮而景从。若有江南之地，既执掌经济命脉，又凭长江之险，即可引起全国革命风潮。所以他与龚宝铨认为，在联络浙江内地会党之后，应该扩大范围，联络长江下游各省的革命力量。在发展光复会会员时，他已发展了许多苏皖闽赣各省同志，这时又结识了名僧苏曼殊。苏曼殊（1884—1918）字子谷，著名学者，广东中山人，少年时削发为僧，后去日本学美术、梵文，1903 年为《国民日报》作翻译，曾游历泰国、斯里兰卡、新加坡等地。1906 年来南京活动，成章与之相交。就让他联络苏皖各地。他自己偕龚宝铨又去嘉兴，会见敖嘉熊，敖之人望素重，支持成章计划。于是在这年夏日，陶成章成立了光复军，被举为五省大都督。樊光《陶传》云：“潜结闽皖各同志，被任为五省大都督，分浙东、浙西、江南、江北、皖北、皖南、上闽、下闽、（江左、江右）为十军，计划在杭垣起义，作大规模行动。”为实现这五省十军宏伟计划，七月初，成章偕龚宝铨前往安徽芜湖。成章认为安徽居长江中下游之交，面积不大，但地位重要，上可直达武汉，据九省通衢之要，下可飞抵南京、上海、占东南半壁之地，所以在数月前与徐锡麟商谈革命方略时，力促锡麟去皖省谋事，若能潜入军界，谋掌军权，则振臂一呼，长江浪涌，东南底定可指日而待。成章在 1904 年冬、1905 年春夏曾居上海，在蔡元培之南洋公学、爱国女校处或作讲演，或上课，结识了不少安徽革命党人。此时，他受聘与龚宝铨、敖嘉熊等人去芜湖的安徽公学任教员，居住于赫山。他为何去安徽公学，同时又兼课皖江中学呢？因为那里有 1905 年成立的安徽最著名的反清团体岳王会。安徽公学的创办人是李光炯和卢仲农，李是我国晚清著名文学流派桐城派的一代文宗吴汝纶的学生，曾游学日本，深受留学生革命思想影响，回国后于 1904 年与卢仲农在长沙创办皖省旅湘公学，同年冬迁回芜湖，而迁校核心人物为陈仲甫（陈独秀）。陈在公学中团结了各地革命人士，成立了岳王会。岳王会以岳飞的精忠报国、誓杀金贼为榜样，从事推翻清王朝的斗争。他们用烧香宣誓方式，秘密入会，成员不多，但很精干，主要对象是公学学生和武备军、新军中的中下级军官，故战斗力强，1908 年熊成基起义就是以岳王会新军为主要力量的。公学地址在二街留春园米捐局巷内，所聘教师皆当时一时之选，"最著名的有刘申教（名师培，江苏人，化名金少甫）、陈仲甫（即陈独秀，怀宁人）、柏烈武（名文蔚，寿州人，曾任安徽都督）、陶焕卿（名成章，浙人，光复会领袖）、张伯纯（名通典，湘人）、苏曼殊（名子谷，粤人），还有谢无量、周震鳞、江彤侯、俞子夷等"。（安徽省政协文史资料工作组《辛亥前安徽文教界的革命运动》，《辛亥革命回忆录》第四集第 377 页）黄兴和赵声也来校任过教。所以公学成了当时革命党人聚会之所，培养革命干部子女的地方。行文至此，有人会问：陶成章与陈独秀是否见过面，是否同为好友？应该是可以肯定的。他们俩在上海爱国女校、爱国学社上过课，作过讲演，同为两校常客，陈独秀在上海是蔡元培、龚宝铨组织的暗杀团成员，陶成章等即在此基础上建立光复会；如今又同为安徽公学教员。任建树《陈独秀大传》中指出："在这个学校中担任教授职责的都是当时革命思想及行为的领袖人物，除陈独秀外，有刘申叔（化名金少甫）、陶成章（光复会主要领导人）、周震鳞（华兴会的主要成员）以及柏烈武（文蔚）、张伯纯、苏曼殊、谢无量、冷裔、江彤侯等。"（上海人民出版社 1999 年 5 月）另外他们对中国历史都有很深造诣。陶为浙江革命党魁，陈为安徽岳王会总会长。不仅面识很早，而且神交已久。所以互相认识且为好友，是顺理成章的事。陶成章在安徽公学与岳王会中人联络，又经过他们与南京新军中的革命党人建立了联系，共谋袭取南京的计划。当时各方工作颇为顺利。这年的七月初九日（1906 年 8 月 28 日）有他与龚国元（宝铨）的《致韩静涵书》：

静涵先生大鉴：

敬启者：前敬谒几右，值崔公以敝友有事相商，匆匆告别，不能纵谈多聆教言，甚为抱歉。章等于本月七日到芜湖，现居赫山。嗣后若赐教言，请寄芜湖赫山皖江中学堂可也。馀后陈。

专此，敬请

撰安

晚陶成章，龚国元同上

七月九日

此信说明了成章等在芜湖的行止宿处。但是陶成章的足疾并未痊愈，因此，不可能再深入内地奔走联络。陶成章在安徽公学工作了三个月，至九月初与龚、苏返回上海，料理一些事后，即回杭州，寓杭州白话报馆。当时成章等已筹划在杭州作大规模军事行动，但就有人走漏了消息，引起了浙抚的注意。成章还未至杭，就有社会传言说陶成章、龚味荪已召上八府义士三千，将于十二日袭取省城。消息传至浙江藩司宝芬。宝芬是满人，认为浙江内地遍布会党，必须借事以施镇压，闻有此举，就下密札于杭州府的满人三多，以及警察总办候补道某。这位候补道接密札后，不敢自专，就谒省巡抚张曾敫，某道将藩司宝芬的密札交张抚看。张曾闻陶成章之名，知其为党人首领，在省内很有号召力。为息事避祸，他就对道某说："方今新旧交替时代，人言未可尽信。"又说："如果确系革命党，乃是叛逆之徒，应当拿问，但拿到后若无凭证，叫兄弟如何发放，岂不会动人公愤？"说完后，便退入内堂去了。某道只好逡巡而退。当天晚上，由抚院幕中人传出话来，嘱成章等暂时躲避。成章见机密已泄，省抚已有准备，如再冒险举事，必遭镇压，决定暂不行动。为免人怀疑，他故意讲有事与人相约，不能立即离去。如是过了两天，成章始离开杭城。成章等离杭后，杭城门立即晚开早闭，实行戒严，严查行人出入，延续十余日。自此以后，在杭的党人渐渐败露，成章的五省十军计划遭到了第一次打击。

二、加入同盟会

1905 年 8 月 20 日，中国同盟会成立，同盟会有公认的领袖孙中山，并以"驱逐鞑虏，恢复中华，节制资本，平均地权"为其纲领。同盟会的成立，标志着中国革命进入了一个新的阶段，同盟会以东京为本部所在地，设总理一人，下设执行、议事、司法三部。为发展会务，在国内设 5 个支部，即上海、重庆、汉口、香港、烟台 5 处，分别代表东部、西部、中部、南部、北部 5 个支部。又在海外的新加坡、布鲁塞尔、旧金山等处设南洋、欧洲、美洲及檀香山 4 个支部。同盟会发展很快，不久各省均有一个同盟会分会。在浙江，第一个加入同盟会的是留日学生、光复会会员蒋尊簋，接着是蔡元培、秋瑾等人。蔡成为上海主盟人，秋瑾为浙江主盟人。这样同盟会从本部到支部到各省，形成了一个全国性的统一组织，这是近代中国第一个资产阶级性质的全国统一革命组织，当时兴中会、华兴会的领导和各会员均入了同盟会。光复会的主要领导人蔡元培、章太炎、陶成章、秋瑾等也入了同盟会为会员。陶成章是丙午年的十一月二十（即 1907 年 1 月 4 日）在日本加入同盟会。而在秋瑾牺牲后，成章即被任为同盟会浙江主盟人，并为同盟会机关报《民报》发行人之一。成章入了同盟会后，便在同盟会领导下进行各项革命活动。

同盟会成立前后，发动了一系列的武装起义，其中最有名的就是由同盟会会员、留日学生刘道一等领导的萍醴起义。1906年夏，刘道一返湘，与长沙学生、同盟会会员魏宗铨发动萍乡、浏阳、醴陵一带的洪江会首领龚春台举行哥老会起义，原定年底举事，但在10月19日就提前起义了，起义军占领了一些地方，成立了中华国民军南军先锋队，成立了都督府，发布了起义檄文。12月4日继萍乡矿工、醴陵防营士勇后，浏阳会党也同时起义，仅在10日间，群众参加达三万多人，震动了长江中下游。东京同盟会本部了解了这一消息后，群情振奋，要求回国支援，总部即派盟员赶赴萍醴和苏皖湘鄂等县运动以作策应。陶成章也就在此时回国协助这一起义。但是，起义军很快在赣、湘巡抚和湖广总督、两江总督的强大兵力围攻下失败了。刘道一在1907年元旦惨遭杀害，首级挂在浏阳城头，其他领导人也大多被害。东京革命党人隆重举行刘道一追悼大会，孙中山作《挽刘道一》七律一首。"尚余遗业艰难甚，谁与斯人慷慨同"，表达了人们对刘道一牺牲的痛悼之情。陶成章返国后，即去南京新军，想以南京新军起义有力支援萍醴起义。当年岳王会南京分部的负责人是柏文蔚，成章在安徽公学时，与柏相熟，柏在南京新军中做了不少工作。现在南京新军与之相约，共谋袭取南京。为实现此计划，成章又急赴杭城，与浙江党人商定，由严州历湖州取广德，率勇士数十人暗入南京，乘其不备，破坏军政所各机关，以配合南京新军兵营之暴动。各方面准备停当，不意南京内部志士行动不密未及期就行动，结果遭到险难。同盟会中又有人高调传播在长江上下游各地起事，致使清吏预为准备。这样，成章原定的袭取南京以支援萍醴起义计划不得实行。当萍醴浏起义时，东南沿海各省纷纷响应。台州志士王文庆及其友4人来见陶成章，商量响应计划，成章作函数道，让他分赴各地。文庆持成章信至沪遇秋瑾，并与各省光复会志士会商一切，然后回浙江活动，但他在衢、处州活动遇到困难，各地革命活动亦受到打击，由此陶成章的五省十军计划再次受到挫折。

陶成章加入同盟会不久，就担负了同盟会一项很重要的工作：主编《民报》，扩大《民报》的宣传。《民报》是同盟会的机关报，在海内外有很大影响。《民报》第1期至第5期、第19期共6期由张继主编，第6期至第18期，第23、24共15期，由章太炎主编，第20期至第22期由陶成章主编。成章主编的《民报》的方针是发扬民族主义，以民族感情激励读者，投入反清斗争。成章在《民报》第18号（1907年12月25日发行）上发表了具名汉思的文章《桑瀣遗征》，桑，桑梓、桑田；瀣，指海，桑瀣即为故国。遗征，即征求先辈们的遗文。《民报》19号《本报特别广告》云："本社自20期起，改定编次，专以历史事实为根据，以发挥民族主义，期于激动感情，不入空漠。海内外志士如有谙于明末佚事及清代掌故者，务祈据实直陈，发为文章，寄交本社。又，宋季、明季杂史遗集，下及诗歌，小说之属，亦望惠借原书，或将原书抄录，寄交本社，以资采辑，汉族幸甚。"这就是"桑瀣遗征"的全部意思。"桑瀣遗征"《民报》18号载《钱谦益致瞿文忠公蜡丸书》《陈鉴哭卧子陈公文》《刘均杨娥传》等三文；19号刊《陈卧子报夏子忠公书》；20号刊《陈卧子徐文靖公殉节书卷序》等三文；21号刊《陈卧子皇明殉节光禄大夫太子太保吏部尚书虞求徐公行状》文；22号刊《更存古大哀赋》文等。在《民报》19号《本社特别广告》一文中明确公布："本报编辑人张继君以要事已离东京，自20期起，改请陶成章君当编辑之任。"这样陶成章自20期起至22期，接办三期为《民报》主编。人们说《民报》之不入空漠，而以民族感情打动读者，当自成章编辑时始。三期《民报》时间是1908年4月25日《民报》20号出版；6月10日《民报》21号出版；7月10日《民报》22号出版。成章对《民报》的贡献是很大的，特别是办出了《民报》的民族主义特色，并以此来批判保皇党人的观点，这于青年尤有教育意义，从此扩大了《民报》的社会影响力。

三、在皖浙起义中

当秋瑾与王文庆及各省光复会志士会议时，秋瑾担负浙江义事，于是回浙布置一切。回绍兴时，湘人来约："十二月晦日，长沙起义。"秋瑾接讯，就匆匆赴各地，预为接应。但不久知长沙事败，萍醴起义亦败，秋瑾十分气愤，从此决心独力举事，遂与徐锡麟加紧发动皖浙起义。

徐锡麟、秋瑾领导的皖浙起义，陶成章是积极参与和有力支持者。前一年在东京入军校不成，决定分头进行革命活动时，他们就商定了徐锡麟打入军队，谋握军权的计划，且以为在皖省起义影响力最大。当锡麟在上海、北京、湖北奔走运动时，他们互通信息，互相商议计划，互相鼓励前行。而陶成章在安徽公学活动为锡麟不久后的安庆活动提供了基础。陶成章会见王文庆，当萍醴起义时，由王在上海会见各省志士，又与秋瑾一起深入浙江内地，以谋举事。所以成章的各项活动与皖浙起义是一致的，他的五省十军计划本来就包括了皖浙两省的斗争。所以成章是皖浙起义的参与者、支持者。但是，当时的交通条件不便，活动辗转各地，联络极为困难。徐秋之间虽有陈伯平专门为之传递，尚且在日期的变更上难以及时送达，何况陶与他们更是难通消息，而杭城之缉拿陶成章及革命党人禁令，一直没有解除，因此成章不能多住杭城和国内其他地方，只好往返于东京与沪杭间。斗争形势瞬息万变，公开活动难以进行，所以皖浙起义中一些要事，不能及时了解。相隔时间久，互相声援就更为困难。这样就容易被动、猜忌，以致产生误会，对陶成章与皖浙起义的关系，前人已有所论述，如：《中国革命记》第15册《传记》中《陶成章》："徐之枪毙恩铭也，公初与其谋，事将发，人适离皖，警信骤至。公悼痛欲绝。然不敢以此遽灰其志，且图为故人雪耻。"（《史料》第13页）这里明确指出，徐之刺恩铭计划，成章"初与其谋"，他在芜湖一带联络后离皖之时，突然听到锡麟遇难，起义失败，"痛悼欲绝"，决心为故人报仇。又如《满清稗史》下册《暗杀史·陶成章被刺》，"徐之刺恩铭，陶实与闻。事发，陶适离皖。警信传至，陶饮痛欲绝，三日不爽，初萌灰念，继而击桌曰：'大丈夫岂可如此耶？'意欲代友复仇，力弱而止。"（北京市中国书店1987年9月版）这里也作同样的表达。对他们之间的某种误会，前人也有论述：章太炎于1929年10月6日给陶冶公信中说："伯荪入官颇得意，焕卿等不见其动静，疑其变志，与争甚烈。及伯荪杀恩铭，始信之。"这是因为当时光复会其他活动进展缓慢，故成章产生了怀疑，如冯自由所说："以同志陶成章等之见疑，益滋戒惧。"冯自由《革命逸史》第五集中《光复会》更具体作了叙述："徐锡麟莅皖后，以见知于恩铭，迭获军警要差，方谓权势日重，大有可为，然转不能见谅于光复会各同志，盖陶成章、龚宝铨等以锡麟求进太速，疑为功名心重，宗旨不定，渐非议之，而成章反对尤力。锡麟不为少动，仍进行不辍。"这完全是同志间一时的误解，在当时复杂的斗争环境中，这种情况似乎是难以完全避免的。

皖浙起义失败，革命力量遭到空前挫折，不少会党头目、新军骨干被捕杀。陶成章在《浙案纪略》中云：党人之前后就义，最著名的则有徐锡麟、陈伯平、马宗汉、秋瑾、刘耀勋、徐顺达等百余人，前后战死者，几达千人，而被累死者，不计矣！但"清吏遭祸，比之革命党为多，因事遇难死者，则有恩铭、陆永颐，顾松……其他守备，千把总以下，为义军所诛者，总百人，虏兵之前后战死者不下三千人，因案去职者，则有张曾敭、贵福……"皖浙起义是辛亥革命历次起义中最为惨烈的一幕历史壮剧，徐、秋烈士血染长虹，义薄云天，他们的牺牲激励了更多后来者奋勇前行。

皖浙起义风暴，清廷自上而下纷纷缉拿革命党人，"缇骑四出，恐怖异常"，陶成章自然成了通缉要犯。两江总督端方在致军机处电文中称："徐匪同党为陶焕卿、陈子英、龚味荪、陈俶南、沈钧业五人，素倡革命排满之义。"又具体指出陶焕卿名成章，会稽陶堰人，年约30岁，而瘦削，剪辫，习日本催眠术，著《中国民族消长史》。在北京缉拿的有蔡元培、陶成章、龚味荪等8人。在长江上下诸省，则有徐振汉、沈钧业、陶成章、龚味荪等7人。绍兴查拿者达40余人。浙东各府查拿者，有张恭、沈荣卿等18人。处州府特严拿者三人：陶成章、吕逢樵、赵宏甫。上海严拿者3人：陶焕卿、龚味荪等。南京特电，山东查拿者均为一人，陶成章。满洲移文各省查拿者陶成章。直至翌年十二月，南京特电各省查者四人，陶成章、王金发、竺绍康等。可见陶成章成各地清吏查拿、缉捕、特拿、严拿的要犯，陶成章在国内无法立足，只好流亡日本。

在绍兴，徐、秋家属和大通学堂有关人员遭到通缉、拘捕，陶成章一家也以大通罪株连九族。陶堰村一片恐怖、慌乱，不少人离家避难他乡，特别是成章族人更是四散逃走。成章父亲品三先生得王金发通报后即率全家避往皇甫庄。绍兴知府贵福率清兵数百人包围了陶堰村，村中不见人影，只有古稀之年的陶九五在家中。贵福审问了他，问"陶成章到哪里去了？"九五叔公回答"阿炳（成章小名，村中人大多如此昵称）已有十多年不回来了，现在哪里，谁也不晓得。"又问"其家人哪去了？"九五叔公答"他家人多，父母妻儿早早远走他乡了，也勿晓得去了啥个地方"。贵福什么也问不出来，就滥用刑罚，恐吓、殴打，一个七十多岁的老人经不住如此折磨，三天后就去世了。后来品三先生只好将仅有的三亩六分田抵押给别人，千方百计凑足350元，托陶七彪向贵福疏通。而此时，贵福已受到社会各界人士责难，特别是舆论攻击，就不敢对陶家继续株连了。在几个月时间里，陶家及村中老小族人都生活在一片白色恐怖中。而"绍兴城中之扰攘者凡三月之久"。

皖浙起义失败，使光复会元气大伤，光复会数年经营几乎全为灰烬，许多会党领袖、革命骨干牺牲，使"浙江的光复会也就无形解体"。（吕公望《辛亥革命浙江光复会纪实》，《辛亥革命浙江回忆录》第157页）这样陶成章的五省十军计划就失去了实行的基础，革命一时陷入低潮。

四、痛击立宪保皇派

在20世纪初的民主革命中，不但要与封建帝制统治者及其后台的帝国主义作坚决斗争，而且还要与封建帝制的顽固保护势力保皇思潮作彻底决裂，特别当清王朝于1907年初发布"预备立宪"的口号后，一些原来的保皇势力纷纷成立立宪组织。特别以康有为、梁启超为首的保皇党人，此时以立宪来推行保皇主张，来维护封建帝制，因此作为民主主义革命者就必须在这一根本问题上旗帜鲜明地与之斗争，这样才能把民主革命进行到底，否则有半途而废甚至完全丧失革命成果的危险。陶成章在奔走运动、进行反清活动的同时，在这一政治思想领域中，表现了坚定不移、坚强不屈的革命派的本色，他是彻底反对保皇立宪的斗士。

早在1906年秋，陶成章就借悼念云间俞君，作《云间俞君小传》一文，表彰了"奇伟磊落之士"，赞美了"如芳兰馨蕙"一般品质的革命风骨。当年孔子咏兰"不为无人而不芳，不为困穷而改节"，今日革命志士就要如兰蕙一样，"不为世俗而降其隆节"改其意志。当时确有不少人因清政府的残酷镇压和金钱官禄引诱而改变了立场，丧失了斗志，从革命者堕落为保皇派。为此陶成章在文中讽刺了这些人："浮嚣轻薄之子，小有才而未闻大道，故书雅记，再不窥一，民族精魂，瞠目未晓。闻立宪之伪诏，则感激涕零，奔走愿效死力，甘为驯奴，恬不知耻……"表明了自己明确的爱憎感情和坚定的反立宪保皇的立场。

蒋智由是陶成章好友，诸暨人，工诗善文，早年留学日本，与成章相识。1903年两人与同乡共27人曾发表《绍兴同乡公函》介绍日本教育情况，邀请绍兴青年赴日留学。以后，蒋智由又加入光复会，在上海等地，与成章一道进行革命活动。1905年又为成章著作《中国民族权力消长史》作序，推崇成章的这一重要著作。但是随着革命的深入，他禁不起死亡的恐怖与名利的诱惑，而变为保皇派，与梁启超、杨度等人秘密组织保皇党，政治思想上与陶分道扬镳。在一次朋友为陶成章饯行的酒会上他即席赋诗：

送匋耳山人归国诗

亭皋飞落叶，鹰隼出风尘。慷慨酬长剑，艰难付别樽。

敢云吾发短，要使此心存。万古英雄事，冰霜不足论。

匋耳山人即陶成章，陶成章在一些文稿中曾用过此名，"匋耳"为陶字拆字法。诗赞美了陶成章如"鹰隼"一样，展翅高飞，勇往直前。但对此诗的理解也可以是两重的，一是对成章精神的肯定，另一方面也表露自己的心迹："敢云""此心"也是自己的思想。保皇事业也是长期的，也可列入"英雄"行列。它的成败也不是立竿见影，不能以冰霜为论的。这是自慰之辞，强辩之辞。这里还有一个小插曲，当听到皖浙起义许多党人被杀时，蒋主张发电请清吏不要滥用刑罚，不要杀伐。他说："猪被杀还要叫几声，狗被杀也会哀嚎几下，何况人呢？"鲁迅当场反驳："猪被杀才只叫几声，人不能只是这样叫叫便罢了！"随之，鲁迅将蒋的这首离别诗中颔联，改为"敢云猪叫响，要使狗心存"，对他进行了辛辣的讽刺，表明了革命者与保皇党人的不同人格和气节。保皇党人经过一段时间准备，决定组织政闻社，并罗致了200多名社员。九月十一（10月17日）一早，梁启超率众社员在东京锦辉馆开成立大会，想宣布《政闻社宣言书》。张继、

陶成章著作《中国民族权力消长史》铅字排印本

陶成章闻之，即去锦辉馆辩论，一下子有 1000 多人跟随而去。由于人多，梁启超拥护清廷立宪的言论引起了公愤，当场有 400 多人立时冲了上去，形成一声高呼"打"的混乱局面。政闻社大会固然开不下去，成立不起来，陶成章等革命派也宣传不了反立宪主张。双方匆匆收场。章太炎写了《政闻社社员大会破坏状》，揭露了立宪派人士的保皇真面目。他说："梁启超和蒋智由辈，并非热心于立宪，而志在得到一官半职，从清政府那里分得一杯残羹剩饭。""我们之所以反对立宪，并不是为了满汉之争，不愿拥戴异族作为共主，而是因为立宪不适应目前中国的国情。宪政要求民情上达，而清政府不改变封建专制统治，所谓的宪法，不过是实行封建专制的烟幕而已。"

1907 年秋天，陶成章与章太炎、樊光、张继、刘师培等联络印度、安南、缅甸诸志士，在日本东京设立东亚亡国同盟会，一称"亚洲和亲会"，以章太炎为会长。太炎撰《亚洲和亲会约章》，指出本会宗旨在"反抗帝国主义，期使亚洲已失主权之民族各得独立"会员为"凡亚洲人，除主张侵略者，无论'民族主义''共和主义''社会主义''无政府主义'皆得入会"。义务共三条，主要为无论来自亚洲何国之会员，均以"平均亲睦，期于感情益厚，相知益深，各尽其心，共襄会务"。亚洲和亲会在中国近代史上第一次明确提出"反对帝国主义"的号召，把争取民族解放与反对西方侵略联起来，这是很有积极意义的，而且在实际运动中，在团结国际友人、推动亚洲革命上，颇有作用，为世人所重。樊光《陶传》云："成章先生则果敢英断，遇事勇为。切实力行，不辞艰险。每遇有大事，由章先生论决，成章先生则为推行尽利，因而相得益彰。"当时"东亚各国所来留学生亦不少，有志者并未亲炙。成章先生乃与余于丁未夏组织一东亚亡国同盟会，潜结安南、缅甸、印度、暹罗诸被帝国主义压迫国家之留学生侨民思想前进者均在内，相互支援，共同革命，推章太炎先生为会长。此会虽经日本当局严密侦察，未能公开大有发展，但人人爱团结，颇多作用。闻有多人回国，争求民族独立建成伟大事功者，实皆由兹发轫"。这年 8 月 31 日，张继、陶成章又与章太炎、刘师培等在清风亭组织社会主义讲习会。他们在《民报》第十五号出了广告，内称"近世以来，社会主义盛于西欧，蔓延于日本，而中国学者则鲜闻其说，虽有志之士，间倡民族主义，然仅辨民族之异同，不复计民生之休戚"。他们又创办《天义报》，来刊载其学说。当然不论亚洲和亲会、社会主义讲习所，实际上提倡无政府主义、空想社会主义。不过陶成章坚决主张武装斗争，且多次表示要在江浙一带暴动。这是与张、刘等人不同的。

陶成章以其敏锐的洞察力，在浙江的保路风潮中揭穿了立宪党人的阴谋。当时浙江正建设苏杭甬铁路，但英国要强借款于浙江，清政府在英方逼迫下，提出了一个"转圜"方案：铁路由浙人自造，但向英方银行借款150万英镑，以铁路作为抵押贷款，并由英国公司承购所需材料，聘用英国工程师和以铁路收益还债。这是一个为洋人作奴才的方案。人们说："沪杭甬线，苏则已通，何需洋工程师？浙已集资千万，路成大半，何必借款？管理权授外人，又何能为民服务？国家承350万之亏耗，江浙两省岁垫方银9万两，这是一个十足的媚外方案，于是开民国拒款斗争。"

1907年8月16日，全省举行了国民拒款会，会上公举了著名爱国绅商绍兴陶七彪（即陶成章族叔祖）为会长，金华王廷扬为副会长，决定了拒款各项办法。消息传到日本，在日光复会人士和留学生们纷纷集会，商量对策。其时清廷已下诏立宪，于是一批立宪党人认为"廷寄已下，无可挽回"，只能"选举代表，归国运动"。是年11月3日，在锦辉馆开会，推举出4位代表，其中蒋观云（蒋智由）、金葆稚系立宪党人。对他们的当选，人们不放心，于是决议于11月10日再在锦辉馆开大会，统一认识，把保路运动引向深入。11月10日这一天，陶成章与章太炎、张继、刘师培等出席，名曰浙江同乡会"苏杭甬路事研究会演说大会"，由章太炎主持，陶成章等人在演说中强烈抨击清廷和保皇派，认为发电报、派代表这两项措施，均为无益，为空话。成章说："若论政府将铁路抵与英人之居心，实因徐锡麟及秋瑾之案，畏我浙人，皆有反抗政府之心，是以铁路抵与英人，则英国必将派兵来守铁路，我浙人将无所施其技，革命之思潮，从此可以消极了。"因此举代表、发电报的办法是无用的。时到今日，已非一般手段所能奏效。何况立宪保皇党人把持着不少机构，选代表往往是他们中人，提抗议也常被他们利用。他们保护的是清王室，这比清廷自己直接提出来更具欺骗性。

如何进行这场斗争呢？陶成章等人指出，今日保路斗争应该是双方殊死斗争的新发展，革命者绝不能低估清廷的顽固性与凶残性，只有将建路、拒款斗争与政治斗争结合起来，把路权保护发展为政权争夺，将浙江一省斗争发展为江浙联合，东南联合乃至全国一致的斗争，才是正确的方向。陶成章指出："前此未开会前，有提倡独立之说。兄弟之心，最喜欢浙江能独立的……近日路事，关系江浙两省。正可乘此联合，并谋独立。"他进一步说，清廷既行此毒计，则我浙江"当以毒计报之"。因为没有清廷支持"虽有千百汪大燮，终不能卖我铁路，英人虽欲买之，亦复无从实得"。一切罪恶，皆出自清廷，地方上革命必须发展到中央革命方向上，这才是彻底的办法。如何将保路风潮变为政治斗争，一省之事发展到数省运动上？会上大家认为要实际去做，不做凭空游说之事。章太炎指出："须是用实力的。"这办法就是：①罢市罢工；②抗税。同时指出在这争独立的斗争中，必须掌握斗争领导权。要把护路斗争，引导到政权斗争上去，要警惕立宪派人士乘虚而入，以立宪运动的方式来指导护路斗争。陶成章、章太炎等人对进行浙江护路斗争的方针是正确的。这次演说就是护路斗争中革命党与保皇立宪派一次大辩论，显示了陶成章等人坚定的革命立场和睿智的斗争方略。

陶成章是历史学家，他想从总结中国历史经验中来唤醒国人的民族意识，因此在办《民报》宣传民族主义同时，他撰写了一系列史学著作，1907 年冬，陶成章将《中国民族权力消长史》易名为《中国民族史》在东京出第二版。《中国民族权力消长史》是 1904 年即甲辰十一月二十日付印，同年十二月初一出版时，东京并木印刷所印刷，具名"会稽先生著述"，"独念和尚、悠悠我思编辑校对"，根据总目，有卷之上三章，卷之中一章，卷之下三章，卷下续一章，共八章，但目前见到的部分章节正文，只写到夏以前，全书由蒋智由作序。序文说："陶成章抱民族爱国主义，其热如火"，是为了"伸其志"而撰写此书的。成章在该书"叙例"中指出："我中国为世界文明之一大祖国，其文化之发达，绍基于皇古，葱隆于唐、虞，盛于周季，而光辉于汉、唐。"但是最近"六十年以来强敌逼处，与我族争此土，要港削，路矿夺，我同胞行且为饿殍，我祖先行将为馁鬼。势之迫，时之穷，运之厄，境之危且急者不敢不言之详而言之长也"。他想通过历史的陈说，民族之盛衰的分析，来振奋国人。"我中国亦当震醒其顽梦，刷励其精神，与白色人种共逐太平洋之浪，而交战于学术界、工艺界、铁血界中，求争存于世，而垂裕乎后昆。于斯时也。我中国之存亡，乃与全世界有关系，是为全世界之中国。"因此他要从中国民族之由来说起。最后他认为"文化为国之元素，政治为国之枢机。极良否美恶，皆与种族盛衰有极大的关系"。著作叙述详明，突出宣扬我中国民族之可爱，因此是一部充满着民族爱国主义的史学著作。当然书中也夹杂着大汉族主义的思想倾向，但民族团结、爱国主义是主旋律。

1907年秋冬，陶成章又仿效太炎先生的国学讲习班，办起了中国历史讲习班，以夏曾佑《中国历史教科书》为课本，发挥宏论，滔滔演讲。听讲者多为女子，章太炎之长女、次女均参加，故人又称其为"中国历史女子讲习班"。

五、五省革命协会

陶成章在痛击保皇派的同时，依然从事着国内的武装斗争。皖浙起义后，光复会失去了许多骨干，组织系统几近瓦解。陶成章要收拾残局。当清廷凶焰之气在"立宪"的口号中稍有收敛之时，成章就想方设法联络国内同志，千方百计投入内地活动。当时王文庆亦避难于日本，1908年春，成章与文庆熟商国内之策，必须将皖浙起义后的各地败散的会党再组织起来，统一行动，营救被囚同志，发展革命势力。于是成章作函介绍文庆入浙，至各府联络。不久，成章改名何志善，与张伟文一道奔赴青岛，想与商起予、臧耀熙、吕建候、刘冠三等人组织震旦公学，依照大通学堂办法，功课专尚武备，以此来培训革命骨干，伺机发动起义。不意为鲁抚侦知，两江总督端方特电缉捕陶成章等人。成章与张伟文、商起予等只好先后离鲁赴沪返日本。

这一年春夏间，成章与张恭、沈英等秘密回国，并秘携炸弹，刚好陈其美、庄新如也在上海，于是共商进取之法。成章让张伟文先回浙江，通知各处会党头目择日开会。当时，成章拟将前两年的五省十军计划作出调整，聚江、浙、皖、赣、闽五省秘密会党头目开会，熔铸而一之，成立一个统一的团体，定名为五省革命协会。陶成章在《浙案纪略》云："戊申春夏间，浙江革命党人另订一新章，将合江、浙、皖、赣、闽五省各秘密党会熔铸而一之，定其名曰'革命协会'。未及就绪，复遭破坏。"日人平山周《中国秘密社会史》亦云："于是有陶成章、沈英、张恭等倡议于杭州，集江、浙、皖、赣、闽省之头目，开一大会，打作一团，名'龙华会'。"为开好这个会议，使各秘密会党统一步调，有一个行动目标和纪律。陶成章修改了在 1904 年甲辰正月朔日公布的《龙华会章程》，加进了不少新内容，使龙华会成为更具革命性、更有战斗力的革命团体。修改后的《龙华会章程》，成了辛亥革命期间一个历史文献。《章程》结合当时形势强调了反对君主立宪派的主张，他说目前"有一种口口声声拍满洲马屁的外国人，同着几个亡心昧理的中国人，居然想望满洲立宪。列位要晓得'立宪'二字，怎么样解法。外面看看像是照各国的样子，实际是把权柄集在皇帝同几个大官身上，却好借着'立宪'二字，用出种种的苛法，来压制我们……况且立宪，实在是有弊病，无论什么君主立宪、共和立宪，总不免于少数人的私意，平民依旧吃苦，将来天下各国，定归还要革命。况且我们又添着一个异种的政府，来替我们立宪，哪里立得好呢？"作者指出："无论如何，皇位是永远不能霸占的。"现在的情况是"苦的苦到万分，穷的穷到万分。他们做皇帝大官的依旧快活到一万二千分。"因此我们必须革命造反，而不能搞什么立宪。陶成章批判立宪保皇的态度十分坚定，其揭示的内容是十分深刻的。他摘引大段历史典实和孔孟言论说明，凡是统治者暴虐百姓，百姓就可以起来造反。

到 1908 年秋冬，乘西太后、光绪皇帝病危之机，革命党人加紧了革命协会的工作。褚辅成在《浙江辛亥革命纪实》（《辛亥革命》第 7 册）回忆说浙江革命党人拟在 12 月 7 日上海开会，每府来代表二人，"筹议举事计划"。不想，正当代表们约期而至，盛会启幕之际，发现会议人员中有清廷之密探，于是形势急转，千钧一发，出现了密探秘密指认，清吏迅即拿捕，党人机智躲避，那样一幕惊心动魄、瞬息万变的活剧。

这个清廷密探、革命叛徒不是别人，就是在光复会、同盟会中颇有名气，与陶成章、张继在东京相处甚密的刘光汉，此时刘已沦为革命的叛徒、清廷的侦探了。

刘师培（1884—1919）又名光汉，字申叔，江苏仪征人，曾加入同盟会、光复会，很快成为东京革命党中名人。皖浙起义后，清政府中央大员和封疆大吏，莫不害怕刺客潜伏，想方设法拉拢革命党人。北洋大臣袁世凯认定陶成章"将来必为我大敌"，故派专人到东京想把陶成章收买过去，但成章坚定不移，不为利诱，使袁世凯只好罢手。汉人为官者如此，满人为官者更是千方百计打入革命党人内部。其中满族官员端方和铁良更为恐惧，他们出以万金收买党人保其命。当时刘光汉妄想夺同盟会总部之权，未成，心有不甘。欲运动成章，使为己用，以高其名。成章鄙其行为之不礼，光汉恨之。其妻何震及汪公权日夜怂恿光汉入官场。光汉外惧党人，内惧艳妻，渐动其心，适又有事与章炳麟有冲突，不胜，名誉大损。于是三人从东京回到上海，成为两江总督端方的侦探，任务是指认党人，让清兵拿捕。当他获悉浙江党人开会于上海的消息后，即报端方。当时党人还不知他已叛变，因此他得以列席此次会议。他设计请代表看戏于龙凤舞台之际，将党人一网尽获。不想竺绍康看见客中有可疑人员在窃窃私语，于是借故脱身而去，待坐探们动手，大多人已脱险，唯张恭、沈荣卿等人被捕。清吏多处通缉，情势陡然吃紧，大家只好立即分散隐蔽，但即使如此，各地还是有不少同志被捕，拘于狱中。上海等地码头侦探密布，刘光汉们坐以捕人，人们难以在国内立足，只好避走日本。革命党人对刘光汉之流愤恨不已。某日，王金发突至光汉家，宣布处决命令，光汉跪地求饶，愿以己命保证张恭性命，这才免于一死。光汉夫妇离开上海，但其姻弟汪公权作恶不减，某日王金发伺其从妓院出，即邀同行，至半途拔枪击毙，为革命除害，同志称快。刘光汉的叛变出卖，使"革命协会"计划全部流产。成章悲愤万分，但他仍坚持斗争，"五省革命协会"是他的"五省十军"计划的发展，是实现东南沿海诸省一起起义的宏伟计划。既然国内一时难于工作，则在继续秘密联系内地同时，到海外去寻求力量，于是就下南洋，经营海外战场的壮举。

六、与鲁迅的交往

在陶成章诸多友人中，鲁迅（周树人）是最为亲密者之一。他们从相识到相知，互相支持、互相信任。当陶成章被害后，鲁迅又在许多文章中怀念他，寄托了深深的怀念。

鲁迅是会稽县人，与陶成章同乡，他比成章小三岁，可说是同龄人，且均在 1902 年到日本求学。鲁迅进的是东京弘文书院，成章进的是清华学校和成城学校。《清国留学生会馆第二次报告》（自壬寅年九月起癸卯年二月止）、《清国留学生会馆第一次报告》（自壬寅年一月至八月止）中均记载着，成章与鲁迅于 1902 年同年入东京留学。当然陶成章当时是为谋握军权而求入军校，在东京一面读书，一面搞革命活动，而渐次成为职业革命家。鲁迅则是主要在日本读书，同时参加革命活动。他们都抱着同一个革命目的：救国救民。共同认识到必须反对清政府，才能谋求中国之独立自由。在实现的手段上，一是主张直接搞武装斗争，一是主张以科学、以文学救国。异曲同工，殊途同归。都是革命的先行者，民族的伟人。

当时留学生中，有同乡会，浙江有浙江同乡会，鲁迅与陶成章积极参加。每年冬夏二季各开恳亲会一次，春秋二季各开茶话会一次，故至少一年有四次活动。绍兴留学生多，故又有绍兴同乡会，敦厚乡谊，恳谈友情。1903年农历正月初三，成章与鲁迅等27人开同乡恳亲会，发表了《绍兴同乡公函》。1904年冬，陶成章等积极筹划，组织了光复会。为光复会的发展，成章于翌年一月赴日本，成立光复会东京分部，推王嘉祎为负责人。这时，鲁迅、许寿裳、沈瓞民、孙翼中等，均为第一批会员。与鲁迅同为弘文书院同学的老光复会会员沈瓞民回忆说："在1904（甲辰）年，鲁迅正式参加革命志士所组织的'光复会'，从事革命工作。"（《回忆鲁迅早年在弘文书院的片断》，《文汇报》1961年9月23日）为了避免清政权的残酷镇压，光复会严守秘密，虽父子兄弟也闭口不谈，又系用一方块的方式联系，如浙江为一方块，江苏为一方块，不是一方块成员，互不知道。他说他记得浙江一方块的光复会会员名单中，第九名就是鲁迅（周豫才），会稽人。鲁迅自己在晚年也不忘自己曾参加了光复会，他对老友和学生胡风、冯雪峰、增田涉等曾动情地说过：我当年参加的是"光复会"，不是"中国同盟会"。冯雪峰说："关于光复会的领袖陶成章，我记得他是抱着一种很深的怀旧的感情去谈起的。"鲁迅说："我可是就属于光复会的。"（《回忆鲁迅》）增田涉还回忆当年鲁迅与他谈过他与陶成章、王金发这些"山贼""强盗"往还的情景。（《鲁迅的印象》）其实早在光复会成立前，鲁迅、陶成章就是主张组织光复会的积极分子。沈瓞民《鲁迅早年的活动点滴》中说：浙学会于1903年冬开会，决定另组织秘密的革命团体，当时认为浙江革命志士在东京不乏其人，如陶成章、魏兰、龚宝铨、蒋智由（任《浙江潮》总编辑，还站在革命方面）、周树人等，便分头去邀请。"鲁迅在弘文时也是有着强烈的革命热情的革命青年。许寿裳和我邀请他参加，他便欣然允诺，毫不犹豫，意志非常坚决。"十一月初，浙学会第二次开会，决定陶成章、魏兰等分赴浙江、安徽等地。当时"还没有'光复会'之名，实则光复会即肇始于此"。（《鲁迅回忆录》散篇上册，北京出版社1991年1月版）可见，鲁迅就是浙学会积极筹划成立光复会的倡议者之一。鲁迅是光复会东京分会的首批会员，且严格遵守着光复会一切纪律。陶成章与鲁迅的交往就是这种同志式的友谊。

1905年夏，陶成章在上海搞催眠术讲习会和催眠术活动。但在大庭广众搞催眠何其容易，在无奈之中，他写信给鲁迅：有何药物，一嗅便有效果？这证明他们之间的深厚友谊。1905年末，陶成章与徐锡麟等捐官去日本，鲁迅等去横滨热烈欢迎陶成章一行人，并安排住宿等。皖浙起义失败，清政府大捕革命党人，陶成章首当其冲，鲁迅对此作了严厉抨击，"徐锡麟刺恩铭之后，大捕党人，陶成章君状曰：'著《中国权力史》，学日本催眠术。'（何以学催眠术就有罪，殊觉费解。）于是连他在家的父亲也大受痛苦。"（鲁迅《华盖集·补白》）鲁迅保护了友人的清白。

1908年前后，陶成章为重组皖浙起义后的革命力量，他与其他同志组织了五省革命协会，也在东京发展会员。周作人在《关于鲁迅之二》云："当时陶焕卿（成章）也亡命来东京，因为同乡的关系常来谈天，龚未生大抵同来。焕卿正在联系江浙会党中人，计划起义，太炎先生每戏呼为焕强盗或焕皇帝，来寓时大抵谈某地不久可以'动'起来了。否则讲春秋时外交或战争情形，口讲指画，历历如在目前。"陶成章对鲁迅十分信任，当时日本政府对革命党人常搞侦察活动，尤其对陶成章格外注意。成章就将当时的《龙华会章程》和一些组织表格及印章转移到鲁迅处。周作人说："尝避日本警吏注意，携文件一部分来寓属代收藏，有洋抄本一，系会党的联络会章。记得有一条云，凡犯规者以刀劈之。又有空白票布，红布上盖印，又一枚红缎者，云是'龙头'。焕卿尝笑语曰，填给一张正龙头的票布如何？数月后焕卿移居，及复来取去。"（《关于鲁迅》第529页，新疆人民出版社1997年3月版）足见成章对鲁迅的信任程度。非同志和挚友间，怎能委托代藏？当时，章太炎在办国学讲习所，鲁迅、陶成章是常去听讲的，他们都尊敬太炎先生的学问和为人。太炎先生每谈及革命总是意气飞扬，热情洋溢，直至深夜毫无倦容。成章与鲁迅均在太炎先生的周围，是他的学生和门徒。

成章生活艰苦，常衣不蔽体，食不果腹，但精神饱满，意志未尝稍减。周作人在1915年10月24发表在绍兴《笑报》第663号以长庚名发表《怀陶君焕卿》文，回忆当年成章生活及来鲁迅处情景："余初见焕卿在丙午夜，相遇上海，衣和服草履，左右异式，行马路上，见者疑为乞食沙门。丁未六月徐案发，君走东京，相见于本乡寓楼，落拓之状相如也。"鲁迅东京住处在本乡区东竹町"中越馆"，成章也常在那里喝茶用餐。其生活十分艰苦而其性格异常豪爽。周作人说："君在东，恒与龚君未生偕行，每来谈，饮茶甚豪，盏有余沥，辄交互注空盏中或倾壶中，又入沸汤仍注饮之，殊不自觉天雨赤足着皮靴，饭时探袂出巾将以拭面，则引黑袜出，已破烂失其踵，复纳之，探袂底始得中焉。""君在东，生计颇刻苦，间或不给衣食，售所编著以为补助。""《消长史》尝暂存余等居舍，一日来取，两手各挟一巨捆，往复数四。云交番警察屡目送之，似以为疑，然微见其为书，故亦不果检索也。"足见成章与鲁迅的亲密无间关系。

武昌起义成功，不久绍兴光复，一些革命党人办《越铎日报》，鲁迅亲撰《越铎（出世辞）》。在上海的陶成章闻之，即电贺创刊："恭祝《越铎》出版自由，陶焕卿拜祝。"又批准从绍兴筹饷局借支 90 元银洋为办报之用。1912 年 1 月 14 日，成章被刺，举国震惊，革命党人痛悼不已，鲁迅闻之，悲愤异常。为纪念陶成章，鲁迅与蔡元培、龚未生、沈钧业、孙德卿等人发起创办成章女校，并呈教育部门拨绍兴南街一基地兴建校舍，于 1912 年 4 月 21 日开学。1914 年，绍兴人在东湖创办了陶社，并举行了盛大的入祠仪式。后来鲁迅在文中说："（陶成章的）神主入祠的时候，捧香恭送的士绅和商人当有五六百，直到袁世凯打倒二次革命之后，这才冷落起来。"周作人也在《怀陶君焕卿》文中说："焕卿死三年矣。见陶社通告，又将以重九日举行秋祭，感念今昔，可胜车过腹痛之感。君尽忠故国，炳大节，众所共晓。即其在平居言行学业，刻苦卓厉，亦在在足为景行之贤。"他还高度评价成章的学问与操守，主张搜集成章佚文以成集子。"君湛通经史文章，质朴而有奇气，闲论及春秋时形势，口讲手画，了若指掌，似其得意之学。所著书祇《民族权力消长史》等两三种，报刊于世。小说散见《河南》及《教育今语》杂志，多半散佚。搜辑刊存亦后死之责，陶社君子其亦有意乎？"以后鲁迅更在《补白》《为半农题记〈何典〉后作》等文中，写到陶成章，抒发对故友不尽之怀念，表达对这位"革命实干家"的热情赞美和充分肯定。

南洋革命活动

1908 年 8 月初，陶成章离日本赴南洋，开始了他在南洋的革命活动。成章赴南洋原因有三：一是《民报》经济困难，章太炎让成章携《民报》股票数百张，去南洋各岛宣传，为《民报》筹集资金；二是解决筹建中之"五省革命协会"的活动资金，以利内地开展各项斗争；三是宣传革命，发展南洋革命势力，开辟南洋根据地。并筹措经费，以拯救或接济皖浙起义后被囚的同志与家属。从此成章除国内活动外，往返于日本与南洋间。特别当叛徒告密、清吏严捕，已很难在国内立足情况下，他将精力转移到一个新的战场，显示了成章灵活机动的战术思想。事实证明，经营南洋是陶成章极为成功的一着，是辛亥革命期间一项重要的革命活动，对以后辛亥革命的胜利，培养广大华侨的爱国主义精神具有重大的意义。

一、与平实论战

傅以潜《陶成章》云："当是时，闽粤人之侨居南洋者甚众……君发横滨，着单衣坐四等舱，代煤工劳动抵船值"，抵新加坡。陶成章是与其侄陶文波一起去南洋的。据陶文波《陶成章在南洋的革命活动》（绍兴市政协编：《纪念辛亥革命 90 周年专辑》）云：1908 年 8 月一天，叔父（陶成章）派人秘密来绍兴陶堰，声称：国内已不能立足，动员我去南洋开辟新的革命场所，说孙中山、胡汉民、汪精卫已在新加坡办了《中兴日报》，我们一起去。经父母同意，我决定去南洋。当时，由村人资助凑足了川资，第二天晚上乘夜航船到西兴，翌晨轮渡至杭州，第三天火车到上海，寓杨树浦光复会秘密机关所，遇见了叔父陶成章。在上海大约住了 5 天，后从十六铺购票到日本，到横滨时，路费已用尽，于是进四等舱，用苦力抵充船价，到星洲（新加坡）时已身无分文，连带去的炒米粉也已吃完了。于是住进华侨总会，次日寓中兴日报社，成章任撰稿人，陶文波任校对。途中遇张云霄，适同往，两人相见恨晚。其时成章化名唐继高，又名开秦。

当时新加坡有两张针锋相对的报纸，一为南洋革命党人机关报《中兴日报》，一为在南洋各地鼓吹保皇立宪主张的机关报《南洋总汇新报》。陶成章一到新加坡，就加入到这两份报纸为主要阵地的论战中，显示了他坚决反对保皇立宪派的立场观点，和辛辣犀利、鞭辟入里的文章风格。

20 世纪初，南洋革命党人本办有进步报纸《图南日报》，主要人员为陈楚楠和张永福，但由于销售不广，亏损严重，不到两年，只好宣告停刊。正当此时，有陈云秋、朱子佩等人主张合股创新报，于是双方新办了《南洋总汇报》。总汇报初时还是宣传革命的，但陈、朱等人力主平和，而在抽签中，又获得承办权，由此《南洋总汇报》渐从激进退为保守，从革命蜕变为保皇。冯自由《革命逸史初集·新加坡图南日报》中说："其后《南洋总汇报》渐为保皇派入寇；所聘记者均为康门徒侣。徐勉、欧榘甲、伍宪子等即借此报与革命派为敌。南洋之民党喉舌因此喑哑者年余。"《南洋总汇报》在 1906 年春以后就成了南洋各地保皇立宪党人的宣传阵地，并于 1908 年 6 月 29 日改为《南洋总汇新报》。

南洋革命党人深感必须有一张自己的报纸。正此时，孙中山来到了南洋，他支持同盟会新加坡分会创办《中兴日报》，于是《中兴日报》应运而生，8 月发行，其宗旨专为发挥民族、民权两大主义，而民生主义亦间及之。发刊词由胡汉民执笔。孙中山还过问编辑、经费等事宜，使报纸办得有声有色，成为南洋革命党人的主阵地。由此与《南洋总汇报》对立，不久就革命与保皇两种观点开展激烈的大论战。冯自由《华侨开国革命史》云："发刊未久，即与南洋《总汇报》为革命论与立宪论之大笔战，先后任撰述者有居正、陶成章、林时塽、胡汉民、汪兆铭、方端麟、林希侠、张绍轩、周杜鹃、何德如、胡伯骧诸人，任司事者则有林义顺、邓慕韩、汤伯令、薛百川、吴悟叟、周华、罗仲霍诸人。当两报笔战期间，总理（孙中山）适于戊申年二月从越南移居南洋，故东京《民报》诸记者亦相继莅止。一齐加入战线，论争至为激烈。"孙中山参加了论战，以"南洋小学生"为笔名，写了《论惧革命召瓜分者乃不识时务者也》《平实尚不肯认错》《平实开口便错》等文，使革命党人力量大增。正当此时，两个撰稿人先后来到这两个不同的报社，一是平实，一是陶成章，使这场论战平添了许多烽火硝烟。

平实，湖南人，当时正三四十岁，自称"湘中俊杰"。他善于文辞，在革命党人中间，颇有大干一番事业志向。但自义和团失败后，他产生一个消极的认识，认为排外将导致亡国。后来又见革命党内部某些阴暗面，这个消极的错误认识更发展为革命必将招来祸患的结论，因此由一个初期的狂士而变为保皇人士。清廷颁布立宪后，他就成为一个保皇立宪党人，到南洋后就立即加入到《南洋总汇报》的立宪派大合唱中。在这场论战开始两个月后，陶成章也来到了新加坡，他是同盟会会员，本在东京已与立宪党人开展过论战，因此住进了《中兴日报》后，很快与革命党人取得了一致意见，采取了同一个步伐，同《总汇新报》的平实开展了短兵相接式的笔战。陶成章于1908年9月9日开始发第一篇《规保皇党人欲为圣人英雄者》文章，9月12日发表《规平实》，9月14日发表《再规平实》，9月15、16日发表《规正平实之所谓时势观》，（均见汤志钧《陶集》）在一周时间内，连发四篇批驳文章，所用笔名均为"巽言"。论点明确、立论坚实、笔锋犀利、分析入微，让人明理明道、信服叹服。综合成章四篇论文，与平实论战主要集中在以下几个问题上：

一是平实认为革命必须有大圣人、大英雄才能成功，而如今之革命党人均不是大圣人、大英雄，因而如今革命不能成功。陶成章严肃指出"夫革命事业，乃因不平等不自由而起，发于国民心理之自然，运动革命事业者，聊此尽国民之天职耳"。革命党人从来不以大圣人、大英雄自居，只有立宪保皇党人才自诩为大圣人大英雄，如康有为自比孔子，政闻社创始者梁启超、杨度、蒋智由三人互相争当总理而交恶，可见"保皇党皆因为欲以圣人英雄自居，乃有互相倾轧，而来此内溃不堪之举"。文章指出，其实平实正想以圣人英雄自命，他知道康、梁两人现在"见恶于政府，见弃于国民"，因此正想乘时推倒康、梁而自为之。否则何以"以本党人毁本党名，以本党员议本党魁？"但是平实之操术，亦浅矣哉！因为你"以新到之闲散党员，遽欲推倒十年以来海外之魔王，不亦颠哉！"你的资格你的力量，远没达到推翻康梁的水平，你还是不要见怒于康、梁，否则你会被屏弃于保皇党外，使你这位十余年奔走国事之志士，"有漂泊失所之讥也"。

　　平实又说中国之真正排满者，仅有徐锡麟。这话听起来在尊重徐锡麟，但实际上是以颂扬之名行诬蔑之实。文章批驳曰：照此说法，则徐锡麟之前的诸烈士都算不了英雄，算不得真排满了。如史坚如炸德寿，王汉之杀铁良，吴樾之炸五大臣，杨卓林之诛端方，虽不成功，难道他们不是真正排满的革命英雄吗？即在徐锡麟同时，不是还有陈伯平、马子贻吗？不是还有秋瑾吗？平实不视他们为真正排满者，则又视徐锡麟为何人呢？徐锡麟是坚决反对立宪的。他说："满人非真能立宪者，不过以之骗汉人。"又说："立宪愈立得速，则革命愈革得快。"这真是痛快的话啊；而保皇党人乃借徐案来欺骗清政府立宪。烈士肝脑涂地，保皇党人以此为乞怜之举，这真是"天理何在？良心何在"？成章进而指出：徐锡麟为君所钦佩，"然则君知道徐锡麟吗？请试有以彼等之内情语我来，若徐为君所钦佩之人，而犹不知其内情，则其他不快意于君之内情，更亦无从而知无从而悉矣。既无从而知，无从而悉，又何敢为是等之妄言，请三思之！"揭穿了平实拉虎皮以当大旗的阴谋。成章作了如此剖析之后，再回到本题之义，指出革命党人的革命是以"爱国之故，不惜其一己之生命，以与满清旦夕相争"，乃是"尽国民之天职自居，非敢以圣人英雄自命，无自赞之理"。请平实"慎勿以诬人者因而自诬也"。

二是围绕汤武、华盛顿革命，驳斥平实散布的许多谬论。平实认为"汤武、华盛顿岂尝日日以革命自期哉！"意思是你们革命党人总是以革命自期。他又说："既然以革命等于饥食渴饮，又何以在众人不为之时以唤起多数之同情，难道四万万同胞不知饥渴不知饮食，独你们一党知之乎？"这就是说群众还不需要革命，还没有这个要求，只是革命党人一党之需要。平实又说，我举汤武、华盛顿是"应时势而革命，不以国为私而尊崇之"，但你们以为这是心术不正；难道欲乘时而逞野心，以国家为私利者就心术正了吗？这是平实标榜自己心术正，而革命党人乘时逞野心，是心术不正。最后平实又宣扬自己自甲午后日日访豪杰、结壮士，奔走两湖三江以谋暴动。三年来，又走云贵两广以赴东瀛，"内观国民之程度，兼观尔等之行为，始知暴动革命反足以亡国"。对平实这些言论，成章以犀利之笔，予以軼挞剖析，指出历史上的汤所以聘伊尹，伊尹所以答汤之问，说明平日汤深以救世济民为己之天职；汤从来不以圣人英雄自私自豪，也不肯以圣人英雄而自居自命。平实如果是以能尽国民之天职为己任，则"决无是等之谬想矣"。至于所谓"心术不正"云云，平实是表面尊崇汤武和华盛顿，实际是"抑之也"。至于华盛顿又与汤武革命不同："汤武之革命，贵族革命也；近代之革命，平民革命也。汤武时代之革命，由寡人政体而进于独裁政体之动机也；近代之革命，由独裁政体而进于共和政体之动机也，本不可以强加。"至于说到由于广结壮士，奔走四方而得出"暴动革命反足以亡国"的结论，则更是荒唐可笑。成章曰：你说走过三江，而我本是三江人，而三江的革命党人，"未闻有提及君名者。即秘密会党中，亦未闻有称君之行为者"。这说明"君之所谓奔走运动，不过无名小卒尔，宜政府诸公之淡然相忘于足下也"。既然你根本不了解各地革命党内情，则你所得出的结论岂不是毫无根据而荒谬之极吗？这样的结论，实在是保皇立宪党人的声音。因为既然暴动革命足可亡国，则应该反对暴动革命，应该容忍外敌入侵，应该继续保持清王朝；在现在情况下，就是应该搞君主立宪，因此这是一个赤裸裸的立宪理论、一个卖国理论。平实的目的是"上可以乞怜于政府而得做大官，下亦可以联结豪商，以求谋为大富翁"。成章揭穿了平实的企图。

三是进一步揭穿立宪之目的和实质。成章说："呜呼平实，汝今日之讲立宪，汝须知满人讲立宪，不过以之骗汉人，欲开国会，亦将为敛财计。汝又须知袁世凯之讲立宪，又不过以之抵制康、梁。""由是观之，凡讲立宪者，皆以利用为目的者也，岂有真欲立宪者。"成章进一步指明各种立宪人的真实意图："是故满洲诸立宪，不过以之愚汉人，是以愚弄反□，欲为其利用；袁世凯讲立宪，不过以之先人一著，不使康梁再留余地，以假借为利用；康有为、梁启超之讲立宪，与保皇之宗旨同，乞怜虏连，以求为赐环计，外则以之炫惑华侨，内亦思以假借为利用，而又兼以欺骗为利用者也。"说明同一立宪，各人目的不同。至于有的人讲立宪，则"欲利用他人，以求做官发财"，但其结果"皆为人操纵而反为其所利用"。还有的人是盲从，"问以何故而欲立宪，则曰他人有讲立宪者，官场有讲立宪者，是以吾亦不得不趋时以讲此立宪，其他吾不知"。这种盲从者，"可笑亦复可怜"。成章辛辣地提醒平实，"尔以英雄自命，恐亦不免列入于盲从派者之列矣"！

四是针对平实《论今日时局止可立宪救国，万无可革命之理》文中提出的"革命不可强为主张"的观点，就当前时局是什么，如何以历史观点分析当下之时局，作了一系列深刻分析。指出平实"屡言时势，实不知所谓时势；屡证引历史上之故事，比类近今，实又不知历史上所谓时势观察之方法，遂致论说中所称引者，无一不荒谬达于极点，其思想既愈趋愈下，其议论亦愈说愈差"，因此"钻入了牛角之势"。为此，成章详细议论了历史之陈迹及现在国民之趋局，从而说明酿成此时势之理由，"为汝平实批其巧而导其穴，庶几其或者能振聩而觉聋"。陶成章列出历史条目共有10节，从原始社会之形成及国家成立之理由，从王权增大及武力革命之所以出现（即汤武之所以革命），从王权分裂及维持社会思想之所以勃兴，从帝政成立及国威之所以外张，从帝权分裂及人种凌轹之理由，从帝权之再统一及其分裂之理由，从专制术之所以进步及国家元气之所以斫伤，从专制术之所由完美及国民英气之所由衰弱（即不能起独立军而变成流寇之理由），从满洲侵入之祸害及国民思想之所由复活（即民族主义发生之理由），从革命思想之普及及君主立宪决不能成立于今日之理由，洋洋洒洒，数万言至十数万言，可惜现存之稿只有第一节且尚未完。从节目中可以看出成章是想从中国帝制和专制历史演变及满人统治中国的祸害，国民思想之复活，来系统地、详尽地说明今日时势之必然由来，论证立宪之决不可为。并以此也来说明平实历史观之谬误，特别是屡引史实，比类近今中之屡屡荒谬。立论确属，论证无懈可击，结论具有无比说服力。

五是针对平实文章中所暴露出来的对革命思想的无知，尤对革命党内部的极度茫然，以正面的叙述为平实补上皖浙起义过程这一课。成章叙述了光复会由来，捐官赴日目的，纠正某些人以为"学陆军不成而后捐官"的说法；既捐官"为何又不捐京官而捐道员；学陆军又何以又捐官；杀恩铭何以在五月二十六日"等等问题。将当年此中内情一一交割清楚。写到此，成章动情地说："伤哉此事，不忍言矣！"他指出："若绍兴之秋瑾，则此案之主动"，由此成章又简述秋瑾之情形。但"恩铭一杀，助动者变为主动，主动者反成被动"。起义失败"缇骑遍于江浙皖赣之四省，而党祸乃蔓于全浙"。这种种情形说明，皖浙起义"非一朝一夕之故，而革命党中之大有人在也。同时也可知人心之所趋向，咸思革命之一大公理"。你平实自称奔走三江，你为何对这些内情一无所知，革命壮士一无遇见？"知者为知之，不知为不知，嗣后慎勿讥排满革命者之无能也。"成章又补述了徐锡麟之杀恩铭，乃非暗杀而是暴动，他占领军械局，事先写好了布告等。但此暴动又起发于"丙午九月初六之浙江杭城查拿党人（内有粤人）"。由此又牵涉清吏内部之张曾敭、寿山，而全浙之祸又牵涉清吏其他大员，故"当丙午之冬、丁未之春，正革命党与官吏相持之秋，以犬牙相制之故，官吏终不敢首难，可知革命党之计画深矣！"而皖浙起义之后，元恶大憝，有的为之胆落，有的为之心惊，原因在他们身有干系，不知目前之所谓信任者，正是革命党人。他们在"事未发之前，仅有其模糊之影响，事既发之后，官吏乃知皆入革命党之术中，而又苦不能言，且不敢言"。如此心计缜密，假借利用，你能说革命党人有盲从虚伪之人吗？成章说：物不得其平则鸣，革命志士胸有仇恨，愤激而起运动革命，"岂有麻木不仁，不能起发爱国之心，而可与言爱国者哉？"至于你说"野心"两字，"凡以尽国民之天职自任哉，均莫不踊跃争先"。这正如孔子所言"当仁不让"，你能说徐锡麟面对惨刑自称革命党大首领，是"野心"吗？至此已将无知且愚之平实各种谬论批驳得体无完肤，真相毕露。

陶成章对立宪党的原则斗争是坚定不移、从不含糊的，显示了作为革命党人坚定的民主主义革命立场。但立宪党也有顽固派和中间派之分，他对那些中毒虽深但恶行未盈之人是晓之以理的，平实还可算是这样的人。他谬论百出，但天良未泯，主要是未有深入社会实际，而为立宪党人所惑，故妄谈立宪与革命，因此成章就许多历史事实之真伪向其辨明真相，讲清道理，望其迷途知返，不致跌入深渊。成章说："足下之所谓奔走，恐亦仅在通商口岸，所运动，亦在于普通学界表面。不然，奚至一无所遇也。至曰'观察尔等之行为'，恐以汝之粗心，谅亦无从得而观察，乃竟迷入邪途，妄谈立宪，诋毁志士，强分五派，入主出奴，其足下之谓矣！"平实不明真相，妄加断语，确是"迷入邪途"，因此在严肃批驳之时，又加引导，"庶几汝之有所觉悟，不至再作人之利用而盲从"。成章最后热情地招呼："平实，曷归乎来！"你还是立即醒悟，归来吧！

由于陶成章如此有理有节地与平实论战，大长了革命党人志气，使平实等保皇党人无言以对，无喘息之机，其胜败已成定局，而成章之名亦在南洋不胫而走，遐迩皆知。对于这段经历，魏兰在《行述》中云："时《中兴报》与《南洋总汇报》因宗旨不合，互相攻击。先生因痛言中国不得不革命之理由，作为论战数篇，改名巽言，登之《中兴报》。《总汇报》记者亦为心折，叹赏不敢与辩。"在这场是革命还是立宪的思想斗争中，在保证民主主义革命沿着正确的方向、道理前进的大问题上，陶成章立下了巨功。

二、艰难募款

成章下南洋，主要是为募款目的，因为寓于《中兴日报》，遇到平实挑战事，遂先择定与之论战，批驳立宪派言论。待论战胜负已明后，他还去仰光的《光华日报》等处，继续宣传革命党人主张。这年冬，他了解了南洋各岛地理交通后，就直赴今天印尼、中南半岛各岛屿华人聚居的城乡，开展募捐活动。当时成章是以江、浙、皖、赣、闽五省革命军布置决行团名义去募款的，而发票正面加盖"浙江同盟会分会"印。长期来沿海各省在南洋多有侨居者，故用此名，又加盖同盟会印，成章是同盟会员，并且是浙江主盟人，这样可使华侨既有亲近感，又可获得组织信任。不承想在募款过程中遇到极大困难，几乎使人崩溃。这其中情形，在1980年湖南人民出版社出版的《陶成章信札》（湖南省哲学社会科学研究所编注）、后又由岳麓书社于1986年出版的《陶成章信札（修订本）》中叙述详明，后收入汤志钧编的《陶成章集》（中华书局1986年1月版）中。这些信札是记述陶成章在南洋活动的最宝贵的史料。

成章到南洋筹款之初，在《中兴日报》时曾与孙中山见面，提出要求，请中山解决《民报》经费；又要求为"五省革命协会"筹款五万元，以回浙办事。但孙中山认为"近日南洋经济恐慌，自顾不暇，断难办到"，（《致王子匡书》）予以婉拒，同时他对国内斗争又有通盘考虑，认为应首先在华南云贵等地暴动为宜，这是国家边陲，统治力量较弱，而东南沿海和长江下游乃是清廷财政重心，统治力量强，恐难为暴动中心，故对"五省革命协会"的事认为非最紧要，"回浙举事"尚可缓行。陶成章请中山写介绍信到各地筹款，孙中山初不同意，后才勉强应允，但却设置障碍，使陶成章之募款活动难于进行。

陶成章于1908年11月偕陶文波来到缅甸仰光，住《光华日报》，在做记者的同时向华侨募款。其凭单式样是：

今 有 收 到

义士赞助江浙皖赣闽五省革命军费并布置决行团一切费用金

元　　正

（注意）本会募款简章及一切偿还办法均有专条详章程册本上伏希查照

　　为荷

天运　年　月　日　代表陶成章押

凭单中所述之"章程"，就是陶成章专为此次募款而订的浙江同盟会分会的章程《信禾简单》，共8条。第4条云："本会既为同盟会分会，故本章程订定后，移知东京总部及南洋支部。"这里表明了浙江同盟会分会与东京同盟会总部是隶属单位，与南洋支部是总部内支部间的平行关系，均是同盟会中的一个组织。第5条云："诸义士所赞助之款，其偿还办法，悉照同盟会总章。俟办有成效后四倍偿还。其所得款数，亦移知东京总会及星州分会。"这一条具体讲明募款是照同盟会总部章程规定的偿还办法，使捐助者放心。第6条云："对助款项之人，以熟悉内地情形者充之，对于出款之人及总会有责任。"第8条云："所给凭单，盖印三颗，为其符号。"此三印，即浙江同盟会分会印、陶成章印、五省革命协会布置决行团印。但陶成章对南洋情况不熟，声望也还不高，不但受不到南洋同盟会的支持，反而受其阻挠，南洋支部在各埠的人员受孙中山指示使成章筹款困难重重，步履艰难。

陶成章在缅甸募款还算顺利，但已显示出某种尴尬。据冯自由《革命遗史·缅甸华侨与中国革命》称，"戊申（1908）十一月，汪精卫回星州，庄银安等募款两千八百元以应之，同时陶成章亦以江、浙、皖、赣、闽五省革命军费名义筹饷，银安等亦助以千元。己酉年（1909年）孙总理以河口败军将士群集南洋，给养困难，思赴美洲募集巨款再图大举，特派胡汉民赴缅甸筹措旅费，银安等复醵金两千元济之。"银安系缅甸同盟会会长，又是《光华日报》经理，陶成章初到仰光即与庄联系，即令如此，成章之筹款明显少于汪精卫和胡汉民。1909年初，陶成章由仰光到英属之槟榔屿。槟榔屿亦称庇能，在今马来西亚北部，岛上有佐治市，华侨称为槟城。这里为英属海峡殖民地，包括新加坡、吉隆坡等地，首府在槟榔屿，是一个大码头，华侨甚多。成章本来抱甚大希望，但却遇到困难。他在这年三月初九（1909年4月28日）《致李燮和信》中说："槟榔先受其难。该地办事人云，必须中山之人来运动方可。"他们还说，"按照同盟会章程规定，只有孙中山派来的人方能筹款。"于是成章与当地同盟会会长吴世荣发生激烈争论，后经同盟会会员、广东应嘉（今梅县）人李天麟的调解，吴才同意成章在庇能募款，但"又不肯开会，仅邀三四人会议赞助，仅得三百元。不料弟去之后，又遇一难。邓幕帷踪弟而往，不知用了何种手段，并此而亦不寄"。这年年底时，陶成章到坝罗，本受到当地同盟会人士的热烈欢迎。正月初二该埠召开大会，但坝罗同盟会分会长汤伯令出场演说，"言《中兴报》事紧要，而不及弟事。旋由他会员提议，汤宣言曰：陶君来此，不过来游历而已，并非筹款而来。于是会友疑且信，本可筹至千金，于是遂仅三百数十元"。这又是一次打击。当诸同志提议再开会时，"弟乃不得不再往，多用川费，多滞时日，多费口舌"。多次募款受阻，成章苦恼万分。他对李燮和说："弟本不说中山坏事，盖尤为团体起见，不得不稍留余地，至是逼弟至几可奈何，不得不略陈一二。"自此成章对孙中山产生了意见。虽然奔波多处，费了许多周折，但筹款不多；而槟榔屿等英属七洲各埠捐给孙中山的款，至黄花岗之役达 47600 多元，这是何等悬殊，不能不使陶成章得出与中山"难与共事"的结论。特别是当成章想到内地被囚同志，终日受苦，而我在此，却无能为力，一筹莫展，真是愤懑之极。他在信中说："诸如此类，不一而足，真正苦恼万分。现今所筹者不足三千元，且多未寄出，暗杀、暴动两无可办。内地同志，均坐以待毙，牵连者竟达八府之多，肝脑涂地，徒死无益，易胜悼哉！"革命者的情怀以他人苦乐、生死为重，当时正是内地同志因皖浙起义受累之际。这里的"八府"就是指浙江的上八府，即绍兴、宁波、台州、温州、处州、衢州、金华、严州，这是光复会组织发展的主要地区，也是革命党人聚集之所，如今他们受尽煎熬，正待同志设法救援；其家属受尽凌辱，也正待他人施以援手。陶成章了解内地情景，但目下却无能为力，筹款受阻，数量微小，又难寄出，内心的焦虑、苦闷、愤恨真是达于极点，难以诉说。当时李燮和在荷属邦加岛槟港中学堂及双溪埠启智学堂执教，成章想到那里去筹款，故除倾诉当前困境外，拟请燮和帮忙："现欲往勿里洞，旋即来贵埠，一切仰仗斡旋，或于文岛得集数千金，则事尚有可为。惟祈吾兄务为预先计划，使弟来时有所措手足，则幸甚焉。"这是为下一步筹款向友人提出的恳切要求，因燮和在同盟会中有相当影响。"斡旋"，则是让他向当地同盟会领导事先告诉一切，协调一下，以支持、安排我之来埠募款。

1909年农历二月初五，成章与前来槟榔屿之王致同一起到荷属东印度群岛（今印尼）泗水募款。到泗水时，身上"一文毫无，半步不能游历"，他对李燮和说：在谏义里，有同仁查春江，经济十分困难，而当地总理杨某请荷兰人谈话，故作难词，查君不能答，于是谏埠人大哗，以为内地三餐不饱而来此者。为此，查君大怒，于昨日返泗水，然后归国，但川费既无，只好暂住同志许绍南处。成章于此时经济困顿，也无法资助友人，故"还祈吾兄等速速设法之"。但过了一个星期，筹款依然毫无进展。致李燮和信中说："迄今已一周矣，一切事情，均未易手，奈何！"而且所捐款项，往往不及时寄出。1909年秋，成章致燮和信中说："弟所筹之款，均不见寄来，前后寄到者不过七百元，合之去岁仰光之款，不足千元。已零星付牢狱费及内地同志川费等用完。"

成章至南洋各地，自己经济十分拮据，以致常向友人借债，而还债又困难。他在1月24日给柱中、怡宗等人信中说了这一情况："弟等到新加坡后，已无一文，已向剑非兄（按：何剑非，在新加坡任光复会招待员，负责联络工作）移借三十元，而又欲急赴爪哇，又向之借一百二十元。祈兄速汇二百盾于剑非兄，以偿之。其不足，弟到爪哇再筹再寄。此二百盾算作弟假用。请澄如兄（按：徐澄如）日后代还六十盾，余一百四十盾，由弟设法筹还。"但至2月11日，依然没有办法，只好在给李燮和信中又提此事，成章身上竭蹶困顿之状就是如此。事实上，成章不是一钱俱无，募款虽是困难，但募得几百还是有的，上文所述"不足三千元"，说明是有钱的，尽管不多。但这是公款，是募得的，是"所筹者"，是华侨辛苦挣来的血汗钱支援国内革命的，不是为自己私用的。成章公私分明，丝毫不取，这种精神是当时某些人所难以企及的，也是做不到的。而成章做到了，在最困难的时候克己奉公，"身无分文，心忧天下"，这就是陶成章的精神。

在泗水募款，虽然仍然困难重重，但由于李燮和、王文庆、许雪秋等人相助，后来又加魏兰的帮助，诸事总算顺利不少。当时，成章已开始用光复会名义、用七省革命协会名义单独募款，而不用同盟会南洋支部名义了，当然他还是以同盟会东京总部之名，这说明并不完全脱离同盟会。在1909年7月18日信中说："文岛可以用总部之名筹款之说，已对克强说之。"冯自由在《华侨革命开国史》中说："庚戌（1910年）冬，黄克强至南洋筹募广州起义军资，力劝李柱中、陈方庆等捐除意见，合力筹款，陈等从之，且愿赴粤参加义举……，结果于辛亥三月广州一役以前得款3万元，而同盟会已涣散之势为一振。"说明经陶成章、李燮和、魏兰等人努力后，南洋华侨对国内革命的认识大有提高，倾力支持，到一年多后，捐款竟达3万元之巨，这于颇涣散的同盟会是一种教育，一种振奋。

对于陶成章在南洋募款的这段经历，樊光《陶传》有如下的叙述和评价："陶成章先生游历南洋英荷各属地运动华侨，并募捐款接济国内起义，乃为同道者所忌，多方尼之。""光复会每年向华侨捐募来款甚巨，但均以用于革命事业，个人毫无染指，各人刻苦自励，生活极简单朴素。章先生居处极俭约，一身布吴服（即日本装），数年不换。成章先生尤俭约，耐劳苦。尝严冬来寓过访，适遇雨，日本旅馆均席地而居，须在门口脱靴方能进内，陶在门外脱靴时，水已漏渗其袜，脚跟暴露在后。日下女谓其穷小子，谓如何与此下等人交往。余笑语之曰：'勿瞎说，彼实为最富之人，年经其手进出者数百或至千万，彼特节约，不肯浪费，且逐日为国奔忙，无暇为添补衣服耳……'"从南洋艰难募款中，我们又见成章崇高的人格和操守。

三、《浙案纪略》及其他

缅甸的同盟会支部于 1908 年 8 月间创办了《光华日报》，作为缅甸同盟会机关报，报馆设在仰光百尺路 62 号。缅甸同盟会建立于 1908 年 3 月，发展缓慢，人数不多。9 月，汪精卫至仰光，他是为孙中山赴美洲来筹集川资的，不久陶成章来到仰光，于是缅甸同盟会请汪精卫和陶成章为他们修订同盟会章程，汪和陶修订了《同盟会缅甸分会章程》，随之召开了选举大会，由庄银安任正会长，卢喜福为副会长，他们分派同志去各地发展会员，组织随之壮大。缅甸本有《仰光新报》，但为保皇派所把持，成为保皇派主阵地。于是，革命派另设《光华日报》以宣传革命，开通民智，特别是抨击保皇派的主张。11 月，陶成章来到《光华日报》任记者，并参与编辑工作，在《光华日报》这段时间里，陶成章完成了一部极为重要的历史著作，在当时亦可谓是极为生动的纪实作品，这就是著名的《浙案纪略》。

关于《浙案纪略》的写作目的和出版经过，其"序言"作者魏兰说得非常明白。魏兰在"序"中道："当此 20 世纪亚东大陆轰轰烈烈、惊天动地，唤醒无老无少、无男无女，其事传布于五洲万国者，非吾浙徐君锡麟之枪杀恩铭乎？徐君以道员而充警察会办，由会办而枪杀恩铭，固可谓富贵不淫者矣。当其临事之时，从容不迫，颜色不变，尤非庸常之辈所能及，即比之荆轲、聂政，又何让焉。然而徐之能成如此之事功者，非徐之一人能自成之，以有无数之英雄豪杰有以致之也。"接着举陶（成章）、龚（宝铨）、敖（嘉熊）、魏（兰）诸人，他如沈（钧业）君之筹商，马（宗汉）、陈（伯平）之协力，"吾故曰：徐之能成如此之事功者，非徐一人能自成之，以有无数之英雄豪杰有以致之也。此事嚆矢于浙，发现于皖，牵连及于鄂赣诸省，而其案情之归结，仍在于浙，其间实有深拗不可思议之一理由，因非他人所可得而知之也。案中人恐其事之湮没不彰，反致以讹传讹，遂将其大略情形，著为一编，名曰《浙案纪略》。"

当时，清廷谣言四起，肆意诬蔑，一般之人也真假莫辨，信疑参半，而保皇、立宪党人，更是以种种伎俩，严重歪曲。正如后来《教育今语杂志》刊出的《浙案纪略》广告中言："本案为近年间一大党案，然海内外记斯

陶成章的主要历史著作《浙案纪略》

案诸书，强半违离事实，致使同胞莫由悉其始末，兹由斯案关系诸人将前后事实详加审谛，编成三卷。"所以成章之撰是书，是为了传信史、正视听、扬正气、育后人，这是秉笔直书的一部信史。他是皖浙起义的当事人，经历了整个起义全过程，由他来撰写，是最使人信服的。他本人也是责无旁贷的，是对同志、对挚友最好的纪念，是弘扬先烈精神的事。陶成章以其杰出的史学才华，不隐恶、不虚美，完成了这一不朽著作。

《浙案纪略》分上中下三卷。上卷"纪事本末"，叙"文字狱""党会原始""进取纪事""破坏纪事"等四章共14节，尤详细记述"进取纪事"和"破坏纪事"两章。中卷"列传"共七，一为刘家福、濮振声、王金宝传；二为徐锡麟、陈伯平、马宗汉传；三为秋瑾传；四为刘耀勋、徐顺达、范阿荣、蒋箓飞传；五为敖嘉熊传；六为余孟庭传；七为裘文高、大开传。在一些传主人物后还有与之有关的人物小传，如秋瑾传附程毅传。下卷"附录"，主要有"革命文告""清吏案牍"等。还有"外纪"《教会源流考》：包括叙论、教会兴起之原因、教会之发源地及蔓延之区域、教会之联合及分裂、教会之制度及其弊窦、结论。

《浙案纪略》于1909年在缅甸《光华日报》连载，庚戌（1910年）陶成章作了增补分为三卷，魏兰作序正式出版，继于民国五年六月三号魏兰又"序"，作校补本出版。这中间辗转多事，终于以全璧而发行于社会。《浙案纪略》是叙述皖浙起义始末经过最权威的著作，亦是辛亥革命史中难得的上乘佳作，至今仍闪耀着不朽的光辉。樊光《陶传》云："（先生）因保其所著浙事，即纪载浙江各同志革命事迹始末者，编《浙案纪略》一书，以一部分登之当地《光华日报》，自是而南洋各地无人不知陶成章久已声名卓著之人。"

成章在《中兴日报》撰稿时，与该报执事员陈威涛引为知己。在《光华日报》时，与庄银安、傅春帆等相联络。不久，成章偕陈威涛游历英荷各属诸岛诸埠。到爪哇望引学堂时，又遇张云雷，张引王致同与成章相识，王致同亦为望引学堂教员，教授生徒。因他倡言民主革命，被清吏探悉，迫令学校学董辞退，于是成章遂与王致同游历各岛。1908年12月慈禧太后、光绪帝相继去世，革命党人认为这是掀起斗争好时机，于是二人商定，成章主外，致同主内。致同即改装束历台湾经日本，而至上海，但刘光汉叛变，清廷严拿强捕内地诸同志，王致同到上海时，几为刘光汉所获，逃避至温州才免于难。成章得内地消息，知一时难于发展，于是更加锐意经营南洋。光复会在南洋的活动，最早始于1905年，光复会骨干王嘉榘往荷属东印度群岛执教，1906年魏兰亦在爪哇中学堂执教，以后王文庆、沈钧业等相继来南洋执教或办报馆，故光复会南洋有相当根基。1908年许雪秋等加入光复会，光复会势力为之一振，特别是李燮和于1907年春到爪哇任中华学堂教员，8月又到榜甲，与李天麟等办华侨学校、中华会馆，其影响尤大。李燮和是陶成章的挚友，光复会主要骨干人物，他字柱中，又名铁仙，湖南安化人。1906年，燮和任安化驻省师范学堂教员，谋长沙起事，被湘抚闻知拟捕之，遂出亡上海，遇陶成章，一见如故，倾心交谈，入光复会。未几，到东京，加入同盟会，遇中山先生和黄兴诸人。萍醴起义，燮和返国响应，清督端方悬赏二千金购之。谋刺不成，走上海，清吏侦之，遂出亡香港。榜甲此处有华侨十万之众，爪哇全岛近百万。他们以华语教华侨子弟，推演革命，侨民从之。11月，在中华会馆成立同盟会分机关。燮和周历爪哇全岛、英荷所属各岛，数年间，设分部30多区，党势益张。燮和其人豪纵不羁，刻自操厉，为华民景仰。同盟会组织潮惠、河口、镇南关起义之军饷军械，半数仰仗于华侨，而南洋接济至巨万，皆燮和之力。于1909年春夏间，到网甲岛之槟港与燮和会晤，两人交谈几年间运动各地之情况，成章更将这一年募款所遇阻力详告之。当时各地同盟会分会组织涣散，特别是河口事败，起义人士来南洋避难者甚众，意见不同，派别林立。李燮和既在南洋同盟会中颇得信任，遂联络一些人写了"七省同盟令意见书"要求改组同盟会总部。成章愈怨同盟会总部之无力，愈觉应改组总部，以收拾这涣散的残局。但他仍对当时国内革命，设想着各种办法，特别是策划着暗杀、暴动诸事。他对友人说："江、浙、皖、赣之内地，弟犹堪招呼，一时不致冷落。""近日专门注重暗杀。""而暗杀一道，浙人大有可为，可恨者经费无着耳。"当时台州志士有信来，饷银之事，可以做得，须要二千资本。成章说，但"现款仅有五百，为之奈何？各地之款，只有吧城寄来（即五百元也）"。（《致某某书》1909 年 7 月 18 日）可见当时主要是经费无着，难以举步。1909 年七八月间成章自南洋返回东京，将上述意见书交于同盟会总部。不想后来却被张扬到社会上，造成不良影响。

第八章

两会恩怨

并肩战斗

兄弟阋墙

携手共进

如何正确处理好革命阵营中兄弟团体的关系是辛亥革命的大教训，陶成章在这问题上吃了大亏！当然，这一是非恩怨的造成有其触媒，也有近因，更有深层次的原因，还可追溯到双方主要当事者的个性心理的因素。对这桩历史公案重新评述，使后人看到即使伟大如辛亥革命，也有如此卑污之处，对待历史实不可太简单化、理想化了！以史为鉴吸取教训，使后人在振兴中华的继续征程中，能保持清醒头脑、宽广胸怀，勿蹈内耗之覆辙！

一、并肩战斗

光复会于甲辰（1904年）冬在上海成立，以蔡元培为会长，陶成章为副会长。蔡本前清翰林，积极主张排满革命，救亡图强，都从教育入手，发展同志都未离开教育界。光复会初建只蔡元培、龚宝铨、陶成章、章太炎等数人，也都是教育界中人。后徐锡麟、陶成章、秋瑾主办绍兴大通学堂也是一脉相承。翌年乙巳，1905年8月20日，中国同盟会在日本东京举行成立大会选孙中山为总理，黄兴为执行部庶务长。蒋尊簋是第一个入盟的光复会员。这时，光复会的主要成员都不在东京，并不与闻，所以以前说同盟会系由兴中会、华兴会、光复会合并而成，并不完全确切，光复会员在"浙江内地多不知同盟事，仍其旧名为光复会"。到后来，为什么史学界一直认为同盟会是由兴中会、华兴会、光复会合并而成的，而且成了几无异议的定论，一直到1984年，在杭州举行第一次光复会学术讨论会时，很多学者也仍是这么看的，有的论文明确地说："众所周知，中国同盟会是由兴中会、华兴会和光复会等几个主要的革命团体和其他反清革命力量会合而成的资产阶级革命政党。"当然，这个看法是有一定历史原因的：一则，同盟会成立之时，正是东京留学生运动高涨，各省在东京志士怀着救国救民的宏伟理想跃跃欲试之际，同盟会成立，从组织上满足了大家希望有一个共同的团体来统一各方面分散的力量的要求，适应革命形势的发展。在这样的情况下成立的同盟会，人们主观上自然希望当时已在江浙一带有所作为的光复会，与在两湖影响大的华兴会，都是同盟会的参与者。二则，事实上光复会当时唯一在东京的会员蒋尊簋，后在浙江辛亥革命运动中功绩卓著，并任浙江军政府第二任都督，也确是同盟会筹建工作的积极参与者，他不仅参加同盟会的筹备会议而且参加成立大会，还是《同盟会章程》的起草人之一。在当时的情况下，人们很自然地把他看作是光复会的"代表"，因他是浙江人，所以也被认为是浙江的"代表"。三则，随后不久，光复会的主要领导人（除徐锡麟）都陆续参加同盟会，先是秋瑾，在绍兴于1905年夏参加光复会后，接着重去日本，于1905年8月27日在东京参加同盟会，并被推为同盟会评议部的评议员，同盟会浙江主盟员。不久，光复会首任会长蔡元培于1905年10月在上海加入同盟会，并奉孙中山之委任为同盟会上海分部的主盟员。光复会创始人之一的章太炎，于1906年6月出狱后，孙中山派人把他从上海接到东京，7月加入同盟，并担任同盟会机关报《民报》的主编。光复会的领导人陶成章也于1907年1月4日在东京加入同盟会，并被推为浙江留日会员的分会长，主持浙籍留日学生的入盟事宜，还一度为同盟会主编《民报》。光复会的会长、光复会实际工作的领导者等都参加了同盟会，成为同盟会的骨干，人们得出光复会已并入同盟会的看法，可谓"不言而喻"。然而历史往往向多方面多分支展开，复杂的情况还可从另外角度分析。首先，入同盟会的光复会会员没有哪一位宣称是代表光复会入同盟会的，因此被认为只是个人行为；其次，虽然光复会有多位领导加入同盟会，也有领导人如徐锡麟始终未加入同盟会，一直以光复会身份开展活动，秋瑾虽入了盟，也仍以光复会名义组织光复军，发动起义；再次，同盟会在东京建立，地处内地东南山区好些参加光复会的会党，信息蔽塞不知有同盟会，唯以光复会为革命旗帜等。凡此种种理由，所以在20世纪80年代中期，就有学者明确提出光复会未并入同盟会之说，使陶成章在《浙案纪略》中早已指出，但不太明确的观点进一步明朗化，此后，史学界不少同志附和其说。这两种看法各有所据，可让其两说并存。就个人所见，第一种说法在当时是可以理解的，但从后来实践表明，第二种见解的理由更为充分。事实上光复会与同盟会都存在着，才有后来的相互关系与纠葛。

正如前述，同盟会成立之初与光复会本无矛盾。同盟会看中光复会志士的革命胆识，希望他们入盟扩大队伍，光复会人士也不存戒心，而踊跃加入，他们大都是身兼两个会籍。蔡元培既是光复会会长，又是同盟会上海分会领导人，可见两会之间情似手足不分彼此。上海、东京两地革命者与学界同人互通声气，相互支援，使东京留学生爱国运动与内地革命活动相互促进。秋瑾、章太炎、陶成章也受到同盟会领导的信任。而光复会同志也竭诚拥护孙中山、黄兴等同盟会领导。当时，同盟、光复两会之间"同仇敌忾，固无畛域之见"，同志兄弟，合作无间。不仅如此，同盟会领袖孙中山对光复会领导人之一、始终未加入同盟会的徐锡麟的革命坚定意志十分钦佩，"阁下热心公益，怀雪前耻，抱推翻伪廷，驱逐胡虏的宗旨，坚定不移、可敬可羡"，并对徐锡麟的事业深寄厚望："弟以为安徽一省实为南省之堂奥，而武昌为门户，若阁下乘机起事，武昌响应，一举而得门户堂奥，则移兵九江、浦口等处，以窥金陵，则长江一带可断而有也。"皖浙起义失败，徐锡麟、秋瑾英勇就义，孙中山如痛失手足，他对徐的挽联云："丹心一点祭余肉，白骨三年死后香。"对秋瑾深寄哀思，关注秋瑾就义后浙江同志的处境，"秋侠虽已捐躯，火种依然存在，毋忘我浙东受难同志"。

由此可见，光复会与同盟会之间，本无芥蒂可言。到皖、浙起义以至1908年，光复会主要在江浙及长江下游东南几省活动，同盟会主要成员多在海外与两湖、华南一带进行，可谓河水不犯井水。光复会员虽有参加同盟会者，也多以个人身份，互相既不限制、干涉，且不以为意，习以为常，这本是很正常的，并非什么奇特之事。当初，两会之间并无后来的壁垒之见，不仅谈不到有什么不快之事，而且许多会员对自己参加的组织团体的隶属观念也很淡薄，几乎忘记自己为"会员"，例如，当既是同盟会员又是光复会员的秋瑾，在浙江开展革命活动时，近在咫尺也是光复会又兼同盟会员的蒋尊簋，正担任清浙江新军第82标标统，却同这些活动毫不相干各不相谋、形同路人。这种情况，在那时本属平常，所以当我们今天在议论他们的关系时，不可以此废彼，把松散的团体、一般的关系看得过于神圣庄严，视同今天理想化了的革命政党，反而背离客观实际情况。还可再举些例子，如大通学堂为徐锡麟、陶成章等人所创办，后一直为光复会的重要据点，在发动皖浙起义时更被后人公认为光复会的大本营，但据当时大通学堂学生朱赞卿回忆：他和同学俞奋、张佐是经大通学堂国文教员姚永忱介绍参加同盟会的，目标是"驱逐鞑虏，恢复中华，建立民国，平均地权"。他在回忆文章中还明确地说：当时姚永忱告诉他们："绍兴方面是黄校长（时任大通学堂校长的黄怡——引者）主盟，浙江方面是秋董事（秋瑾）主盟"，虽然秋瑾为同盟会浙江主盟人，也是当时光复会的核心人物，她有时发展光复会员，如初到杭州介绍弁目学堂学生周亚卫、吴斌、徐忍茹等人参加光复会，而在南浔女学堂任教时，"女教员徐自华等为同盟会员多受其感召而加入同盟会；不久即辞职赴杭绍各地征求党员，从者甚多"。而徐自华的妹妹徐双韵则说："我们受到秋瑾至诚的感化，就先后加入了同盟会与光复会。"于此，不难理解，在那个时候当事者并不把光复会与同盟会看得泾渭分明，特别当皖浙起义被镇压下去，江浙革命走入低潮，光复会一度沉寂。会长蔡元培早远去西欧，领导人陶成章、章太炎也都加入同盟会，自然谈不到两会有什么紧张关系。这正是光复、同盟两会成立不久，"混沌初开"时的情状，也可称其为"蜜月期"吧。

二、兄弟阋墙

俗语说：一只碗无声息，两只碗叮当响。光复会与同盟会的矛盾从产生到发展，愈演愈烈，直到暗枪相见，使光复会无形瓦解而终结。以往论者往往把责任推到光复会一边，简单地判定是光复会的人闹分裂树旗帜，这是不全面也不公道的。光复会与华兴会不同，当孙中山在东京组织同盟会时，华兴会因发动长沙起义失败，组织遭受严重破坏，其领导人黄兴、宋教仁、刘揆一、陈天华等都流亡日本。孙中山除有兴中会作基础外，首先得到华兴会在东京的诸要员的响应，才成立起同盟会。"黄兴对总理备至倾慕，并愿率领华兴会全体会员与总理合组新革命团体，总理深表赞同"，事实正是如此，华兴会在东京会员极大多数加入了同盟会，华兴会从此再不打自己旗帜。而光复会当时主要活动地区在江浙一带，当同盟会成立之际，光复会主要干部全在国内，所以中国同盟会尽管冠以"中国"二字，而且后来的历史表明，它确是全国性的革命团体，但处在交通闭塞的内地的光复会员根本未闻其名，光复会旗帜一直为江浙等处的志士高举着，受其约束，听它指挥，光复会也一直被浙江人民视为老革命党。事实上，光复会比同盟会成立早。由此可见，说光复会另树旗帜、另立山头并不确切，旗帜早已树了，山头早已有了，只是光复会组织也并不严密，会员以及领导人不可能有多少"组织观念"。很多史书中说的，1910年章太炎、陶成章"重建"光复会，不过是把徐锡麟、秋瑾献身后已被冷落了两三年的光复会这面大旗重又高高举起。为什么这时重举光复会旗帜？既有形势发展、便于内地革命事业的推进的实际需要，这是主因，也有与同盟会领导关系不洽，以及陶、章个人感情纠葛等因素。

光复会与同盟会矛盾的出现与爆发有一个发展的过程，双方都各有原因与责任，开始只是双方领导人之间的互不协调引起的，而并非政治原则上的分歧，也不关会员大众。从光复会一方说，得从其始终处在这一矛盾旋涡的要害人物陶成章说起。陶成章从光复会成立开始，即是它的实际领袖，是办事干练、富有头脑的人，但个性倔强。1907年1月4日陶成章加入同盟会，旋任浙江留日会员分会长，并被推为同盟会机关报《民报》发行人。次年春，陶自《民报》第二十号始，主编《民报》至二十二期，在此期间，《民报》颇有起色，刊登了批判改良主义振兴革命精神的好文章。7月二十三期起仍由章太炎主编。戊申秋八月，陶成章为解决《民报》经费与筹组"五省革命协会"需款，去南洋群岛筹划经济。抵新加坡寓于中兴报馆。时《中兴报》与《南洋总汇报》因宗旨不同，互相攻击，先生作文数篇痛言中国不得不革命之理由，以反驳《南洋总汇报》记者平实的保皇谬论，使该报不敢与辩，亦为人心折。稍后，陶任仰光《光华日报》主笔，并在此报连载《浙案纪略》，大事宣传光复会的革命史。这样一来，陶成章在南洋名声大振，虽然是好事，但也未必。

　　陶成章、章太炎与光复会影响日益扩大，在革命派内部，成长出这个不听使唤犟头倔脑之人，使孙中山等同盟会主流派很感头痛，而且章太炎是学问家、宣传家，放言高论，自说自话，而陶成章又能实干。当时孙中山、黄兴正热衷于武装起义，故在同盟会领导层看来，对章、陶这样军事上并不内行之书生的使用，也已算"文到尚书武到阁"——仁至义尽了。那个时期，胡汉民、居正、汪精卫、田桐、谷思慎等，当然还有黄兴，才是"中山先生最亲信的核心分子"，同盟会人不能把光复会人看作自己人，种下了两会不和的潜在因子。

　　章太炎、陶成章与孙中山矛盾具体起因还是从经费问题上开始的。如孙中山分析的"陶去年到南洋，责弟为他筹款五万元，回浙办事。弟推以近日南洋经济恐慌，自顾不暇，断难办到。彼失望而归，故今大肆攻击也"。

（《致王子匡函》，《孙中山全集》第 1 卷，中华书局 1981 年版第 418 页）

说到底，在东京，章太炎、陶成章都是赤手空拳的穷书生。章太炎在东京办《民报》是苦苦支撑，经费拮据，连吃饭都成问题，常以麦饼充饥。在这种情况下，章太炎为维持同盟会的机关报《民报》，向同盟会总理孙中山要钱也是名正言顺。然而，孙中山也是需款甚急，发动起义都需经费，所以在孙中山被逐离日本之时，只留两千日元作《民报》经费，而章得知孙中山离东京前得日本政府和股票商铃木久五郎大笔赠款，又是传说纷纭，有说 1.5 万日元，有说 5 万日元，甚至有说 30 万日元，而孙未与章解说，因此章太炎大为不满。正当这时，陶成章赴南洋募款，要求孙中山介绍致函各地，中山先生以"南洋经济恐慌"为由，没有支持，这样陶对孙也产生隔阂。1909 年初，陶成章筹款活动多次受到同盟会南洋支部各地负责人特别是受到孙中山亲信胡汉民、汪精卫的阻挠，在网甲岛之槟渚儿"被诬指为保皇党而几遭暗杀"，以至陶成章离开槟港回东京时，李燮和担心"陶成章被暗杀，并托人护送至新加坡"。陶成章筹款不成又遭此境遇，使他"苦恼万分"，如坐针毡，他在给朋友信上所述："现今筹者不足三千元，且多未寄出。暗杀、暴动两无可办，内地同志均坐而待毙，牵连者竟及八府之多，肝脑涂地，徒死无益，曷胜惮哉！"事凑巧，1908 年开始，同盟会东京总部日趋涣散，孙中山、黄兴又忙于奔波，有些人唯恐天下不乱，不仅受端方雇用的汪公权、刘师培调唆离间，也有些老同盟会员从中起不良作用，使同盟会内部离心力滋长，致使当《民报》被封闭时，章太炎的坚决抵抗只是孤军作战，得不到同盟会领导的有力支持，使章十分寒心。而不久汪精卫接办《民报》秘密发行，竟排挤章太炎，拒用他的文章，更使章一气之下，作《伪（民报）检举状》迁怒于孙中山。而陶成章与从同盟会分离出来也不满孙中山的李燮和、许雪秋等意气相投，才放手在南洋爪哇等地开展活动，发展光复会会员，颇受当地华侨的欢迎，俨然与同盟会形成两股势力。这时，李燮和火上加油，为了公开反对孙中山，联络了八位同志，以江、浙、湘、楚、闽、蜀、广七省在南洋的同盟会员名义起草了《七省同盟会员意见书》（即后来的公开信"《布告同志书》"）。给孙扣了许多帽子，罗织了十二条罪状，要求撤换孙中山的同盟会总理之职。托陶成章于1909年夏带交东京同盟会总部。黄兴从中调停，要陶顾全大局，不予发表。陶坚持己见，也对黄甚为不满，指责偏袒中山，决意自行发表。这时，受同盟会冷遇、被《中兴日报》社解职的陈威涛，在爪哇将《七省同盟会员意见书》"用药水印刷百余纸，邮寄中外各报馆登之"，将本是内部的争论公开化，为敌对势力所乘。而在与保皇派论战中，早被陶成章反驳得体无完肤的《南洋总汇报》得此稿后，如获至宝，并改题为《孙文罪状》，在该报分三期刊出，沸沸扬扬，弄得满洋风雨，造成了极坏的社会影响，也使同盟会大大出丑，领导陷入被动。孙中山闻知大怒，这样唇枪舌剑，不可开交，双方笔战。谚云：相骂无好言，相打无好拳。只要能起到侮辱对方的作用，什么话都说上了。同盟会人在《日华新报》上，"诬太炎以侦探，谓因其与刘光汉有来往也"，几天后，又登"章炳麟有与端方合谋、卖革命党之信矣"。黄兴也写信责备章太炎，"欲自为同盟会总理"，"晚节不终"。章、陶则攻击孙中山"怀挟巨资，而用之公务者什不及一"，又骂黄兴"以端方请其入幕，并派湖北人吴坤往天津谒端方"。孙中山除亲自出马，还几次写信给在欧洲的吴稚晖"予以批说"，要吴稚晖撰写"长文一篇，加以公道之评判，则各地新开通之人心自然释疑，而弟从事于运动乃有成效也"，后吴稚晖根据孙中山提供的事实，在《新世纪》第115号发表《劝劝劝》的文章，一一反驳陶成章等人的"孙文罪状"，以正天下视听，同时也指出"陶君性虽偏急，心实坦白"。"或孙或陶决无卑鄙之事"。摆事实讲道理，去伪存真本无不可，而更糟糕的是孙中山失察轻信刘光汉发露太炎同谋通奸之笔迹照片，直把章太炎当作叛徒内奸。

双方对仗虽为时不长，不过是辛亥革命史中一段不漂亮的花絮，却造成极大之消极后果，也使后人看到即使伟大如孙中山、忠诚如黄兴、庄重如章太炎、能干如陶成章，一入思想盲区，就视朋友为寇仇，欲加之罪何患无辞，可怖亦可怜也。对这场争论，曾经参加过辛亥革命的吴玉章曾有过公论，"我觉得孙中山先生既无过错，而章太炎也可以原谅"，因为"《民报》正遭到极大的困难，由于经费不继，章太炎等人几乎有断炊之虞"，而孙中山"这时到处搞武装起义，都遭失败，也很困难"。1907—1908年间，同盟会在两广、云南边境连续发动了六次武装起义，所需经费巨大，而章太炎、陶成章的苦衷也是可想而知的。只要双方沟通，相互理解，本可不至于闹到如此地步。而当成见一深，感情用事，矛盾也就起变化，本只从经费问题引起，却伸延到政见、斗争方策，甚至双方人格上。章、陶对孙、黄看不到长江中下游日趋高涨的革命形势，只一味注重南方边境一隅的起义又屡遭失利，也表示"异议"。陶成章更认为自己"中央革命"主张的正确，到江浙及京津发动起义夺取重镇才能致清廷于死命。这样，在他们的思想上就起变化，认为"逸仙难与图事"，非另立组织、重打旗帜不可了。

就在这种双方闹得不可开交的背景下，1910年初，章太炎、陶成章"重建"光复会于东京，举章太炎为会长，陶成章为副会长。南洋设执行总部，"以东京为主干，以南洋为根基"的格局形成，被同盟会方面看作拉旗子、立山头也是情理中事了。这时光复会重心虽移到海外，却加强了内地革命工作，设秘密联络点于上海、浙江等处，内地革命运动令人欣慰地大踏步向前推进了。综观全局，光复会重举旗帜，大有利于内地革命的推进。

三、携手共进

幸好，光复、同盟二会互相谩骂攻击以后，闹而后安，不多时双方都静下来，各自收敛。陶成章通知同志，"孙文以后不必攻击"，因为革命内部失和吵闹"于所办之目的宗旨上，毫无所裨益"，（《陶成章信札》，岳麓书社1986年版第55页）黄兴也向同志解释"南洋近二三同志对于孙君抱恶感情，不审事实，遽出于排击之举动，敝处及南洋各分会已解释一切。望我各位同志，乘孙君此次来美，相与同心协力以谋团体之进步，致大业于成功"。不仅见之于言，且见诸行动，光复会主动配合同盟会的革命运动。

"两会之人物均以国事为重，顾全大局，以整个革命利益着想，化除私见，勠力同心，响应辛亥革命。"（陶冶公《光复会与同盟会的分歧与合作》，《浙江辛亥革命回忆录》第257页）双方均以革命大局为重，集中力量准备武装起义。1911年春，光复会李燮和、王文庆均准备直接参与广州黄花岗之役。光复会会员赵声任起义总指挥，因轮船误时，赶到香港，起义已失败，赵声对同志之死难，对自己之迟到，悲愤之极，终于口吐鲜血，旧病加剧，痛绝而亡！陶成章也赶到香港转入内地策应。又以巨额资金支援同盟会，1910年冬，黄兴为筹措广州起义军饷，亲到南洋找光复会同志"力劝捐除意见，同任艰巨，燮和欣然从之。是役荷属同志共募款三万余元，燮和与有力焉"。陶成章在武昌起义后，"遍电南洋各地光复会，筹集巨款，接济军需。镇江之章梓，申江之李燮和诸人起义之费，多系爪哇、泗水光复会筹寄之款。至南洋筹集诸款，汇至申江，接济徐固卿、陈其美二君者亦不少"。从两会这段时间的合作史实，说明合则两利，在共同的大目标下，完全应该携手共进，互谅互助，才有利于革命事业的顺利进行。

三国演义诸士争雄，曾有"既生亮何生瑜"的感叹。在辛亥革命反清斗争高涨、群雄蜂起，光复会与同盟会间也出现过旗鼓相当的对手与同志。同盟会有孙中山、黄兴为领袖，后期光复会则以章太炎、陶成章为会长。武昌起义爆发后，他们先后从国外归来。当年，人们就有公议时评，"章炳麟归自日本，陶成章归自南洋，皆来会。炳麟徒以文学有高名，领袖光复会，而书生骏不晓事，成章智而能得众，实左右之。光复会之有陶成章，犹同盟会之有黄兴也。炳麟不足当孙文之恢廓有大略，而成章则胜于黄兴之轻发多败事；黄兴未必推心于孙文，而成章则实竭诚于炳麟"，（钱基博《辛亥革命光复实录》，《中国近代史资料丛刊·辛亥革命》第7册，上海人民出版社1957年版第49页）真是识者之言也。孙中山与章太炎一为政治家一则为学术大师，两者迥异，固不能比，而黄兴、陶成章却有许多方面可以类比，两者均为辛亥革命的一流品位，难得人才各有所长，成章也有殊胜之处。

随着国内形势的急剧发展，光复会与同盟会的隔阂、猜忌，已在革命斗争中逐步消失，广州起义又是两会并肩战斗的典范与契机，然而世事多舛，往往不如人愿。广州黄花岗起义失败，光复会由陶成章等亲手招收来的许多华侨骨干牺牲，使光复会的一些精华损失殆尽。而原计划任总指挥的光复会员赵声，因香港轮船误时而赶到广州时，起义已失败，他痛悔难忍，大哭失声而吐血不止而亡。对其死因说法各异，黄兴曾在谈起起义经过时说到赵声"患肠病加以郁郁，初不肯调理，至剧痛时，延西医再三诊视，乃至为盲肠发炎。展兄（胡汉民——引者）即催其入医院割治，既有数日，始行割治，则肠已灌服，割处亦竟不知痛，内流黑水，饮食俱不能进，且呕且噎，至十九日竟长逝矣。哀哉，痛哉！以伯先平日之豪雄，不获杀国仇而死，乃死于无常之剧痛，可谓死非其所"。（黄兴《黄兴集》，中华书局1981年版第57页），而赵声家人却认为"伯先既惜此役之挫败，复病战友之牺牲，抑郁悲伤，一时并集。胡汉民邀往痛饮，而同盟会中异己分子嫉之甚，乘隙下毒，归腹痛如绞，入院诊断为盲肠炎，须施手术。伯先性至刚烈，拒施麻药，一任医生奏刀，神态自若。怕手术欠佳，缝后化脓，再度开刀，流血过多，病势危殆。同志哭之甚，伯先张目曰：'吾负死难诸友也，雪耻唯君等。'嘱夫人善待老父，三呼岳武穆而殁，时辛亥四月二十日，年三十有二。"（赵骥《赵声革命事迹》，《辛亥革命回忆录》第四集，文史资料出版社1981

年版第 303 页）章太炎则对报社披露赵声被害经过："至辛亥三月，黄兴发难于广东，推赵声为主，赵君本亦光复会人也。……广州败后，一日，胡汉民邀赵声会食，食后赵君腹遽痛，赴医院剖割两次，俱不能愈，竟以毕命，外间颇有繁言指责。"（章太炎《光复会继起之领袖陶焕卿君事略》，汤志钧《陶集》，中华书局 1986 年版第 438 页）陶成章也怀疑赵声之死是被人谋害的，这也就加深了对同盟会之猜忌。两会已趋向愈合的裂痕，因黄花岗起义失利，赵声的不明不白死去而变得严峻起来。

第九章
重组光复会

重组原因

经略南洋

《教育今语杂志》及其他

陶成章于 1909 年秋从南洋返回日本后，于 1910 年初在东京重组光复会，并开展了各项活动。1911 年初再去南洋经营各种文化教育事业和进行革命宣传。3 月，策应广州黄花岗之役，返国进行反清斗争。同年 6 月至 8 月又第三次下南洋。这前后三次的南洋活动，不仅使南洋各地成了辛亥革命的大后方，更成了革命资金源源不绝的来源地。

一、重组原因

陶成章重组光复会有诸多内外原因。

（一）1904 冬光复会在上海成立，陶被推为光复会会长。开展了各项活动。1905 年 8 月，孙中山领导的中国同盟会于东京成立，当时兴中会、华兴会都参加了同盟会，再没有基层组织的活动了。而光复会则不同，同盟会成立后，一些领导人先后加入同盟会，但有的领导人并没有加入同盟会，如徐锡麟始终没有入会。特别是光复会的基层组织依然存在，有的会党还不知道有同盟会，依然用光复会名义组织反清斗争。最显著的例子是 1907 年夏徐锡麟、秋瑾领导的皖浙起义，他们组织了几万人参加光复军，发布《光复军军制稿》《光复军起义檄稿》，制订光复军八军记号等。皖浙起义失败，斗争依然继续，一年后又有光复会领导的安庆熊成基起义，以后还有续起之各地起义。特别是在浙、苏、皖内地，人员多，地域大，光复会仍然是自成系统的，同盟会总部也无力扭转这一局面。事实上，当蔡元培等光复会领导人加入同盟会时，也没有明确的指示，要将光复会并入同盟会。蔡元培的学生、曾受蔡元培指示起草光复会章程的俞子夷在《蔡元培与光复会草创时期》一文中说：1905 年暑期后接蔡师信，说"光复会有文件、工具、书籍一批，交我保管，又嘱日后同志往来过沪我应多与联络"。不久受委托者将这批物件点交给了我，从此这些"成为我行李的一部分。文件内有店号名册、同志来信、暗语表、账簿等"。俞子夷认为，蔡元培是用巧妙办法将光复会个别会员先后介绍入同盟会，"但光复会部分会员（其中有先入同盟会者）则另行改组，公开活动，故不承认改组之说"。他说："蔡师当时的安排颇耐人寻味，一面介绍我至广明（学堂），嘱保管光复会物件，但不介绍我入同盟会。一面介绍广明黄校长入同盟会，并另以一份店员名单交他保管，而又不以此事告知我（1954 年黄炎培来杭闲谈中始提及）。可见，作为会长的蔡元培对是否并入同盟会也游移不定。因此光复会的组织在同盟会成立后，依然打着旗号，公开活动，从来没有停止过。"后来孙中山也说过这是"两会"。所以现在重组光复会，也是光复会内部的事。有人说这是搞分裂、闹独立，既然本来就存在着两个会，这些说法就难以成立。

（二）光复会内部工作的需要。既然光复会从未并入同盟会，则到一定时候，整顿组织、健全领导机构，是光复会内部做的事。因为会长蔡元培自 1906 年起准备赴德留学，很少管会务。当年五月初八（6 月 29 日）蔡欢迎章太炎出狱，即时送上轮船，翌晨启行赴日。在五月二十六（7 月 17 日）、二十七、二十八，六月初五蔡又连发四信给陶成章。六月底告知俞子夷离沪北上行期，经一段时间准备后，于 1907 年四月三十（5 月 10 日）随孙宝琦启行赴德，六月初二（7 月 11 日）到柏林，旋入莱比锡大学学习。这样会长一职长期空缺，原本期于同盟会领导下工作，实际上又事与愿违，两者矛盾日深。这样健全组织领导就成为光复会一大紧要之事。特别当皖浙起义失败后，徐、秋壮烈牺牲，不少骨干人物血洒疆场，会员零星四散，组织惨遭摧残，不少人希望恢复组织，加强领导，以促进各地革命，而且陶成章与一些同志已组织了五省革命协会。清廷帝后去世已一年多，革命党应加紧活动，因此必须有一个内地与东京、南洋更为紧密联系的统一组织，一个搞武装起义、经济活动与文化宣传通盘考虑、集中指导的领导机构，所以从当时革命大局看，光复会也应该及时重组，以孚人望。

（三）同盟会本是由各地革命团体组成的资产阶级革命联盟，领导机构比较松散，内部系统不很健全。各团体的地域性带来了较严重的宗派性，同盟会总部难以协调好这些宗派活动，所以才有南洋七省同盟会会员意见书。当章太炎和陶成章因《民报》经费及南洋筹款与同盟会领导发生意见冲突时，同盟会总部仅作抵制，不予发表《公函》，但提不出一个妥善解决方案。章、陶与李燮和等人既感总部人员难与共事，无法弥合间隙，特别对汪精卫流挑拨离间、奸诈欺人的行为深恶痛绝，那么还是分道扬镳的好，让同盟会总部也有一个清醒的反思自己的机会，而于反清斗争并无大碍。从某种角度讲，反能促进各自的革命进程，使同盟会领导的地区，固然会不断起义，原光复会活动的地区也会重燃斗争烈火，于全国形势讲，不会顾及一部，而失却另一部分。事实说明，光复会虽然重组了，但它并没有脱离反清斗争总方向总道路，没有提出与同盟会不同甚至对立的纲领和口号，更没有在行为上反对同盟会的各项活动和实际斗争。相反，当斗争需要时，两会仍会携手合作，同上战场，向着共同敌人猛攻。这在1911年广州三二九之役中明显可以看出这一点，黄花岗之役是光复会重组后，与同盟会亲密合作、共同反清的又一典型实例。

（四）对陶成章讲这也是无奈的选择。成章之重组光复会有一个思想过程，他本是光复会实际领导人，但光复会长期处于涣散状态，领导乏人，而在南洋筹款中受到同盟会组织的种种阻挠，因此潜在的组织意识就渐次上现为主导意识。在1909年2月21日给李燮和信中，就透露出此种想法："现弟思我辈近日空空无一凭藉，号召非常困难。"表明他正在寻找这一"凭藉"。同年5月13日又给李信说："弟有诸事极紧要者，与吾兄相酌办理，筹款一事因其次也。"这一"极紧要者"比筹款还紧要，那会是什么呢？同年7月18日，又在致李信中云："弟当另拟章程，请兄及魏兄及最热心诸人共同谋之，谅有可济。"这一"章程"，估计即为以后重组的光复会章程，但也不一定，因为此时成章还是想以改组同盟会总部为最好，所以也许是一个同盟会总部改组的建议。但到东京与总部联系后，总部不予答应，且争论日久，情况越来越险恶，由此，他认为"东京总会名存实亡、号召不尽，全由一二小人诞妄无耻，每事失信，以至如此耳"。"总会已一败涂地，无可整顿矣"！（1909 年秋《致李燮和、王若愚信》）1909 年9 月《致亦逵等书》中更表达了这种艰难抉择之苦："弟思时局如此，焦唇敝舌，屡与不道德之人苦辩，实在乏味之至，苦恼之极……何妨另开局面乎？前次之事，终算一场大晦气罢了。兄如以为然，弟当致函魏君，另立方面。"直到这时，成章才与众人商议，决定重组光复会，同信中叙述："弟乃邀集旧时同志最可靠者商酌数次，已议定草章，寄奉三张。乞兄等与各同志酌量之，再细加商榷，冀臻于完全，是所至盼。"几经筹商，于是与章太炎等人在 1910 年 2 月重组光复会。可见，这是一个多种方案比较后的抉择，是在诸事不顺、万般无奈之中最后的选择，是在逆境行事中，潜意识逐次上升转化为显意识的一种决策。

关于重组后的光复会组织机构，陶成章认为设立会长，但不设立总会长，如有总会长，一举一动系于会事前途极大，还是不设为好，总会下"分评议、执行二部，分立权限各行其是，既无不能统一之虞，又有互相监察之效"。他又认为，自下东京日本警察查捕甚严，革命党人难于公开活动，故东京只需设一通信所就够，而"南洋分会之权，使之加重"。（《致李、王信》）魏兰《行述》曰："庚戌岁，复兴光复会于东京，公举章太炎为会长，先生为副会长、李燮和、沈钧业、魏兰为行总部。"行总部就是执行总部，在南洋设立，李、沈、魏三人为执行员。李、魏在上文已有介绍，这里将沈钧业简述如下。沈钧业（1884—1951）又名沈复生、复声，山阴人，清末秀才，1905 年加入光复会，同年冬，随徐锡麟、陶成章赴日，加入同盟会，翌年随锡麟返国，积极从事反清斗争。皖浙事败、为清廷重点通缉者之一，后即出游南洋活动。成章在 1910 年 3 月前《致李燮和、王若愚书》中介绍沈钧业说：“此次南来者，一为沈君复声，名钧业，故友徐君得意弟子，前曾在大阪商会一年，商情甚悉，性情和平，用心精细，学问亦甚佳，不易得之人才也。”他在另一致李书中云：“沈君才具、学问、人品均佳”，成章对沈寄予厚望，如此李、沈、魏三人担任行总部之责，就能多方开展工作，重组后的光复会大有可为了。

二、经略南洋

光复会重组后，推行“以东京为主干，以南部为根基”的方针。东京总部是一个虚设部门，由章莫良任庶务员，沈家康任书记员。总部机关联络地在东京小石川区大冢町五十番地，这也是光复会机关刊物教育今语杂志社址所在地。成章于 1910 年《致李燮和等书》说：“现今总部已举定职员，分头办事，嗣后若有会中之事，可不必写信于弟……如遇有会中事务，可写信职员。”“信到后自然有人会照办，兼以书记员作复以答也。”他于同年 4 月致李等书中更具体提出南洋行总部干部任命诸事：一、行总部办事人员（总务、会计、书记等）由东京总部给委任状，纸用黄。亦可由行总部执行员代东京总部给委任状，然黄纸已不多，红纸兄等处想有之，代用可也。二、分会会长可径由行总部代东京总部给发委任状，纸用红。三、分会会长以下职员，弟意可由行总部执行员或分会长给委任状；如不可，则仍由行总部代东京总部分给委任状。四、凡委任状盟书等件，既由正副会长署名，不能不慎重其事，必于正副会长名字下，盖以正副会长图章方可。五、口号、暗号等，可由兄等拟之（内地不必有此）。六、光复会简章上“设总部于日本东京”，因近日日本政府颇有干涉事件，故付印时，空此“日本东京"四字，祈于发出时加补之，至要至要。这样，光复会从总部到行总部到分会的组织系统就甚为健全了，调动了各级干部积极性，在南洋各地就迅速发展了组织，开展了各项活动，真是轰轰烈烈，一日千里。

光复会行总部执行员魏兰《行述》中写了当时光复会在南洋发展的盛况："（光复会重组后）陈威涛作书联络管慎修、杨俊明、钟芝溪等，钟芝溪复联络何剑非等。在新加坡，以何剑非为招待员；在爪哇，以谏地里魏兰、也班许绍南为机关所。南洋志士，如陈吉宾、何根性、曾赞卿、梁玉田、邹天彩、何德南、蓝亦凡、蔡公哲、胡子春、刘维东、徐柏如、李弼公、陈芸生、陈百鹏等，先生皆联为一气。时李燮和、沈钧业、王文庆等，在网甲组织教育会，举槟港华侨温庆武为会长，沈钧业为视学员，借此为联络入会之机关。网甲岛华侨，对于李燮和、沈钧业之信用极深，故其佩服章太炎与先生之心尤切。爪哇岛之华侨开化最迟，故入同盟会者甚少。杨俊明在泗水联络华侨，创办书报社，以管慎修为坐办，鼓吹革命，一日千丈。又得张云雷、魏兰、景曾、许绍南、丁镛等之运动，思想日益发展。冬11月，沈钧业由黄肃方、张云雷三人之介绍，来泗水汉文新报主笔政，人心益动。义侠之士，日夕过从。"足见光复会重组后，南洋各地光复会分会如雨后春笋般地建立，互相联络，蓬勃发展，竞相前行。

光复会还主要做了以下几件事：

1. 在组织发展基础上，组织书报社。书报社对外是书报的门市部和出版部，但实际上是各地光复会的联络机构，书报是一个掩护。当时各地纷纷建立书报社，陶成章予以大力支持，最著名的是曾赞卿在大吡叻埠设立书报社，成章在《教育今语杂志》第五六期上作"序"以介绍。成章的《积衺营育群书报社序》文如下：

　　昔王船山先生有言曰："仁以自爱其类，义以自育其群，若族类之不能自固，而何仁义之足云。"由是观之，舍合群主义外，固别无人道主义；舍民族主义外，亦别无合群主义。虽然，欲求合群，非可徒托空言，必有机关以联络之，然后有过足以相规，有失足以相救，有疾病足以相扶持，有灾祸足以相补助。退而守之，可以保一隅，使不受外侮。扩而充之，可以联万方，谋光复神州。如是则合群之道，乃称实践。大呲叻埠志士曾君赞卿等有见于此，爰与各同志倡建阅书报社，作为机关，安置各种书籍，以饷华侨多士，为振聩发聋之计，申明群学之义，故定名曰育群书报社。社成，属余为序述其意。余愿曾君等抱此宗旨，益励不懈，慎始敬终，终以无困，勿恃众盛而凌异党，勿以细故而乱大谋，庶几事可久大，人无间言，则船山先生之志也。

共和二千七百五十一年，岁次庚戌十一月辛丑朔，浙江会稽陶成章序。

"序"后又附上钟焕彬、李敬文等114人发起人及赞成者之名单。从"序"文可以看出，成章倡导启民智、化民风，而抱团合群之志，由此则可以达到互相联络、互相帮助、治病救人，"不受外侮"乃至"光复神州"的目的。

除书报社外，成章还十分注意办报。新加坡为南洋各岛埠的中心之一，当时管慎修等人拟办《新加坡报》，成章特写信去支持。办报必有一位好主笔，为此成章向他推荐一位极好之人，"至主笔及襄理之人，弟已思有一可靠之同志，陈君陶遗（又号陶公，别称道一）其人者，可胜其任"。成章称赞陈陶遗有五个"极"：极有道德、极有热心、极有才干，行事极其勇敢，又极其精细，所以称陈陶遗是"难得之人才也"。成章又有创办《光复报》事，他在（1910年11月5日）《致沈复声书》云："《光复报》之事，弟已向诸同事酌量再三，咸以为不可缺之机关，不可不尽全力以举之。

不但宗旨之鼓吹为重要也，举凡商务之开展，实业之经营，无不可以因此而渐入手。先议论以启导人心，而后乃入手办理实事，则庶乎有路之可寻也。"他提出办报之总经理人选，必须是全才之人乃始可以，而且又要以"笃实和平居心者"，他要求沈复声"任其正席"，而副席之人已有一人在，待新加坡局面有定，当有总部庶记员章莫良返国力劝其来。此外，他还考虑到诸多义务主笔之人选。成章对办报之事是十分热心，又甚为细致的。当时南洋除上述新办之《新加坡报》《光复报》外，还有沈钧业的泗水《汉文新报》，沈自主笔政。

2. 组织教育会，编写教科书。陶成章重视教育，尤其在南洋，英荷所属殖民地，进行的是帝国主义奴化教育，不少华侨民智未开，文化落后，只作为列强的奴隶，任其剥削和奴役，根本不知道自己的祖国，更不知中国的历史和现状、自己的责任和使命。成章认为要改变这种情况，要培养现今革命人才，必须从教育入手。自光复会重组之时，他就主张创办教育会，教育会为光复会外围组织。成章在 1910 年 3 月《致李燮和、王若愚书》云："教育会事，各省教员，因为其中坚。弟意学生之有志者，亦宜收入。""设教育会以联络感情"。他本主张光复会组织必不汲汲于扩张，而以教育为进，察学生之有志者联络之，为此，在有条件的地方，应多办学堂。在各书报社也要举办讲习所，多培养人才。办学堂，一要解决师资。成章想方设法，罗致人才，从国内、从南洋各地介绍教师去学堂。他说："至于教员若缺，莫如请南下同志各举所知。"（1910 年 11 月 5 日《致沈复声书》）他介绍嘉兴友人张焕伯及夫人吾孟超，"皆同志之诚笃可靠者，而吾君又善科学及应酬世故，性情和平，能办事"。又介绍金华张雨蕉亦有南来之意。如办中学，他与深于中国学问，及日本物理学校毕业生深于数理、化学者议定，可以南来。他说他还有一位同乡，系女子大学本科师范毕业生陈君，学问甚好，人亦能干，可以南来。如此，他认为，女学亦可兴办。而其他种种人才，他均留意物色。可见成章对办学的师资问题作了多少的努力！二是解决教材。他认为除一般学堂教材外，历史、地理等教科书必须有中国特色，使华侨弟子了解中国，认知国情，如此才能提高爱国觉悟。为此，他亲自编写历史教科书，让南洋各地印行。1910年夏《致李燮和等书》中云："小学历史教科书已编至90课，一周前后，决可寄出。又有简易历史教科书一，尚须稍改，或可同时寄出。此简易教科书，乃为半日学堂及书报社讲习所用者。其他小学地理及高等小学地理，并高等小学历史，皆当为陆续编之奉寄也。大约不出中历十月，决可寄上。"在成章等大力倡导，并积极支持下，南洋各地纷纷举办学堂。他的以"教育为进"的策略是具前瞻性的。

3. 重视经济力量，开拓经商渠道。陶成章在革命活动中，深深感到经济的支撑力量，四方奔走要有经费，购置军械要有财力，接济被囚同志、补给同志家属要有钱币，身无分文、寸步难行。1910年4月成章《致某某书》中云："弟历观万事，皆与财政相为因果，然财政之道，非自行筹划无由，此商业之所以不得不速为经营。"故除募款捐资外，必须自己经商以筹资金，开展营销以广财源，这是最要紧的事，故也是光复会重组后最重要的工作之一。早在1910年3月前《致李燮和、王若愚书》中就提出："经商之事，弟亦筹之素，近得一计，有益无损，其法详公函。"如何经商，成章抓了两方面事：一是介绍经商人才。他特别介绍沈钧业，是"不易得之人才也"。二是经商方法，他与沈君交谈，得其指点，认为经商项目，可分四种：（一）教科书籍、图画、科学仪器、体操音乐器具等，这些项目各有货源渠道；（二）学校用品；（三）杂货，若衣衫等，应须先调查当地民众的嗜好，然后办理；（四）代印书籍、代刻图章、名片等。他认为经商之道，不外进货与出货两项。他又主张成立公司。成立公司有三利："以公司资本，积少成多，其利一也。开通民智，全恃图书，即可由我意输入，南方各地，势将日有发达，其利二也。南方印书非易，苟公司为代印，凡教员学生，均得发表其意见，其利三也。"在成章的鼓吹及具体策划下，南洋各埠光复会人士纷纷开店、举办公司等，发展了经商事业。

经过以上诸多方面的实际工作，南洋的光复会组织从无到有，从小到大，从弱到强，从一时一地而遍于全境。革命书报在城乡传播，反清思想遍布于中下社会，商业活动渐次开展，活动资金不断增加，这种情景与一年前成章在南洋筹款时之困境何啻有霄壤之别。经营南洋，开辟海外基地已大见成效。1911年1月，成章第二次下南洋，《满清稗史》中册《当代名人事略·陶焕卿》云："公重来爪哇泗水，闻者益为之喜。时沈钧业、张云雷二人均在泗水，公即与二人联络泗水埠富商蒋伊芳，及书报社社员陈少谅、王少文、庄少谷等；又组织泗水埠光复总会，并派人赴各地联络。于是光复会之名义，遍布于爪哇一岛。"1911年6月，成章第三次下南洋，该文云："六月，公又与陶文波、李一民、陈陶遗等，再往南洋，赴各岛组织光复分会。数月来光复会几遍南洋群岛，此均陶公一人奔走经营之巨功也。秋八月，武汉起义，海外闻风，人人有赴义之心。公深恐经费不足，事易失败，归舟过星洲，即停留数日，遍电各埠光复会，筹集巨款，接济军需。……汇至申江接济徐固卿、陈英士、李燮和三君者不少。"樊光《陶传》写到成章第三次下南洋亦云："陶成章于辛亥年夏，曾再次去南洋各岛，发动华侨捐款，资助国内革命，并在多处成立光复会，团结各界志士。陶所募得的款子，悉数兑归国内，供革命起义之用。如第九镇统制徐固卿和上海陈其美、李燮和等，都曾接受他的接济，对江浙各地起事者，尤多帮助。"事实证明，陶成章在光复会重组后，开辟和建立南洋基地，对国内反清斗争，特别在经济上的支持起到了多么重大的作用。至于启发华侨爱国思想、振奋民族精神、倡导团结协作风格，则更具有开创性的意义。

三、《教育今语杂志》及其他

光复会重组后，章太炎与陶成章举办了《教育今语杂志》作为机关刊物。取名为教育者，因其时日本政府对革命党人的杂志报刊侦查甚严，如有反清爱国言论必以取缔。故以谈论教育为由，掩护光复会宗旨，从中宣传革命、交流会务，促进各地斗争。其《刊行〈教育今语杂志〉之缘起》云：

> 环球诸邦，兴灭无常，其能屹立数千载而永存者，必有特异之学术，足以发扬其种性，拥护其民德者在焉。中夏立国，自风姜以来，沿及周世，教育大兴，庠序遍国中，礼教昌明，文艺发达，盖臻极轨。秦汉迄唐，虽学术未泯，而教育已不能普及全国。宋元以降，古学云亡，八比诗赋及诸应试之学，流毒士人，几及千祀。十稔以还，外祸日亟，八比告替。兼欧学东渐，济济多士，悉舍国故而新是趋，一时风尚所及，至欲斥弃国文，芟夷国史，恨轩辕厉山为黄人，令己不得变于夷。语有之，国将亡，本必先颠，其诸今日之谓欤？同人有忧之。爰设一报，颜曰《教育今语杂志》。明正道，辟邪辞，凡请撰述，悉演以语言，期农夫野人皆可了解。所陈诸义，均由浅入深，盖登高必自卑，升堂乃入室，躐等之敝，所不敢蹈，真爱祖国而愿学者，盖有乐乎此也。

可见，此"教育"是泛指，主要是指学术，提倡国故学术、礼教昌明，以启沃中华之根本，振奋后起者爱祖国之心。"国将亡，本必先颠"，学术为一国之本，保学术即是保国本，故办是刊。为便于传布和普及，就用浅显语言，由浅入深，庶几农夫妇孺皆能阅读，故称"今语"。陶成章等起草《教育今语杂志》章程：其第一章"宗旨"宣称："本杂志以保存国故，振兴学艺，提倡平民普及教育为宗旨。"在第三章"门类"中指出本杂志有八大门类：一社说；二中国文字学；三群经学；四诸子学；五中国历史学；六中国地理学；七中国教育学；八附录。约分四类：算学、英文、答问、记事。在第四章"办法"中，指出"本杂志担任撰述、编辑、发行诸人，皆尽义务"。第五章"经费"指出开办费及房屋器具诸杂费，均由本社同人担任。可见这是一个同人义务举办的刊物，其印刷者：秀光社。

《教育今语杂志》于庚戌正月二十九（3月10日）正式出版，为第一期，上述"缘起""章程"均登于这第一期上。成章给李燮和寄去60册，

《教育今语杂志》

并请李等"为鼓吹之"。二月三十（4月9日）出版第二期，成章又寄60册给李燮和，三月二十五（5月8日）出版第三期，四月二十九（6月6日）出版第四期。但杂志销售不畅，1910年11月5日成章在《致沈复声书》中说：《教育今语杂志》真售去者，不满三百册，其余均搁在代派所。十一月十三在告燮和书说："杂志因撰述无人，遂至经常延搁，其第五六期只好合并付印，于十二月二十九（1月29日）出版。"成章想将《教育今语杂志》改为《光复》杂志，但后来因事急，《教育今语》固然中止，《光复》杂志亦未能筹办。

在这一年多中，成章并不因重组光复会，大力经营南洋海外基地而放松对国内斗争的关注和领导。他在给李燮和等同志的信中，多次写到了内地情况，表达了他一手抓重组和经营、一手抓国内武装起义的思想。

首先，他克服重重困难，与内地同志多有联系。王金发是成章的亲密战友，1910年春，他应成章之约来东京。此前后，又来了沈钧业和龚昧荪之弟和魏兰之侄履祥，此三人有专业知识，积极投身革命，可在南洋任教、办报、经商等。成章与金发密谈内地斗争。果然，王金发回国后，积极开展活动，处死了秋瑾烈士告密者胡某。人们称快，烈士告慰。同时，成章对在狱之同志十分关心。当时张伟文久禁在狱，困苦非常，成章想方设法，去运动出之。他致彝宗等书云，若能出狱，还要给他在东京或南洋谋一安全之位置，方能前来，故望友人为之留意；营救出狱，终不免要花钱，因此亦望友人代筹款项，以资助其困厄。

同时，陶成章认为以目前之形势，不能不力争上游。"否则一败涂地，无策以善其后也"。为此，应加强团结，"树立同党为第一要义"。他说现在革命之党遍于国中，各欲向其目的之地，以谋进攻。"我辈之目的，在一举覆清"，如果光复会重组后二三年内，一无音响，会员必生疑心。因此，"且先讲持久策，其策无他，先集数千金，或万金之款，办暗杀事宜，以振动华侨始可"。他分析这样做，其利有三："一、易于保密；二、可以专决，可缓可急，不成则无大害；三、不招人忌。"他说这就是逆取顺手之法，用此法，以速而疾，达成目的。他坦率说，对如今自己的副会长位置，"非特不能胜任，抑亦实非心之所愿也"。自己可以专注暗杀一途，如此，则更可助劳光复会诸事。"否则，会既成立，于一二年内，竟乃影响全无，其可乎哉？"

在陶成章内外运筹、奔走南北的活动生涯中，他的坦诚、率直、磊落光明、不计个人微利，全心投入革命的胸怀和品格，深深地打动了周围的同志。其中有一位女子，更深深地爱上了他，以后就与成章结为革命的侣伴。这女子就是成章的夫人孙晓云。

关于这位辛亥革命功臣传奇的一生，应该传至后世，现作简传如下：

陶成章夫人孙晓云，同盟会、光复会会员，1909 年摄于日本。

孙晓云，字小云，1880 年（清光绪六年庚辰）生，浙江上虞县松厦镇人。孙氏为松厦首富，封建家规极重，对妇女束缚尤甚。男婚女嫁最重门第，联姻实为联势。晓云的两位姐姐都因父母之命、媒妁之言而遇人不淑，嫁后心情郁结，不久谢世。她的父母又为她择婿，许配给同县百官镇一县令之子，男女双方一应纳币、问名等封建礼节已了，亲期在即。但她对这门亲事极不满意。由于两位姐姐均为封建婚姻牺牲品，前车可鉴，为求自身幸福，她毅然只身出走。把家里原来准备给她的嫁妆首饰细软，席卷而去，离开家庭，以示对这一封建包办婚姻之反抗。

晓云到十里洋场上海，在那里结识了女界先知嵊县尹锐志、绍兴盖仁志等，未几，又去拜见了蔡元培等人。在这些人的带领和影响下，晓云眼界为之一扩，思想大为进步。1902 年 10 月，陈其美鼓励和帮助她赴日本留学。在日本，她边做工边读书，不久，结识了留日学生中的骨干人物龚宝铨。通过龚的介绍，认识了陶成章。此外，与她结交的人还有章太炎之女、后来的龚宝铨夫人章蕴来，陈魏之姐、马裕藻夫人陈德馨等。其时，革命形势渐趋高潮，革命活动日益频繁，留日学生纷纷举行各种集会，孙晓云都积极参加。他多次聆听革命人士的讲演，阅读了许多进步书籍，这些革命志士的爱国热情和献身精神深深地打动了她、教育了她。尤其是当时留日学生倡导的男女平权，鼓励女子独立自强的主张，她感到尤为亲切，于是她决心也参加民主主义革命斗争。由于体质本来孱弱，过多的活动，曾累得她一度咯血病倒，不得不养病于陈女士家。

1905 年 8 月，同盟会在东京成立，孙晓云有机会结识了孙中山等同盟会领导人，不久她也加入同盟会，并在同盟会总部担任联络工作。1907 年初，陶成章加入同盟会，不久又为《民报》主编，并为同盟会浙江主盟人，于是晓云与成章有了较多接触机会，互相间也增进了认识。

皖浙起义后，清朝政府到处通缉陶成章，成章避祸于东京。这时清廷大员惊恐万状，为保命，纷纷想拉拢革命党人，把握朝廷大权的袁世凯首先想到陶成章。樊光《陶传》云："袁世凯在北洋大臣任上，尤注意成章先生，谓此人将来必为我大敌，急欲罗致之，密遣人来，甘言利诱。而成章先生绝不为动，一笑置之。但清廷对章（太炎）、陶（成章）等阴谋益急，恶势益张，或劝须有戒备，或暂避地者，二人了不为意，谓从事革命，早置生命于度外，何能效儿女子畏首畏尾而成大事哉！"成章的坚定和从容，使袁世凯之拉拢收买计策全部落空。

袁世凯阴谋拉拢刚过，又一件更大的事来到陶成章前。这就是与同盟会总部人员龃龉日深，双方产生了激烈的争论。陈其美本来对陶成章心怀不满，就想利用这一机会控制住陶成章。如果控制不住，就干脆把他除掉。经过一番策划，就决定派本来对自己十分信任的孙晓云执行这一任务。在这之前，袁世凯想收买陶成章时，也曾辗转托人运动过孙晓云，并许陶以两广总督之职为条件，此事当然为晓云所严词拒绝；但如今对陈其美的命令，她却很快地接受了，因为陈有恩于她，她认为陈是不会错的，于是不断地接近陶成章。但在与陶的接触中，她渐渐产生了另一种认识。她认为陶坦诚、忠实、毫无私心、只为革命。他的革命信念坚定不移，对同志真心实意。他的心胸豁达、思想境界很高，是一般人所不了解的，因此从怀疑转变为信任、从感动上升到钦佩，改变了对成章的看法，打消了对陈其美的承诺，纠正了原来的计划和行动。相反，她尽量沟通同盟会与光复会的关系，常向两会同志作解释和说服工作。在两会较快地停止了互相攻击、重新团结合作进程中，孙晓云是起到了一定作用的，她是纽带和桥梁。如此经过一段时间的考虑，她最终作出了自己的选择，不仅在政治上信任了成章，且要在生活上照顾成章，做成章的革命伴侣。

1909年，成章与晓云在东京结婚。在孙晓云后来的回忆中，周树人（鲁迅）还做了他们的证婚人。婚后，孙晓云在光复会总部工作。夫妻感情很好。

成章在很长时期中，生活上没有调理，身体上无人照顾，从此有了妻子在身边关心，于工作于心情得到了极大的帮助，这真是一位贤内助。成章在日本、在南洋、在国内奔走，晓云均在东京。1911年农历四月十五（5月13日），他们的儿子出生了，适值成章在国内，晓云去信索名，成章复信取名"珍""本生"，意为十分珍贵。又在日本出生，但不注明字号。晓云遂给刚出生的儿子取名为"珍"，小名为"本生"。陶珍的谱名为守铨。是年六月，晓云携出生才几个月的儿子回上海，参加光复会在国内的联络工作。武昌起义后，陶成章即回上海，在光复上海、杭州，攻克金陵诸战役中，躬亲策划指挥，立下了不世之功。孙晓云积极协助丈夫，组织女子光复军，参加女子剪辫队，为辛亥革命胜利作出了积极贡献。

陶成章被害后，有人又欲加害孙晓云，事为尹锐志所知，即派人通知了孙晓云。晓云怀着对丈夫遇害的极大悲痛，怀抱幼子，急忙躲进上海南市某煤炭行之竹棚中居住，赖平日仅有之积蓄及代人洗涤、缝补衣服以度日。主谋者一时找不到孙晓云，且自成章被刺后，社会舆论大哗，一致谴责这种卑劣行为，孙中山又电令缉拿凶手，主谋者不敢作进一步策划，只好作罢。自此孙晓云隐姓埋名，孤儿寡母在上海滩含辛茹苦挣扎三十多年。

抗日战争时期，她的女友尹锐志在重庆任被服厂厂长，偶遇陶成章孙女陶玉英，才知晓云尚在人世，一时热泪盈眶，激动不已。无何，尹锐志接到晓云电报，两老姐妹在中断信息30年后又重新取得联系。不幸，锐志在抗日胜利后不久去世。晓云获悉，悲伤不已。锐志丈夫周亚卫曾在浙江省主席陈公侠处任省参议，每日去省府上班，必经西湖陶社墓地，总要向陶墓鞠躬致敬。新中国成立后，他调往北京任文史馆员，1976年谢世。在世之时，多次去沪探望晓云母子，并在经济上常予接济。

中华人民共和国成立后，孙晓云重睹天日，获得自由解放，她受到人民政府热情款待和生活上多方照顾。在上海市政协会上、在辛亥老人座谈会上，常与宋庆龄、何香凝等老人相聚往来，互相问好祝安。晚年生活不寂寞。1965年6月26日因病医治无效谢世，享年86岁。

孙晓云平日很少与人谈起她这传奇的一生，直到晚年，才向儿孙们谈到她当年受命监视陶成章，而后又与陶成章结为夫妇的全部经过。老人悲愤交集，令人欷歔不已。

其子陶珍，新中国成立后任上海玩具厂经理，晚年欣逢"四人帮"覆灭，心情畅快，又受政府照顾，协助汤志钧完成《陶成章集》的编辑工作，并悉心修改钱茂竹所撰《陶成章年谱》。陶珍有志于收集先人的革命史料，为人诚笃、勤劳。1981年10月21日为纪念辛亥革命70周年，在《文汇报》发表《孙中山与陶成章》一文，客观叙述了中山先生与其父亲的关系。他说父亲遭害后，中山先生"十分震怒"，"务令凶徒就获，明正其罪"。中山先生"充分肯定了我父亲的历史功绩"。文中最后说："中山先生与我父亲都是能以革命大局为重的。"陶珍先生于1983年7月病死于上海，享年73岁。晚年陶珍先生曾写有《孙晓云小传》录如下：

孙晓云（1880—1965）字小云，浙江上虞人，性豪爽，有男子风。自幼体质素弱，喜习武艺。及长，见两姐遇人不淑，均不幸先后去世，遂有妇女自立之志。1900年去上海谋求独立生活，得遇女界先辈刘已立、尹锐志、盖仁志等，还有龚宝铨、蔡元培、陶成章、魏兰等革命志士，听到他们的革命思想和妇女要独立自主、男女平等等宏论，思想大为开朗。于1902年去日本求学。在日本，与章蕴来（章太炎先生长女、龚宝铨夫人），陈德馨（陈魏之姐，马裕藻夫人）甚为莫逆。旋因咯血，旧病复发，时读时辍，养疴于陈女士家。病好转后，参加了光复会内部事务工作。1909年，经同志们的建议赞同下，与成章结婚，1911 年 5 月生一子。时因国内革命形势发展紧迫，成章尚在南洋未返，6 月即携子返国。到上海后，即参与光复会内部联络工作和女子光复军。成章返国后，指挥攻克南京战役，不久因病住上海广慈医院治疗，不幸遇害。小云旧病复发，遂隐居。

陶珍于 1982 年 5 月记。

第十章

底定东南

广州起义

光复上海

举旗浙江

攻克金陵

广州黄花岗起义失利同盟会损失惨重，光复会也牺牲了许多同志，陶成章等光复会志士决心重整旗鼓，推进"中央革命"，经略长江下游，谋划江浙起义。

一、广州起义

1911年春广州起义，是同盟、光复会二会合作进取的一曲壮丽悲歌，是辛亥革命胜利前奏曲，后因七十二烈士合葬在广州黄花岗，史称黄花岗起义。这是一次牺牲重大、影响深远的起义。

广州起义由中国同盟会发起，1910年11月13日，孙中山在槟榔屿召集专门会议讨论起义准备工作，黄兴、孙眉、胡汉民等同盟会领导到会，南洋与中国内地东南几省代表参加，李燮和作为南洋代表出席，当场决定发动当地新军与招募南洋各岛志士，同时以中国教育义捐名义募集起义经费，设起义统筹部于香港，由黄兴总负责，赵声担任起义总指挥，事成由黄兴率部向两湖挺进，赵声率军出江西攻南京，长江各省响应大举。

光复会为广州起义做了大量工作，李燮和回南洋后专门召开会议，陶成章亲自参与，为起义作人员与经费的募集工作。这时荷属榜甲岛各埠均有光复会组织，经李燮和、王文庆、温庆武、黄甲元、陈方度、易本羲、何震生、沈琨、李天麟、胡国梁等光复会员的努力，荷属群岛募款最多。黄兴以后在《广州三月二十九日革命之前因后果》中特别感谢"幸南洋各志士担任筹款者极其踊跃，得十余万元"，成为广州起义经费的主要供给地。可惜起义很快失败，七十二人壮烈牺牲（实际死难86人）。广州起义有许多光复会员积极参加。1911年初，王文庆、李燮和应黄兴之召离开榜甲岛前往香港。光复会动员南洋华侨青年参加广州起义，这时在榜甲岛的光复会员胡国梁将起义信息告之当地同志，群情激奋。胡国梁与柳聘农立即离埠，与已到达香港的李燮和取得联系后，即到香港广州起义统筹部报到。据老光复会员、同盟会员张任天多次回忆说过："陶焕卿重组光复会于南洋英、荷两属。王文庆在泗水任教，宣传光复会宗旨，泗水华侨青年纷纷响应。1911 年春黄花岗之役，死难者七十二烈士，有不少即为泗水华侨青年志士，他们就是受了陶、王的引导而走上革命道路的"，"当时王文庆亦要参加是役，因在海上阻于雾而迟到，被滞于香港。等到黄花岗起义事败，黄兴、胡汉民逃到香港，要王文庆立即进入广州，请姚桐豫设法营救失散的荷属华侨青年战士。"（张任天《回忆陶成章与王文庆》，《史料》1987 年版，第 64 页）李燮和赶到广州拟诈炸巡警道王秉恩以配合义师，未果，后被救脱险。起义以前陶成章得李燮和电请回浙策应。陶成章急返大陆，刚到上海，知起义已败，即与刚来沪的李燮和、王文庆等会面，大家总结起义失败的经验教训，充分肯定广州起义对各地革命者的激励、对清廷的沉重打击，同时也深感同盟会只注重华南一隅，已不能适应全国形势，决定将精力转注于长江下游各省的运动。实现从"边地革命"向"长江革命"战略转移，也是陶成章素所倡导的"中央革命"。

二、光复上海

黄花岗起义失败后，根据新的形势，光复会作出了新的战略部署，工作重心从南洋转到东南各省的发动上。陶成章走了两步重要棋子：一是 1911 年 4 月赴沪密商再举。又于 6 月底来上海，指导光复会女志士尹锐志、尹维峻在上海法租界平济路良善里 166 号建立锐进学社（今济南路崇德路交叉口），以发行售卖《锐进学报》为掩护，实为光复会在上海及邻近诸省联络总机关，也为后来光复上海的指挥部之一。同时在杨树浦长滨路 3

号联合山庄与法租界赖格纳路沈宅两处添设联络机关，以应上海形势发展之需。二是于这年闰六月初一与陈英士讨论光复会与同盟会协作进取。宋教仁、陈英士等即于 1911 年 7 月 31 日在浙江北路湖北公学成立了中部同盟会。光复会准备派李燮和潜居上海运动新军。这个部署与同盟会中部总会开展长江中下游的革命活动，经略上海不谋而合，为双方在以后光复江浙夺取上海的合作打下政治基础。

这时潜居国内各地同志跃跃欲试，但却缺乏经费，成为革命党人的最大难题，于是陶成章于当月再度返回南洋，发展光复会组织，并致力于募集经费，支援国内同志。爱国华侨踊跃捐款，成为国内革命运动的经费主要来源。"成章先生于辛亥夏又赴南洋各地，发动华侨捐款，支援国内革命，并成立多处光复分会，陆续筹募巨额捐款，汇归国内供革命起义饷款，如第九镇统制徐固卿、上海陈其美、李燮和等，即得其接济以举事。"（《樊光陶传》，汤志钧《陶集》）

不久武昌起义胜利但清军反扑，革命军处境极为不利。解武昌之困的关键一招，莫过于长江下游上海的光复，既可断绝包围武昌的清军后援，使其首尾失顾，并使清皇朝失去中外瞩目的全国第一大都市。陶成章要李燮和及早赶到上海。李燮和也感到上海地位极为重要，要巩固与扩大湖北军民的胜利必须夺取上海，"吴淞为东南门户，得之则长江以南传檄而定也"。（李燮和《光复军事略》，《近代史资料》总 57 号，中国社会科学出版社 1985 年版第 98 页）所以与陶成章英雄所见略同。他到达上海立即与尹锐志、王文庆等光复会在沪干部联系，暂住锐进学社，参与谋划响应武昌革命军的部署。当时，光复会志士在上海一无钱二无兵，于是他们立即分头行动，王文庆去杭州，章梓赴南京，柳承烈、张通典奔苏州，分头运动两处的新军，李燮和与尹锐志亟谋上海的响应。李燮和在上海活动颇为顺利，他得到光复会总部的有力支持，南洋泗水华侨汇来 1 万银圆。

手上有钱，心中有底，正好清政府为支援围攻武昌，长江下游各要塞主力西调，使上海附近军防空虚，为革命党人的进取留下空隙。这时上海军警要员大都为湖南籍将校，李燮和启发他们民族大义，认清革命形势，并利用同乡情谊与手上银圆，先把湘乡人吴淞巡防官黄汉湘联系上，黄表示赞成革命。经黄介绍又争取了清军闸北巡逻队队官陈汉钦，陈又联络了驻沪巡防营管带章豹文、巡防水师营管带王楚雄。这样上海市内的闸北、南市的驻军基本上已被光复会争取过来，愿受革命党人的调遣。驻在吴淞附近有巡防营、吴淞炮台以及外海水师等，他们各成系统互不隶属，又多与上司失去联系，在革命形势迅速发展的情况下，军心涣散，李燮和又通过黄汉湘，运动了黄的好友也是湘人的海盐巡捕营统领朱廷燎，使吴淞驻军日益倾向革命党。与此同时，同盟会中部总会领导人陈英士在工商界、上海会党中做了许多工作，并得到上海商团的支持。唯有上海江南制造局这个江南最大军火库仍在清军手里，而且该局总办张士珩坚不倒戈，还加强了防务。1911年11月2日，在同盟会上海秘密机关民立报社，陈英士、李燮和等两会领导研究决定，支援武汉，迅速解决江浙革命。大家认为攻下制造局为上海光复之关键一役，当即分头行动。11月3日下午，陈汉钦首先率部在闸北起义，吴淞炮台接着响应，上海商团也同时起义，上海县城内外白旗招展和平光复。当天下午5点钟，陈英士亲率敢死队与商团，对制造局发起进攻。制造局卫队凭工事顽固反击，民军失利，前排死伤多人，陈英士也在混乱中倒地被俘。（一说陈进制造局谈判，争取张士珩，不成，被扣。）李燮和、尹锐志闻讯后，当夜调集起义的就近各军在高昌庙集中。李燮和在向战士进行作战动员后，紧握手雷，视死如归，身先士卒，冲向制造局。黎明，各路合围，制造局大门被炸开，但两门守军火力甚猛，无法接近。一部绕到后门炸开围墙，炸毁门楼，士兵们分路蜂拥而入。制造局总办张士珩见势不可挽，乘乱逃逸。民军占领了制造局，救出了被捆绑的陈英士。至此，上海最后一个封建堡垒、清政府的江南军火库江南制造局被攻克，上海全境光复。各路起义军拥戴李燮和为临时总司令，在制造局内设立了临时司令部。

光复会在运动新军攻打制造局光复上海之役中功勋卓著，然而李燮和虽有军队拥护，究系初来乍到，作为外乡人在上海并无基础，所以当上海各界在 11 月 6 日举行大会公举都督人选时，李患感冒又未接到开会通知，没有到会，众推陈英士为沪军都督，只给李燮和代理参谋长之空职，因此军警界不服。李燮和内心也很不痛快，但还是顾全大局，说服军界，以革命为重。他退驻吴淞，以吴淞军政分府都督之名，把守长江入海咽喉，并积极训练光复军准备北伐攻宁。上海光复，上海军政府建立并有效工作，上海局势迅即稳定，大涨了革命气势，给武昌革命军以极大的声援。1911 年 11 月 4 日上海光复当天，陶成章赶到上海，因杭州光复之战已箭在弦上，陶成章没有喘息即于次日赶去杭州。

三、举旗浙江

杭州为浙江省城，作为长江下游全国第一大都会上海之重要一翼，也是革命党人必争的战略重地。陶成章为了部署光复东南武装起义计划，于广州起义失败后又专门回国，与李燮和、王文庆"至杭州，潜会党人于西湖白云庵，设机关部于杭城"。（龚翼星《光复军志》，《辛亥革命在上海史料选辑》，上海人民出版社 1966 年版，第 199 页）陶成章分析形势，认为江浙会党因皖浙起义损失很大，而新军中下级干部多具新思想倾向，光复会已积累不少力量，所以决定转移注意力到运动新军上，他要挚友、光复会得力干部王文庆着重做运动新军的工作，"王文庆到杭，即以光复会名义运动新军，开始是士兵，接着是军官，纷纷入会"。（张任天《回忆陶成章与王文庆》，《史料》1987年版第64页）陶成章自己又重回南洋筹集款项，援助浙江的革命斗争。"杭州并江浙各重要地方起事者，亦皆得其支援之力为多"，再加陶成章联络会党多年苦心经营，"在上海、松江、杭州首义之敢死志士，亦皆成章先生平时推心置腹所联络之志士"。（樊光《陶传》，汤志钧《陶集》）

语云：知己知彼，百战不殆。陶成章熟谙兵书，非常重视当时清方的兵力及其部署状况。

杭州清方的政治军力设置

这时浙江清军有三支力量：旗营，由将军统率，直属宫廷的嫡系部队；有十个巡防营，相当于地方部队，属抚署领导；新军也由中央直属，是清朝新政时期的产物，编制系统为镇（相当于师），次为协（相当于旅），再次为标（相当团）。当时驻浙新军除四十一、四十二两协外，还有辎重营、工程营、炮队与马队。旗营为清皇朝嫡系，驻扎在湖滨旗下一隅；巡防营为地方部队，战斗力相对较弱；而新军是一支新编制部队，所以是革命党人主要运动工作对象。

浙江革命党人为了争取新军，先得搬掉杨善德这块压在军人头上的大石头。宣统元年（1909年）清廷预备将浙军扩充为"镇"（后改称为师）时，并以杨善德的混成协为基干扩大改编。这时光复会干部吕公望从外省回到杭州，在紫阳山下太庙巷租定住所，与老会员虞廷、倪德薰商定"倒杨"计划，由虞廷起草杨氏"十大罪状"，通过浙籍京官，匿名信广送朝廷大员，从隆裕太后、摄政王庆亲王、各部大臣、各御史及各省巡抚都接到了，结果清政府抑杨而别任肖垣为统制，杨不得已而引退，这一着为后来新军中革命活动的开展创造了条件。杨善德被挤出浙江，也使浙江抚署官员的反动气焰有所收敛，如巡抚增韫当政以后没有加害过一个革命同志，为他自己在光复中留下一条生路。

积极准备武装起义

自辛亥（1911年）三月二十九广州黄花岗起义失败后，光复会总部与同盟会中部总会均加强了浙江方面的工作，双方领导人陶成章与陈英士都亲自与问浙江军事斗争，并在战术指挥上两会加强合作。七月，浙路风潮群情高涨，大家以为时机已到，一面联络各界，一面运动下级军官与士兵，力图进行。武昌起义成功信息传来，军界同志欢喜雀跃，亟谋响应。但因沿海各省均未光复，浙江先动不利于全局。这时，上海机关派姚勇忱于八月二十二武昌起义爆发后两天到杭州，通过庄子盘，邀集褚辅成、顾乃斌、朱瑞、吕公望、黄凤之、傅其永、童保暄、朱健哉、徐聘耕、王萼等在西湖刘公祠开会，次日又在挹芳园，第三次在城站二我轩照相馆楼上的酒肆，几次密商均未有结果。（吕公望《辛亥革命浙江光复纪实》，《浙江辛亥革命回忆录》）九月初五（10月26日）同盟会中部总会在上海开会决定"暂撤开各地区，专注全力于杭州"，（钟丰玉《光复杭州回忆录》，《近代史资料》1954年第1期）会后陈英士亲来杭州部署，在雷家驹住处邀集同志会议，次日又在闸口驾涛仙馆开会，商定"拟先占杭州为根据地，再由专车派兵夺上海制造局，进取苏州，直达南京"。

在起义前个把星期中，又开过三次重要的会议：

一次在朱瑞家，研究运动81标标统萧星垣、82标标统周承菼，旋由吴思豫找周承菼，得周应允。萧虽未有明确态度，嗣后亦不对部下严加约束，采取放任态度。再一次在顾乃斌家，上海方面又派黄郛、蒋著卿、陈泉卿来杭，具体商定起事日期与临时司令部的组建事宜，这时起义部署虽直接由同盟会布置，而杭州新军运动骨干几乎全系光复会干部。

又一次在童保暄住处，拟定进攻目标及分工。一标占据自清泰门至涌金门止以下之区域，保护教堂，攻击旗营，占据军装局，马炮队为辅助；二标占领清泰门到涌金门止以上之区域，焚毁伪抚署，占据各卫署局所等，保护金融机关，破坏交通机关。辎重、工程营等辅助。分工既定，各部下属分层运动。凡为起义所需分头积极筹办。又对几项要事作专门布置，如组织广济医学堂全体学生参加救护队；派兵保护洋关、通商场，兼防运河浅水兵舰反抗；又发展游击队管带金富有、省防哨官董国祥入会；运动军装局哨官历得胜、吴运，使巡防队倒戈。万事俱备，只等发动了。

箭在弦上，一切准备就绪。由奉化栖凤青年渔民112人组织的敢死队于前一天赶到杭州，由后勤总负责人庄之盘招待，由同盟会、光复会老会员王金发、蒋志清、王文清、张伯岐、董梦蛟、孙贯生、蒋著卿率领，编成二队。因湖北清军反扑，武昌军事形势危急，长江口的上海成了清军最大的后方基地，决定改变原来杭州先发动的计划，在上海提前起义。上海于十三日光复。

上海光复喜讯，十三日夜传到杭州，浙军同志闻讯雀跃，褚辅成、俞炜、童保暄、葛敬恩、徐士镳、吴思豫、王桂林、韩绍基、来伟良、傅墨正等在顾乃斌家（上板儿巷老人弄）开紧急会议，立即决定于第二天十四日午夜二点光复杭城，以清泰火车站为临时司令部。

光复杭州之战

宣统三年九月十三，杭城已临大变前夕。连日来民众抗捐、抢米风潮迭起，武昌首义成功，上海光复的消息惊天动地，人心惶惶，动荡不安，殷实之家有的逃避乡间，也有的雇好船只以备不测。清政府城防空虚，驻杭新军21镇的一协已基本为革命党人控制，防营改编的巡防队在杭州的有千余人，也多为革命党人所运动，连三营抚署卫队的中下级军官也早身在曹营心在汉。而旗营自成系统，圈在湖滨旗下自成独立王国，也是自顾不暇。光复易帜旦夕之事，士绅与知识界也都心中有数，连驻杭新军41协统制蔡成勋也知大事不妙逃之夭夭。浙江省咨议局为了地方安全，不使生灵涂炭，推副议长沈钧儒于十三日亲入抚署，劝说巡抚增韫拆毁旗营城墙，将满人编入汉籍，并宣告浙省独立，但被增韫一口拒绝。当上海光复，增韫知无法抵抗，大劫难逃，急忙于十四日中午召集官绅开紧急会议，磋商对策，但是直到半夜想不出一个应变办法，杭州知府满人英霖令仁和知县沈思齐起草"浙江独立"的公告，予以搪塞，妄想躲开革命军的冲击，然而布告尚未贴出，革命军起义的枪声已响彻杭城上空。

九月十四（1911年11月4日），杭州起义临时司令部发出"独立"二字的口令（口号），步、马、炮、工、辎各队起义兵士及炸弹队（敢死队）左臂均缚长1.4尺、宽5寸的一条白布，以示识别。士兵各发子弹二排，士兵刺刀与官长指挥刀一律开口。起义各部队进展顺利，工程营派兵打开了艮山、清泰两城门，一标等部队相继入城，立即占领电话局，割断城内各主要电话线，俞炜率领的第三营与王金发的敢死队进攻军械局，与守卫部队发生冲突，不久该局守备队管带吴秉森应约在内响应停火。起义军占领军械局后，迅速缴取一部分弹药枪支补充各队。朱瑞率领的一、二营按时到达，包围了旗营。二标由傅墨正率领的先锋队，到达镇东楼时，有抚署卫队哨兵二名准备开枪，当即被解除武装，当场毙死一人，即向抚署正门猛冲，直扑二堂，守卫部队后撤。"随队参加同志计宗型、周李光二人，连掷炸弹数枚"。傅墨正到达二堂后，即令军士到通江桥杂货店购来火油一听，点火燃烧，一时火势迅猛，从二堂烧起波及全署。守卫部队见大势已去，停火响应。"浙抚增韫见火势甚炽，遂与他的老母向署后土山奔避，被二排长盛锡麟拿住，解送至就近的白衙巷二十一镇司令部看守"。进攻各部队按时到达各占领地点，司令部也进驻杭州城站，至此，九月十五日（1911年11月5日）凌晨前除旗营外，杭州全城光复。武备学堂、测绘学堂与陆军小学学生荷枪实弹，上街站岗，秩序井然。

杭州旗营世代住着清朝"八旗精兵"及其家属。这时旗兵已很腐败，抽大烟，嫖娼妓，提鸟笼，坐茶馆，凭了世袭特权过着寄生生活。这块封建领地是杭州"特区"，占有今湖滨一带，杭州最繁华之地。旗营建有护城，周长 5 里。南至今开元路，北靠法院路，东至中山中路附近，西濒西湖。今天的一公园至六公园一带，是旗兵的马步军操练场。他们虽已在朱瑞指挥的民军一标包围之中，但旗兵仗有城墙可挡负隅顽抗，向营外盲目射击，致使闹市口、炭桥一带居民数十人被无故伤残，激起公愤。民军采取围而不攻，逼迫旗兵出降。炮兵队在城隍山上架起大炮，对着它大放空炮，给予威慑；工程营在官巷口侦察地形，埋设地雷，严密封锁。旗营最高统帅德济将军眼见大势已去，孤立无援，已成瓮中之鳖，也无心恋战，答应和平归顺。在光复前，旗营为了备战，曾对枪械作了检修，其中一个枪匠叫张子廉，年少有革命之志，暗将大炮闩拿掉，以至这时无法开炮，才被迫竖起白旗，缴械投降。旗兵缴出的武器计有刀、箭、前膛枪、后膛枪、快枪、马枪等，如数陈列在官巷口大街上，随后送到民军控制的军械局储存。至此，杭州全城光复。另有贵翰香为首的一些军官藏匿枪支图谋叛变，被民军发觉，处以极刑。

杭州光复，结束了几千年封建专制统治，全城白旗招展，居民不惊，社会安定，商店亦于次日陆续开门如常。杭州光复，接着浙江全省十一府顺利易帜，可以看出人心所向，也显示了浙江革命党人的成熟。光复会、同盟会同仇敌忾、团结战斗，传承了徐锡麟、秋瑾等烈士的革命精神，也显示出陶成章多年经营之业绩，光复杭州军学两界主要干部均为光复会员，是陶成章一手栽培之力量，正如当时人们赞扬的"号召旧部浙江之光复，公之力也"。（《史料》第 13 页）1911 年 11 月 5 日杭州光复当天，陶成章从上海赶到杭州。11 月 7 日浙江省军政府成立，汤寿潜任都督，陶成章被公推为总参议。下午陶成章主持的浙江省参议会全体会上，决定组织浙江攻宁支队。

11 月 9 日，浙江省军政府开会，陶成章在会上动议，将省参议会组织攻宁支队的议案交省政府核议通过，并随即选浙江攻宁支队（简称浙军）的主要干部。陶成章又提出将已被擒拿的浙抚增韫，鉴于到任以来未有明显劣迹，迁送出境回东北老家，一致通过。当晚，由陶成章顺道与王文庆、张任天等押送增韫乘火车去上海，后予释放。在火车上，增韫请求支给回乡路费，因身无分文。陶成章身上也无钱可赏，后在上海向浙籍旅沪乡贤商借 100 银圆作增韫川资。于此亦可看出陶氏对放下武器的敌人的宽容。

四、攻克金陵

辛亥革命武昌起义成功以后，虽有上海、浙江的光复，暂时缓解了清军反扑围攻武昌之危，然而南京为长江之门户、南北交通之咽喉，其时南京清朝总督铁良、提督张勋据幕府、乌龙之险，顽抗死守，江南大营仍在清军之手，如南京不下，清军进攻武昌，包围瓦解尚未完全站住脚的革命军易如反掌，陶成章虽因连续奋斗，有病缠身，他决定离开浙江，奔走策划组织攻宁联军。组织并参与攻宁战役，这是光复会对辛亥革命武装反清，夺取全国胜利最后一个大的功绩，奠定民国东南半壁江山立下的巨功，也是光复会再显雄姿的最后一战。

浙军攻宁（南京）支队的组建

武昌起义后，上海、杭州相继光复，安庆也入民军之手，而江宁亦称金陵（南京）未下，进攻江宁、镇江的革命军反被张勋的定武军击退。而这时，湖北清军反扑，武昌受围，黄兴亲自督师也未解困局，而被迫后退，黎元洪逃出武昌城。当时有两种主张，一主出兵支援武昌再克金陵，一主先发兵攻下金陵也起了缓解武昌危局的作用。浙江新军将领光复会员朱瑞力主后者，对都督汤寿潜建议："速定江宁，为武昌应，庶上游之师，可出江汉，以窥宛洛，下游之师可逾江淮，以取山东，若旷日持久，士气易隳，非策也。

镇江为江宁门户，清驻有防兵，若浙师不即出，使其怀疑思抗，备而待我，尤为非策。"吕公望也认为"浙江急应出兵攻宁，藉以近图绥定江浙，遥为武昌之声援"。"公望乃于1911年农历九月十七，趁本省临时参议会开第四次会议之便，提浙军攻宁之案，请求通过。在讨论中，皆谓南京绾毂南北，形势扼要，若不将它攻克，清廷战意必伸，实属关系共和政体前途"。当时任总参议的陶成章竭力支持这个提案，这时汤都督将南京新军第九镇统制徐绍桢"乞援"急电送会参阅，于是一致通过，并责成提案人起草计划。随即由浙江省军政府选定朱瑞为浙军攻宁支队队长，吕公望为浙军攻宁支队参谋长。

录：浙军攻宁支队之编组

支队长朱瑞　参谋长吕公望

司令部

参军傅其永、裘绍、周元善

参谋处参谋童保暄、徐乐尧、葛敬恩、洪大钧

副官处长俞炜

军需处长张世桢

军法处长周季光

军械处长吴光润

第八十一标（全）兼标统朱瑞（约1400人）

第八十二标第一营管带徐则恂（约500人）

巡防队三营统领陆殿魁（约840人）

炮兵营管带张国威、队长姚永安（炮四尊　士兵100人）

工兵营管带来伟良、队官徐康圣（兵约120人）

辎重兵营管带白钊、队官钱守真（兵约120人）

宪兵一队队长吕庆麟（兵约70人）

卫生队（托前由徐锡麟所办的红十字会军医队负责）

骑兵队是从镇江招收第九镇溃散兵马整编而成，军马 120 匹由上海都督陈其美处拨借，编成二队，归原第九镇马队管带谢祖康指挥。

又从上海制造局领取过山炮四尊，拨充炮队。

这样步、马、炮、工、辎五兵种齐全的一个完整支队组建完成。（《辛亥革命浙江史料续辑》，浙江人民出版社 1987 年版第 476 页）

出师北上

浙军攻宁支队建立，随即准备出师北上，分别照会上海都督陈英士、淞沪都督李燮和以便联合北上。浙军成为江浙攻宁联军的一支精锐。并由参谋长吕公望带参谋、参军各一名，副官二人，前往上海，转无锡、镇江，作为先遣，亲探前线敌情与筹备粮秣、给养及安排沿途驻地等。

浙军攻宁支队于 1911 年 11 月 13 日离浙北上（一说 11 月 12 日）。经火车当日到达上海，在斜桥绍兴会馆附近驻扎。后在北站乘沪宁火车于 25 日离沪，同日到达镇江西郊高资地带暂时驻扎，指令各部队向西严整戒备，封锁通往南京各大小路口。

朱瑞、吕公望同往驻江苏第九镇徐绍桢司令部，请示会攻日期。然而这位名义上的攻宁联军总司令竟回答："无师可会，我军即因起义被张击散，身边只有一百二十名陆战队作为卫兵，也是向所乘的小型兵舰的海军借来的。惟镇江临时都督林述庆，辖有柏文蔚一标新兵，你可前往向他商派，但允否亦难知。因林与我不睦，你去不可说出自我处往，方可。"朱瑞与吕公望往见林述庆，请定会攻日期。林亦借词推诿："徐绍桢处处与我为难，故柏文蔚虽有兵千余名，但不能抽调他往。"经吕公望历陈形势紧迫："山东清兵张怀芝正作南下准备，津浦路中间徐（州）宿（县）一段虽未衔接，其余铁路已可通行无阻，如要南来，不经月可到南京，尔时革命军岂是他的敌手？以张勋掌兵万余，尚能击溃兵力相当之第九镇，倘再加入张怀芝部，不但我们攻克南京无望，反陷武昌于孤立，革命前途岂堪设想！浙军誓师以出，只能进死，不求退生。你们肯协力会攻固佳，否则浙军亦必破釜沉舟，愿师项羽战巨鹿故智，当独立与张勋周旋。"林只赧颜说声"好极了！"回部后，浙军诸将同仇敌忾，一致认为箭在弦上，非发不可。"因镇江为浙军后路兵站末地，采办输送人马粮食及接济子弹等乃部队最重要之地"。朱瑞遂委俞炜为驻镇江末地司令官，办理给养。司令部先令马队开向东阳城、栖霞山一线搜索前往。19日晨5时，复派一营为右侧卫，余为后续。

夜袭幕府山，攻占孝陵卫

11月19日（农历九月二十九）浙军支队主力由镇江乘火车到达东阳镇，就地宿营戒备。"其时有黎天才率领吴淞部队600人"，（吕公望《辛亥革命浙军攻克南京纪实》）"十月初一，黎天才率岑春煊沪寓的卫队200余名前来愿听指挥（可能少计了人数），来归我军，愿听我支队司令指挥。当即允其所请，并配给马队一队、游击队一营及工程兵半排，以黎天才为司令，夜袭幕府山成功，于十月初五日晨，占领幕府山炮台"（吕文为十月初一夜袭幕府山）。随即开炮轰击城内各军事要点，我军声威大振。

11月25日（十月初五），浙军主力从东阳镇向马群进发，以原二标一营及炮工兵各一队为前卫，分别由参军裘绍带敢死队一百名进占紫金山，参军傅其永率敢死队一百名进占马群。前卫队头将到马群时，孝陵卫附近发现敌人，我部即在马群东端展开，向敌攻击。敌我双方火力不相上下，不一会儿，浙军本队迅速增援，兵力骤增，士气旺盛，战到下午四时许，敌阵不支开始退却，我军以排山倒海之势冲向敌群，乘胜追进，占领了孝陵卫、马群、紫金山一部，工程兵队占领了孝陵卫东边高山名叫铁厂的山头。是夜敌人全部退入城内，这一仗敌人死亡千余人，被我俘获数百人，击毙敌军统领王有宏。

敌人反扑，双方对峙

11月26日（十月初六）张勋为挽回颓势，出倾城兵力从朝阳、洪武两门出击，向我军反扑。敌人借兵多从正面狂进，火力甚猛，浙军努力抵抗。双方激战到下午二时许，敌火力仍占优势。战斗犹酣，而浙军"右翼炮队阵地队长张聘三竟放弃掩护步兵之责，囿于地域成见，自以为是北方人，竟投往北军去了，因而大受影响，致我军猝受挫折"。左翼亦被敌人猛攻。这天，浙军伤亡众多，到下午四时光景，守卫阵地的已不足一营，艰苦抵挡，幸亏谢祖康率领马队由左侧冲来支援，又有王文庆带领的吴淞光复军一营前来助战。再加炮队队官周承稷率排长王维、王炜、陈挺立等瞄准敌方发炮轰击，多有命中，一时我军士气大振，敌人全线动摇，退入朝阳门内，我军乘势追截，直到城边。这一仗浙军损失不小，而张勋部下伤亡300多人，张勋不知我军虚实，囿于表面联军声威，不敢再坚持而急急退守，终成溃势。

强攻天堡城

11月26日夜10时许，联军总司令徐绍桢邀朱瑞支队长与吕公望参谋长议事，洪承点率沪军一标1500余人也刚开到。洪愿"以天堡城归我独立攻击"自任，并颇为自信地说："我明日拂晓即开始进攻。"谁料初七（11月27日）夜12时，徐又邀吕往晤，说："沪军进攻失利，损失颇重，已乘今夜退回镇江休养。天堡城若不攻下，难于期望攻略全城"，攻城全责落在浙军肩上已成定局。天堡城位于朝阳门外，为紫金山的第三峰，钟山之腹部，悬崖峭壁，乱石嶙峋，山势峻险，悬岩上用巨石筑成长37.1米，东西宽62米，形似城池的堡垒，分东西南三门出入。张勋派江防营旗兵400人，机枪四挺，重炮十余门坚守，并有电话直通南京城南，可谓天险，易守难攻。初八日，几经周折，仍无进展迹象。入夜，命工程队于午夜十二时半由营地出发用地雷轰炸朝阳门南边之城墙，发下重型地雷四个，炸药八箱。这种地雷，体积庞大，每只重达四百磅，搬运极为不便，爆破组分组从马群往城垣进发。但刚到城边，被守城敌军发现，猛烈炮火倾盆而下，爆破组难以前进。后侦知朝阳门上敌兵不多，才急运地雷到城门洞下，装置完毕，放入引线，正待燃放，又被守敌发现，凭高临下，又是枪弹，又是投炸弹，城下之我军士已无法操作，只得疏散后撤，而正巧堆置城门洞内的炸药，亦中敌弹而爆炸，城门被炸开，但又被守军以大宗石块土包严密堵塞，仍不能由此进入。

　　天堡城乃南京天险，若能攻克，则清兵自难负隅固守，若久攻不下，有利于敌方增援，于我极为不利。时任江浙联军司令部参谋、光复会员、同盟会员、青田人叶仰高审时度势，自告奋勇愿组敢死队誓死报国。叶的挚友张兆宸亦慷慨赴义，愿并肩战斗。初九日晨，支队司令部传下命令，颁布赏恤专章四条：一、夺取天堡城的官兵，当叙为攻取南京第一功；二、官每人赏百元，兵赏五十元；三、遇有伤亡者，加倍抚恤；四、凡殉职者，在天堡城铸铜像，立纪念碑。（王心白《光复南京之役的敢死队长叶仰高》，《浙江辛亥革命回忆记录》续辑）结果踊跃报名应召志愿兵达 192 人。下午一时，集志愿兵于紫金山脚南面一巨冢之前训话。立下军令状，将志愿兵分为二，二人拈阄，叶受任攻占紫金山左翼，率 100 名为第一队，张领92 名为第二队，袭取天堡城之北，分头进取，以期必克。

　　当天下午八时整装出发，二队随张队长冒雨由孝陵卫上山，经紫金山向天堡城北前进。山坡陡急，山路崎岖，行进艰难。士气高昂，奋不顾身，不费多时，全队通过，相距天堡城二三华里处，适与镇江民军由季遇春（温州人）率领一百多人相遇，他们承担主攻天堡城之西。当时天堡城西北面的飞鹤岑隘口，只有少量清军把守，一经接火，即被我火力压倒，阵地旋被我队与季队抢占。到午夜 12 时光景，两支队伍摸索前进，先后到达天堡城，立即选好一座幅员甚大的岩障作为胸墙，开始射击，火力越来越强，敌人据有利防线与我对射，火力也不示弱。正在胜负不分之际，忽听左侧战斗侦探报告，敌人摇白旗投降，叶仰高队长带兵数人冒险轻进，被敌人排枪全数射死。幸右队士气旺盛，与季队协同配合，奋力拼进，才转危为安。敌我双方相持两个多小时，发现敌之两道防线的十多个帐篷的明显目标，遂与季队一道发起总攻，加强射击，集中火力，帐篷起火，一片火海，我军乘机冲锋，杀声震天，兵如潮涌，敌人惊惶失措，纷纷溃退，夺路而逃向城里，阵地上留下了一具具尸体与伤残士卒及还在焚烧的帐篷，天明后打扫战场，民军也有多人伤亡。由此，算是完成了攻克天堡城的艰难任务。（来伟良《辛亥革命亲历记》，《浙江辛亥革命回忆续集》）

天堡城攻取之后，城内守军渡江北遁，南京光复。这也是陶成章生前的最后一个告慰！

第十一章
气壮河山

一、立志北伐

1911 年 11 月 5 日杭州光复，陶成章当天从上海赶到杭州。故乡新生，是他多年来革命斗争梦寐以求的事，他特别高兴能与阔别多年的父老乡亲见面了。浙江是光复会老根据地，杭州光复主要靠陶成章、徐锡麟、秋瑾的旧部，而散处在全省的会党虽在皖浙起义失败后遭受清政府镇压，但根基未绝。随着辛亥革命运动再起，各地会党重新活跃起来，造成了各府易帜光复的巨大声势。陶成章回浙是众望所归，11 月 7 日，浙江军政府成立，当时由同盟会上海机关部陈其美等的内定，浙江省军政府由立宪党人浙江铁路总办汤寿潜任都督，请陶成章出任军政府总参议。"总参议"既是对他尊重，也是个毫无实权的空名。陶成章并不计较，这时他考虑的是金陵未下，南京大营仍在清军控制之中，随时可南下反扑沪杭，所以他的注意力始终贯注在筹饷练军上。然而政途艰险，不断滋生烦恼之事，莫须有的污水向他泼来，使他夜不能安，常受其扰。

增韫的释放。满人增韫是清朝最后一任浙江巡抚，在杭州光复之战中，被起义军抓获关押。此人虽为清朝封疆大吏，尚明大义，知清政府来日无多，到杭视事不做杀人逼良之举，所以颇有口碑。都督汤寿潜、军方吕公望、民政长褚辅成等均主张不杀增韫，与为人比较忠厚的督练公所总参议袁思永，均发给川资送沪释放。陶成章也不主张杀害放下武器的清朝官员，在由他担任主席的浙江参议会第四次会上，通过了释放增韫的议案，"由陶焕卿带往上海，还他们自由"，"并由总司令部派副官周承稷，带兵专车押解到上海，监视上船北返"。这本是辛亥革命党人的义举，瓦解清朝官兵的好政策，但也有的人想不通，陶成章虽表赞同由他执行，并非出于个人好恶。恰在这天，褚辅成听人传闻"增韫在浙江银行有存款 28 万元，应予以查实，并勒令他交出"。事出突然，褚辅成与陶成章约定，次日去银行核查，如确有存款，将发电告之，如一天内未见电告，即可将他释放。11月9日当天晚上，按原定计划，陶成章、王文钦、张蔚裁（据张天任老多次对笔者讲述，他也同车去上海）与汤寿潜派来的省府官员黄某，以及负责武装警卫的二排标兵，同一专列火车到达上海后，陶成章等人陪增韫到常州八邑会馆休息，由浙江党人、嵊县人俞旦屏负责接待增韫一家。俞旦屏担心押送士兵情绪激动，会处决增韫，要求立即送离上海。陶觉不妥，坚持到次日等杭州电报。11月10日，陶与张蔚裁同去上海浙江银行查问："增韫是否在浙江银行有巨额存款"，据答上海浙行无法查找。上海查不到，杭州又无阻止放行的电报，一天期限已届，才按计划送增韫去浦江码头。增韫一家连必需衣服铺盖也没有，除各人穿在身上的衣服外，更无其他贵重物品，在去码头前，他十分无奈地向陶成章求情："在下没有旅费，能否暂借一些？"只是陶成章同样身无分文，只好向俞旦屏借了100元，在开平轮船公司花去44元代买了船票，剩下56元全部给了增韫作返家路费，才把增韫一家送上去秦皇岛的轮船。令人不可思议的是竟有人对此大做文章，以"杭州来电"在11月13日上海《民立报》上刊出题为《增韫允赠二十万》的报道，"增韫允浙军政府，筹赠经费二十万，闻措缴。增与其母女确于二十日辰初押送沪交纳。其镖客四人，枪毙者二，禁锢者二。"（《辛亥革命在上海史料选辑》，上海人民出版社1966年版第954页）使人们产生陶成章确受增韫20万赃款入腰包的错觉。这种无中生有的谣传，也可能为别有用心者的恶意安排，陶成章被迫在11月27日在《民立报》上发表启事，以正视听："我抱民族主义宗旨已十多年，备尝艰辛，从未动摇，这是有目共睹的。现在匈奴未灭，战事正酣。我怎会贪图这点蝇头小利呢？说我得增韫20万元，到绍兴另立独立王国，纯属造谣诬蔑。"释放增韫本是革命党人的宽大政策，可起到团结好人、瓦解敌营的作用，而今却成了陶成章的一条劣迹。

谣传污蔑虽多，是非自有公论。正如《民立报》（辛亥九月二十八）《光复义勇队军纪闻》的文章所评述的，称陶成章"秉性刚毅，不屈他族，立志推翻满清，恢复旧物"，不论风吹雨打，他为南京未克，一心忙于筹措攻克金陵事宜，召集旧部光复义勇军，并电饬温台处添练义勇三营以为后援，又派人去绍兴等地招兵，并征得浙江省都督府同意后，各府设立筹饷局，解决攻宁北伐军费。攻宁战役打响，他抱病随军身入前线，在浙军强攻幕府山、乌龙山等要塞中，奋勇前趋，无役不与。攻克金陵之战，浙军特别勇敢，其敢死队大都就是他派人从台州招来的会党志士所组成。

南京光复，陶成章回到上海，针对当时党人固守江南南北分治的议论，力主北伐。虽病未痊愈，仍强病而起，与朱瑞、吕公望、屈映光等共谋北伐之举，以直捣黄龙获取革命全胜。他果断地决定，一、成立北伐筹饷局于上海，由朱瑞、赵汉卿、王致同、张蔚裁四人负责，急电外洋各机关，动员华侨速汇巨款支援国内革命；二、设光复军司令部于吴淞，自任司令。为统一各地号令，又与章太炎、宋教仁、黎元洪等组织中华民国联合会，联络各方以促共和政府早日成立。农历十一月初十（12月29日），各省代表选举孙中山为中华民国临时大总统。1912年1月1日（中华民国元年元旦），孙中山在南京就任临时大总统。陶成章虽在病中，仍为北伐、为辛亥革命全国胜利殚精竭虑，对同志说："北伐成功，余死亦愿！"

二、猝遭惨祸

晴天霹雳。1912年2月14日凌晨2时光景，两个黑影跃入上海法租界广慈医院的围墙，熟门熟路直入二楼西端的6号（另说5号）病房，对准熟睡的病人开枪，弹中喉管入大脑。辛亥革命元勋、光复会领袖陶成章中弹身亡,时年35岁。中华民国成立未满周岁,来不及庆祝,却要办丧事了!与1913年的暗杀宋教仁的"宋案",1915年的暗杀王金发的"王案",1916年的暗杀陈其美的"陈案"不同,他们都被敌人杀害,而且立即破案,虽死犹荣,而陶成章是被"自己营垒"中人所杀,不明不白,国失瑰宝,冤沉黄浦江,成为民族之痛。

光复会与同盟会之矛盾裂痕,随着革命形势发展,渐趋弥合。1911年3月黄花岗起义、10月武昌起义,两会同仇敌忾,相互支持,已开启了团结战斗的新局面。上海、江浙光复,双方也都密切合作。后来陈其美向光复会索要"制造局贮藏兵器及现银四十万之各半数,俾其设立沪军都督府,尹锐志同意拨给"。(尹锐志《锐志回忆录》,《辛亥革命浙江史料选辑》)应该说这时光复会诸君于公于私对同盟会、对陈其美都是恩惠相继,而无些许可以指责的。然而,双方内心深处芥蒂并未完全消除,一遇气候,陈伤复发。随着长江中下游革命形势迅速发展,同盟会中部总会在上海的实际领导人陈其美,对光复会越来越存戒心,有越来越大的厌恶感与矛盾心态,既要利用光复会的力量,又怕光复会势力的壮大。广州起义失利后,当光复会副会长陶成章于1911年夏从南洋回到上海,部署光复东南军事,就得到有人要谋刺他的消息,他置之不理。6月革命党人讨论上海起义事宜,在法租界嵩山路沈宅开会,陶成章与会,陈其美突然提出今后南洋华侨汇来的捐款需全部交给他统一支配,陶成章不同意,说"这是华侨的血汗钱,是华侨支援革命的经费,不能作嫖赌之用",陈其美听后勃然大怒,认为是当众羞辱,不可容忍,"6月,在嵩山路沈宅开会,陈英士出手枪欲击之",(陶冶公《光复会的组织与发展》,《浙江辛亥革命回忆录》,浙江人民出版社第251页)就是双方矛盾激化的象征。嵩山路沈宅会议,可视为同盟、光复两会矛盾新阶段的开端与表面化。由此可见,双方之协作,只是大敌当前、形势所逼,内心仍存芥蒂,面和心不和,表面风平浪静,水下波浪

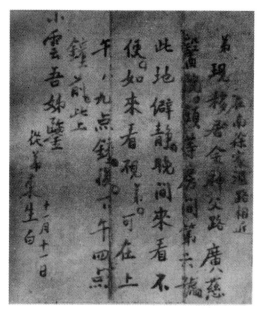

陶成章在上海广慈医院的绝笔

起伏，而到此时，伏着的恶浪已快涌上海面了。上海光复，沪军都督府建立，陈其美出任都督，光复会领导人李燮和虽在运动驻沪新军与攻克上海制造局立下首功，却退处沪东任吴淞军政分府都督。虽内心有气，也算是照顾大局了。然而陈其美并不放心，几次约上海巡防营统领、吴淞炮台总台官姜国樑与周南陔密商，"拟以武力解决吴淞军政分府，姜不愿做恶人，无结果而罢"。（周南陔《上海光复时的巡防营和吴淞炮台》，《辛亥革命回忆录》四）无论是经费使用、干部任用、权力扩张，李燮和处处受制于人。陈其美到此还不罢休，一不做二不休，于1911年12月12日，杀镇江军政府参谋光复会员陶骏葆后，密派蒋志清、王竹卿于1912年1月14日凌晨深夜暗杀陶成章于上海广慈医院，令亲者痛仇者快，引起各方震动。蒋志清后改名为蒋介石，早在上海滩与陈其美结为盟兄弟。1908年东渡日本留学，经陈介绍入同盟会。1910年5月经陈介绍，受孙中山单独接见。因此他对陈感恩戴德，唯其马首是瞻。1911年10月底，从东京回到上海任沪军第二师第五团团长，曾被派往杭州参加光复之战。得陈刺陶密令，以为是立功扬名的大好机会。他买通光复会叛徒王竹卿，一同干了这一不可告人的罪恶勾当。蒋于1912年2月以出国学习军事为名，东渡日本躲避。当权者一时之愚劣，使同盟会铸成千古之大错，民族之痛！陶成章为奔走革命身体甚亏，尤其是为金陵之战，日夜操劳，以至于积劳成疾。经光复会同志龚宝铨、张云雷、王致同、王文庆等力劝，陶成章才住院治疗。因陈其美欲暗杀成章早有传言，才多次转移住所，相继避居上海客利旅馆、国民联合会、江西路光复会、汇中旅馆等处，1911年12月30日转到法租界金神父路广慈医院，但明枪易躲，暗箭难防，还是被看作革命同志的蒋志清骗去了真实地址，而遭不测。（毛思诚《民国十五年以前蒋介石先生》，见香港龙门书店影印版第26页，《蒋介石制裁陶成章》，见《蒋总统秘录》第四册第60页，台北印刷）

为什么辛亥革命胜利，中华民国临时政府已经建立，陈其美却要杀害开国功臣之一的光复会领袖陶成章呢？史学界同人对此已有许多分析，近几年也发表多篇论文，有不少中肯之见。大致有几种说法：较多的人认为主要原因是为争当浙江都督。武昌起义后，陶自南洋赶回上海，于杭州光复当天赶到杭州。"当时光复会同志即拟推陶为浙江都督，而陈其美阻之，力荐汤寿潜，但又遭谢飞麟、王金发、张伯岐等激烈反对"。浙江首任都督汤寿潜作为立宪派自感底气不足，言行受制于革命党人，尤其是旗营和平归顺他签约保证不杀一人的，而后却因隐匿枪支，革命党人诱禁了旗营参将贵林父子，并在汤去上海之时，以谋反罪处决了贵翰香与贵林，使汤失信于人，大丢面子，所以早存去意。1912年元旦，南京临时政府成立，汤寿潜被任命为交通部部长，离浙之说更成事实。他临走时推荐陶成章、章太炎、陈英士三人为浙督之继任人选。浙省又以推举陶成章的呼声为最高。"时陶在沪，函电纷至，促陶来杭主持浙事。陈其美则忌之"。（张

任天《我所知道的陈其美》，《辛亥革命回忆录》续辑）

章太炎坚不受任，并诚恳推举陶成章为都督，他于 1912 年 1 月 7 日发出皓电，以自甘于"民党地位"为由，主动辞谢：

杭州军统蒋、参谋长周、军政长顾、政治长褚、财政长高暨临时议会诸君钧鉴：

蛰公举炳麟及陶焕卿、陈英士代理浙事。英士志在北伐，炳麟愿作民党，焕卿奔走国事，险阻艰难，十年如一日。此次下江光复，微李燮和，上海不举；微朱价人，南京不下；而我浙之得力于敢死队者甚多，是皆焕卿平日经营联合之力。且浙中会党潜势，尤非焕卿不能拊慰。鄙意若令代理浙事，得诸公全力以助，必为吾浙之福。敢布区区，仍候公同议决为幸！

章炳麟。皓

第二天，1 月 8 日，章太炎又致电汤寿潜坚辞不就，并力荐陶成章继任浙督。

南京交通部部长汤公鉴：

见电举仆与焕卿、英士代理都督，仆天性耿介，唯愿处于民党地位。下江光复，实惟焕卿数年经营之力。其功非独在浙江一省。代理浙事，微斯人谁与归？

章太炎的诚挚推介陶成章继任浙督，浙江各地旧部要陶出任处理浙务的函电纷至沓来，这对陶成章来说究竟是好事还是不幸？陶成章却头脑清醒，特布公函劝诫光复会同人与昔日旧部，不可以他个人为重，而应多与各地新政权联系，"当南京未破前，旧同事招仆者，多以练兵筹饷问题就商于仆，仆未尝敢有所推诿。逮南京破后，仆以东南大局初定，爰函知各同事，请将一切事宜，商之各军政分府及杭州军政府，以便事权统一，请勿以仆一人名义号召四方，是所至祷。恐函告未周，用再登报声明，伏希公鉴。"（1911 年 1 月 7 日《民立报》）接着又于 1 月 12 日在《民立报》发表《致各报馆转各界》："公电以浙督见推，仆自维菲才，恐负重任。如汤公难留，则继之者非蒋军统莫属，请合力劝驾，以维大局。" 陶成章的公开辞谢，根本无法制止浙江坚请成章出山的高涨民情，1 月 14 日上海《民立报》以显著地位刊登浙江贤达多人联名电文《沈荣卿等致陶成章电》：

"顷阅先生通告各界电，骇甚。先生十余年苦心，才得今日之效果。吾浙倚先生如长城，经理浙事，非先生其谁任？况和议决裂，战事方殷，荣等已号召旧部，听先生指挥。先生为大局计，万祈早日回浙筹备一切，若不谅荣等之苦衷，一再退让，将来糜烂之惨不可逆料。敢布区区，敬达聪听。"

民心可鉴，众望所归！可惜国情如斯，天意难违，民众的拥护、党人的推荐及陶成章自己的公开表态，也许适得其反，成为他最后厄运的催命符咒！就在这一天，黑枪正瞄准了众望所归的陶成章！

有的则认为是怕陶成章掌握兵权，更难驾驭。主此论者是陶成章最亲密的朋友之一的龚宝铨："武昌首义，焕卿自南洋还浙江，浙江已独立，乃推焕卿为参议长，郁郁不得志……焕卿屡与王逸辈抵触，欲自练兵上海，为忌者所刺。"章太炎也有类似说法：焕卿"与黄、陈不合，自设光复军司令部于上海，募兵。余告曰：江南军事已罢，招兵为无名，丈夫当有远志，不宜与人争权于蜗角间。武昌方亟，君当就蛰仙乞千余人上援，大义所在，蛰仙不能却也。如此既以避逼，且可有功，恋此不去，必危及其身。焕卿不从，果被刺死"。而陶冶公说得更为明确："焕卿之死，咸为英士等为

陶成章殉难后之遗容

与焕卿争都督故杀之，其实，并不在争督，而实忌其练兵"。

也有人认为怕露丑以灭口。辛亥老人项雄霄的回忆录《辛亥革命在浙江》中说道，刺陶"凶手是陈其美（当时为上海都督）和蒋介石（当时在陈其美手下当团长）所指派，其原因不得而知。后据周荫棠说：'蒋陈二人以前的恶劣行为，陶必知之甚悉，现在陈和蒋登上政治舞台了，若被泄露，声名有碍，故杀之以灭口'。周荫棠过去亦是蒋的谂友，蒋的丑事也知道很多，所以蒋到南京掌权之后，周即退避不干了"。这种说法也事出有因，陈蛰居上海时曾以青帮大头目身份，周旋于三教九流之间，上赌坊、逛妓院、吃花酒，习以为常，有时也为了作革命行动的掩护。陶成章曾当面规劝他戒赌戒嫖，并当着孙中山的面，批评指责陈的不当行径。而陈认为是有意侮辱他，心怀不满。

上述说法中，一、二两条因由，实质是一个。是害怕陶成章威望的提高，实权的增大。陈其美的目光也不只局限在浙江一省，他所担心的是江南半壁江山，日益落入光复会之手。在上海、杭州的光复，接着在攻克金陵的战斗中，光复会军功赫赫。浙江攻宁支队长朱瑞、参谋长吕公望的威望大增，他们都是光复会员；绍兴、嘉兴、处州、金华、湖州等地军政分府大都由光复会人士掌权；龙华会、双龙会等诸大会党均受光复会节制，拥戴陶成章；李燮和据有吴淞要塞，拥兵约近一万，且可指挥吴淞口的"建安""钧和"等六艘舰艇，加之吴淞地处要冲，"实绾黄浦江口而屏障上海，以为海内外财货之所委输"；光复会员林述庆，任镇军都督，镇江"地扼长江中流，亦能控制时在镇江江面的'镜清''保民'"等舰艇十几艘，这时光复会的势力，大有镇、淞、浙连成一片，独占江南鳌头之势。作为雄心勃勃以正统自居的同盟会江南魁首，早已养成唯我独尊、独雄为荣的思维定式的上海都督陈其美岂能听之任之，坐看光复会势力的坐大！而金陵光复成立南京大元帅府，浙军竭力反对黄兴出任大元帅，陈其美更认为是陶成章的煽动。光复会日益坐大，这才是必欲置陶于死地而后快的原因所在。除掉了艰苦卓绝、精明能干的陶成章，光复会领袖只剩下满身学者气的章太炎与一个虽是强者但在上海并无根底的外乡人李燮和，蛟龙难斗地头蛇，光复会走向没落终成定局。陶成章之亡，正说明陈英士等同盟会党人之心胸之狭，阶级天性所限也。

三、民族之痛

辛亥革命元勋陶成章冤沉黄浦江，光复会与同盟会的内讧使光复会因而湮灭，是辛亥革命史中一件大事，一个败笔，也是中华民族一个沉痛的历史教训。"所太息痛恨者，独以光复、同盟自相水火，同致覆亡，亲见其成，而又及见其败耳"。（龚宝铨《自叙革命历史》，《浙江辛亥革命回忆录》，浙江人民出版社1981年版第105页）遗憾的是许多历史书并不注重这个历史教训，轻描淡写，有的甚至不费一笔。

从始终处于主导地位的同盟会一方看，责无旁贷，更应体察自身的弱点。同盟会的宗派主义是造成分裂的一个重要原因。同盟会的宗派情绪也是早已有之，"中国同盟会，辛亥革命初期不立名目，但各主事人心目中，有个认识：是同盟会人，则放心任以要职；不是同盟会人，则须慎之又审"。一个革命者，尤其是领导者、主流派，存在这种狭隘心理、宗派情绪，唯我独尊，势必拒友于千里之外，不能和衷共济、祸福同当了，这实际上仍是"朕即天下"封建帝王家天下思想的放大，以自己一派之私为标准。正是这种想法与做法，即使在共同目标下合作奋进之时，也不能真心实意相待，而严重影响革命力量的整合团结，且随着形势发展，胜利来临之日更是不可一世，唯恐别人共享圣桃，弄得兄弟间疑虑重重，一步一鬼，这就迫使处在非主流地位的光复会离心力越来越大，到最后使其中某些人走向反面，宁可与原本的政敌亲和，而不愿低头于同盟会的屋檐之下。这就是民国建立之后，光复会中有的"老革命"如李燮和被迫得无安身立命之地而投靠袁世凯，成为"筹安会"六君子之一的一个原因，也使光复杭州与攻克金陵战功卓著的浙江第三任都督朱瑞，在二次革命中反成袁逆的刽子手，屠杀起革命同志来了。"由于光复会武昌革命爆发后与同盟会争权失败，重要领袖都倾向与袁世凯结合，包括李柱中、朱瑞、章炳麟在内"。当然他们都各自有自己的内在主观原因，而不能把责任推向客观，但实事求是地总结历史教训，是应该承认有客观环境的影响。正由于同盟会的这种弱点，也是使孙中山革命力量削弱、涣散，致使与袁世凯斗争失去主动权的重要原因之一，对此教训孙中山后来也已有所悟。

在这场内讧中，光复会吃了大亏，一蹶不振。然而它同样不能逃避其应负责任。不能因为光复会出过好多杰出人物而为"贤者讳"。光复会有的领导人的弱点也是不够宽容，对人对事易感情用事。他们在事后冷静地自我反思那样，光复会创建人之一的龚宝铨说：光复会"可谓无负于中国者，徒以局量迫隘，渐致时人之忌"，可说是冷静恰当之见。从组织上说，光复会会员大都是浙江人，而且多数领导人是绍兴人，这在团结、联络上有其方便处，但也在客观上带有地域性与某种狭隘性。绍籍志士、光复会员陶冶公说"光复会人，浙籍多数，而浙人局量狭隘，不能容人，固少雄奇伟大的风度，亦缺大公亡我的精神"。陶成章自己也说："心本卞急，无容人过失之量，近日心复多疑，非所居而居之，辱与危且交至矣。"（《致魏兰书》，汤志钧《陶集》）"盖浙人素多个人性质，少团体性质；其行事也喜独不喜群，既不问人，亦愿人之不彼问"。光复会领导人这些话，能否对浙人一概而论，似可商榷，但在当时确为针砭时弊之良言！

人们大都只看到这场历史风波最大受害者是光复会损兵折将，主将之一陶成章含恨被害，光复会整个团体就此星散消亡，许多光复会志士未到而立之年，隐退消沉，在后来不能施展才华，这是人们共见，然而却未能看到这一历史消极面祸延后世，给后来派系斗争带了坏头。民国时期国民党内派系林立，尔虞我诈，钩心斗角，永无宁日。更使陈其美等人所始料未及的，是这次凶案使他们沾上永难洗刷的污点。直到快一百年后的21世纪之初，杭州及有关团体为了纪念陈英士，要在湖滨恢复他的铜像，反对者的原因之一，就涉及刺陶而引发的对其人品的看法。

多灾多难的中国，尤其在近代长期受外国列强的欺侮，对外敌入侵之害众有共识，而对民族对国家危害的兄弟仇杀、内部不和的"内耗"，却认识不足。研究光复会历史，写陶成章传，心情是不轻松的，感慨会很多，这大约正是值得研究的一个缘由吧！

孙中山当时正在南京，获悉陶成章被害，极为悲痛，立即致电沪军都督："陶君抱革命宗旨十有余年，奔走运动，不遗余力，光复之际，陶君实有巨功。猝遭惨祸，可为我民国前途痛悼。法界咫尺在沪，岂容不轨横行，贼我良士？

即由沪督严究速缉，务令凶徒就获，明正其罪，以慰陶君之灵，泄天下之愤，切切。"

孙中山对光复会评价："光复会则有徐锡麟之杀恩铭，熊成基之袭安庆，近者攻上海，复浙江，下金陵，则光复会新旧部人皆与有力。"

孙中山的上述说法，是实事求是的，深明大义的，是作为政治家所应说的，也有助于后人分清历史是非。

四、魂归故里

陶成章被刺身亡，舆论震惊，同志悲愤，凶犯东躲西藏，惶惶不可终日，主谋者理屈词穷，贼胆心虚。光复会领袖陶成章遇刺身亡，成为上海滩上特大新闻。《字林西报》以"广慈医院发生暗杀大案，陶成章被刺身亡"的大字标题刊出："革命巨子陶成章养病于本市法租界广慈医院，今晨二时许，突有穿西服两人，推门入房，趁陶卧床，以短枪轰击之，破脑裂腹，惨不忍见，凶手迄未弋获，惜一代英豪，天不予寿，太可哀矣！"

1月15日当晚9时光景，夜幕笼罩下的会稽陶堰寒风凄凄，格外阴沉。刚上床的陶品三公，忽听急促的敲门声，连忙披上棉袄，走下床来。

"品三公，快开门，上海急电！"打开门见是茶店阿龙，也来不及叫他坐，拆开电报，只见"焕被刺身亡"五个触目大字，下署"龚"。"焕"即焕卿成章别名，"龚"为龚宝铨。这时品三公手里捏着电报，口中含糊不清不知在念叨什么，只见他悲痛欲绝，泪如雨下！还未入睡的成章发妻王夫人，从楼上冲下来，闻此噩耗，号啕大哭，痛不欲生。闻讯赶来的邻居亲友，拥在一起，一片哭声，全家全村沉浸在悲哀剧痛之中。人们想不出一句适当的话来安慰成章的亲人。品三公含着老泪带上刚满13岁的成章长子陶守和匆匆赶去上海奔丧。

浦江泣声哀。上海光复会同志与陶的朋友们，沉浸在悲愤之中。迫于中外压力，上海都督府不得不在 1 月 21 日与绍属七县同乡会在同乡会馆永锡堂联合举行追悼会，因皖案烈士遗骸正在上海待运回浙，名曰"陶成章、徐锡麟、陈伯平和马宗汉四烈士追悼会"。大门外搭起彩牌楼，戏台后正中放着四烈士的灵柩，悬挂陶成章、徐锡麟遗像与徐锡麟、陈伯平、马宗汉就义照片。下午三时，追悼会正式开始，到会的光复会会员、烈士家属亲朋来宾约有 4000 人，乐队奏响哀乐，青年学生合唱悼歌。追悼会主持人许墨斋宣布开会，孙德卿以同乡同志身份讲述了四位烈士生平事迹，着重讲了陶成章、徐锡麟组织光复会的光荣斗争史。四位烈士家属均作了发言，陈伯平妹妹陈挽澜女士报告了陈伯平的革命简历。卢宗岳报告去安徽迁迎徐、陈、马三烈士灵柩的经过，以及马宗汉烈士家属将马烈士遗骨藏在果品筐中秘运出安庆的情节。全体与会人员向烈士遗像三鞠躬。民政局长李平方代表都督陈其美宣读祭文，商团代表盛绍昌、女界代表边女士分别代表两界宣读祭文。陈其美在会上作了简短讲话：北廷未覆，同胞当努力继绍诸烈士之志，以慰烈士之心。笼统以四烈士并提，避开了陶烈士被刺一节。最令人振奋的是绍属旅沪同乡会代表陈汉翘与沈玄庐的演讲，"词意激烈悲壮，闻者动情，辞锋锐利，直指要害"，"陶公之死，非死于满奴，非死于私仇，必死于怀挟意见之纤竖，吾同胞当必代为雪仇"。孙铁舟最后演说："陶君之死必死于争竞权利之徒，如嗣后有挟私害公者，当以手枪杀之"，义正词严，他边说边将手枪掷于祭案前，手枪碰桌与话音落地，相互击荡，可谓掷地有声！

　　南湖鸣哀音。浙江都督府派员到沪，于 1 月 22 日上午 10 时迎运四烈士的灵柩，由火车运回杭州。灵柩抵嘉兴站，嘉兴分府举行隆重路祭，由该府民政长方清湘亲自主祭，仪式庄重肃穆，表示出嘉兴民众与政府对这位情同手足、多次来禾指导革命斗争的光复会领导的无比尊敬与无限哀痛！

长江涌悲涛。扼长江之咽喉的金陵，中华民国定为首都，同盟会刚刚当权，陶成章的被刺，自然震动了钟山与长江，南京举行陶成章追悼会是于公于私均不可少的。主持者为前光复会会长蔡元培，作为当年光复会副会长的陶成章，与他生死与共，祸福同当，今被刺身亡，自然使蔡先生悲不堪言。只是南京，国府所在，同盟会的天下，对陶成章之逝，反应不强烈也是意料之中的。南京一些报纸对此甚为冷淡，有的噤若寒蝉。正如《越铎日报》评论："陶之死，各方反映甚微，唯有光复会会长蔡元培在南京为陶举行追悼会上致悼词，痛惜备至，甚至泣下沾襟。但蔡先生是一书生，不是一个有斗争性的革命党魁，所以追悼也只是托之空言。"作为绍兴人办的报纸持此立场自属可佩，然在那种情况下，蔡元培敢于站出来为老同志、老战友、老同乡痛悼尽哀也算是铁骨铮铮！此时作为同盟会代表、国府要员、教育部长的蔡元培也算是鹤立鸡群，坚持自己的原则吧！

南洋同悲愤。陶成章被刺身亡的噩耗传到南洋群岛，惊动了那里的华侨与坚持下来的光复会员。对陶成章在南洋群岛的革命宣传人们记忆犹新。光复会爪哇分会发来唁电："惊闻光复会领袖陶公焕卿为奸人所害，中外同悲，誓死杀贼，早慰英魂。"光复会新加坡分会也发来唁电："陶公被害，噩耗传来，不胜悼痛，大星中陨，四海招膺，重究主谋，代唁陶府。"（陶永铭《陶成章遇刺后社会上的强烈反应》，李永鑫主编《光复会与民族觉醒》，云南人民出版社 2005 年版）南洋各岛光复会员在泗水举行了陶成章烈士追悼会，泗水是光复会南洋的重要据点，无论是支援广州起义、辛亥革命，泗水华侨出钱出人尽了大力。陶成章的堂侄陶文波一直留守在那里，华侨支援革命的许多捐款都由他集中转汇国内。他在追悼会上发表长篇讲话，悲伤过度，当场昏倒。许多南洋同人与陶成章结下了深厚的战斗友谊。

昭庆寺前万人泣。陶成章、徐锡麟、陈伯平、马宗汉四烈士的灵柩运抵杭州后，浙江省军政府于 1912 年 1 月 30 日下午在昭庆寺举行盛大追悼会，都督蒋尊簋及军政府各部部长全体出席，各界人士到会达一万余人，钱塘门外西子湖边道为之塞。南山北山风如泣，里湖外湖棹声哀，两堤桃柳尽失色，四方仕女戴孝来！蒋尊簋都督是 1905 年加入同盟会的第一个光复会员，也是陶成章的战友与同志。陶成章在力辞浙督时推荐蒋尊簋出任浙督。蒋都督在大会上感情真挚地说："诸烈士之历史，诸公知者甚多，死者已矣，而现前之生者，皆赖诸烈士所造成，而同享共和幸福，尊簋一心一德以尽厥职，否则无以对父老，并无以对同胞，幸祈互相激励以策群力，而本日开会之宗旨，亦于是乎在矣！"

接着沈钧业报告徐锡麟烈士的光荣历史，姚永忱讲了陈伯平、马宗汉的英勇赴难情景，又讲了竺绍康斗争历史，还讲了秋瑾女侠的革命事迹与英勇就义故事。姚永忱还讲了大通学堂教员程公毅追随秋侠受株连，被捕刑死狱中的事迹。最后他着重讲了陶成章的"无端被杀，骇人听闻，诸公既来与会，宜为陶公复仇"，全场报以热烈掌声。

最后杨雪门宣布："光复时，浙军阵亡诸义士 104 人，亦同日追悼。"

追悼大会在浙江共和促进会等社会团体与来宾代表依次致哀祭奠后，再奏军乐礼毕散会。

西泠建墓，成立陶社。征得家属同意，陶成章遗体安葬在杭州西湖西泠桥西凤林寺前空地上（寺大门前靠西侧）。杭州是陶成章多年经营革命之处，西湖更是他熟悉的地方。墓地紧靠西湖西北角，由此向东沿苏堤即白云庵光复会秘密据点，陶成章曾住在那里联络同志。这里也是岳坟街的西头，与岳坟咫尺相邻，不远处西湖南岸又是民族英雄于谦墓与张苍水墓所在地，称得上是爱国忘身正气浩荡之地。当时，光复会两位烈士杨哲商（男，临海人，在上海受组织派遣秘密制造炸弹供应攻宁作战，不慎爆炸殉职）、沈智由（又名克刚，绍兴人，参加上海光复之战，受组织派遣秘密试制枪械重伤牺牲）也都是为革命捐躯，光荣牺牲不久，所以安葬在陶墓两侧，永远陪伴陶成章先生在天之灵。为管理墓宅，照顾烈士后人，更为永怀纪念，成立了陶社。陶成章一心为公向无私蓄，儿子守和13岁，守咸11岁（两个幼儿由龚宝铨带到嘉兴抚养），老父弱妻贫病交迫。由陶社发起友好捐助，光复会与光复会南洋分会各赠3000元抚恤烈士家属，龚宝铨、魏兰、蔡元培、章太炎等也送"奠仪"四人合计4000元，连同浙江都督府恤金1万元，合共2万元。家属用此款在墓后（岳坟街10号）购地建房一栋，664平方米，四楼四底西式建筑，一个灶间。石库墙门二扇乌漆大门，外围一道板门。大门墙上镌刻"陶社"二字，并以此作为纪念陶成章的"陶社"办公处，社长由光复会志士盖仁志女士担任。陶社每逢陶成章忌日均开会纪念。更可称道者，陶成章部下光复会志士张伟文也与许多光复会员一样，义愤填膺，奔走呼号要为陶公申冤报仇，在无可奈何之下，他悲痛万分，自筹资金在陶墓附近建起一间房屋，独身守墓三年之久！这时浙江都督府仍在革命派手中，光复会余焰未灭。光复会员也是同盟会员的陶成章战友、省民政司长褚辅成等以先生功不可没，提呈设立纪念专祠，旋即由浙江省都督府批准，省议会作出决议在西湖为陶成章设立专祠以资永久纪念，"吾浙陶公焕卿，抱革命主义，奔走运动，十余年如一日。此次武汉义起，各省响应，而下江之光复，陶公亦有丰功。乃英雄之业，未竟其志，凶竖之刃已剚其胸。虽邱首成仁，忠骸已归故土，而馨香待报，英魂未慰重泉，论者惜之。拟照徐烈士建设专祠之例，择西湖上应废止祠宇一所，奉祀陶公，以慰先烈而隆瞻仰"。此祠巍然屹立于西湖之畔，可惜年久废弃，甚为可惜！陶墓也一直保留到中华人民共和国成立后，辗转迁移，于1981年辛亥革命70周年之际，迁入杭州南天竺辛亥革命烈士陵园照原样重建。中华人民共和国民政部于1983年7月4日正式颁发陶成章革命烈士证明书，表明后世子孙将永志不忘这位辛亥革命伟人。

东湖立祠。会稽之子陶成章，也是家乡绍兴的共同光荣，故乡人民永远不会忘记他。为了永久纪念，他们出了好主意，由绍兴亲朋好友热心人士发起建立起"陶社"，并公立东湖专祠与创办成章女校以作永远之纪念。陶成章被害不久，族叔祖陶在宽等向绍兴县知事并报请浙江都督府及民政司，在绍兴东湖设置陶成章烈士专祠的呈文，得到浙江都督蒋尊簋批准，利用因董事陶浚宣的去世而停办的东湖通艺学堂旧址，设立专祠。蒋都督立即批复，"既系合族公议允洽，自应准如所请办理，仰民政司核办，饬遵办理"。(《浙江都督批文》，《史料》1987年版第140页) 1914年陶成章烈士专祠已在东湖通艺学堂基地上建成。于当年（甲寅仲冬五日）即12月21日立专祠于东湖。陶社社长孙德卿出面组织起筹备陶烈士入祠事务所，并由他兼任主任。这时浙江都督已由朱瑞接任，孙德卿写信请他赠联题辞。朱瑞不忘旧情立即复信，充分肯定陶公对辛亥革命的巨大贡献并题赠"陶社"匾额，落款"海盐朱瑞"。又写了挽联"革命十余年，亡命十余年，草草劳人，半段陆沉长饮恨；西湖一勺水，东湖一勺水，家家春社，数声铜鼓唱迎神"，并加附跋："焕卿崎岖海外，奔走革命有功，忌者杀之，人皆悲焉。曾辟社西湖，以永其祀，绍兴为君故里，里人并祀东湖，撰句寄题"，后署"督理浙江军务兴武将军朱瑞"。浙江巡按使屈映光也题联"冒千难万险以图成，功转乾坤，壮志已酬，身可死；与越水稽山而媲美，典隆俎豆，英灵不朽，国无疆"，署名"浙江巡按使屈映光"，并赠"湖山生色"的匾额，还附祭礼100元。各界赠送挽联挽词不下100副，其中如：

徐社挽联：

> 为同胞流血，蹈火赴汤，不是争那名利；
> 恨异种称王，报仇雪耻，定教还我河山。

秋社挽联：

建民国新猷，侠骨侠肠反见忌；

忆故乡旧事，秋风秋雨不成吟。

陶社挽联：

大陆将沉，问谁可谈天下事；

东湖何幸，得公来作主人翁。

杭州西湖——陶社。门前立者为陶成
章幼子——陶珍的儿女；亚益、亚明、亚
文，摄于 1947 年春。

民国三年十二月二十一日上午，隆重举行陶成章烈士栗主入祠典礼。烈士父亲陶品三公应邀莅会。清早七时，各界人士组成的万人队伍在宣导旗、国旗、军旗的前引下，依次为军乐队、花圈花球、卫成部队、匾额、清音、提炉、像亭、警察队、挽联、县小队、挽幛、清音、提炉、主亭、十校学生、民众团体、官厅队伍，最后为陶社同人，浩浩荡荡，鼓乐喧天。从绍兴城里徐社出发，向东经光相桥，过北海桥，经大路大街，再过清道桥出五云门，到散花亭，在朱慰乡初级小学设祭，由卫成司令部汪京伯主持仪式后，改走水路乘船到达东湖，举行盛大祭奠，由绍兴县长金彭年主祭，恭请神像、栗主入祠，放礼炮 21 响，鼓乐齐鸣，三上香，三献爵，宣读祭文，各界代表还有成章女校代表宣读哀词，娓娓情深："维中华民国三年十二月二十一日，后学同人等谨以清酒瓣香，致祭于陶烈士焕卿先生之灵而告之曰：痛江山之无主兮！会创光复而奠基；悯民族之长消兮！著发伟论而原理；奔走海外历群岛兮！备尝艰辛而寒饥；仓皇汗马竖义旗兮！四方响应而云起；东南羶腥既尽扫兮！养疴沪上而就医；大局方伫运筹兮！残贼险恶而凶忌；德星遽尔沈陨兮！薄海抱痛而流涕；国家既崇报功兮！俎豆千秋明圣故湖西；梓乡从今祀享兮！明禋三楹会稽名山里；瞻拜英灵

中华人民共和国民政部于 1983 年 7 月 4 日正式颁发陶成章革命烈士证明书

兮！曷禁歔欷；神其来格兮！谨荐菲。尚飨！"宣读祭文，全体三鞠躬，典礼完毕，队伍依次而退。（参见杨无我《陶社缘起》，陈骚《陶烈士入祠记》）

《越铎日报》发表了《陶焕卿先生入祠纪念词》的专文，可看作桑梓乡亲的真情所寄：

中华民国纪元一月之十有三日，盗杀陶公焕卿于沪。阅二年，十有一月之八日，公之邑人士悯公以奔走革命而死，其功不可泯焉。国家纪功虽曰有典，而煌煌青史又足以垂其不朽。然吾越为公桑梓，乡邑人士之景仰徽烈，感泣英灵者，所在皆是。设无俎豆春秋之所，不唯无以凭其英魂毅魄，即后生小子欲一竭其抠谒瞻拜之诚，亦怅怅而莫得。是则故乡崇祠之设，其再可一日虚哉！遂辟东湖为公祠，建立栗主。谨于是日，恭送而实之。其地去公生长处，不二三十里。邑人有熟稔公家世者，谓公之先人当朱明时一簪缨累奕大族也，自入清后，公之系，例不仕清，终清世二百六十余祀，皆读书耕牧以为业，无有以华衮荣其身者，迨乎公之兄，始青一衿，然非公志，故去而扶桑，承先人志，引覆清为毕生大事，茧足枵腹，驱驰于东瀛南洋者垂十数年，其时诡厥心术，视革命为养生起家之事业，同侪辈方诳侨民财帛，以为生涯，公闻而愤然不可遏，橛数其罪，遂为若而人所不容，欲得公而甘之心者，初不待光复事起矣。洎乎武昌发难，公乃应于东南半壁河山，不数十日，而庆底定，皆公之擘划为多，浙人举公督浙，免凶庸庸者攫此一席而去，贻祸浙人。公不可，以为戎索未定，危疆待镇，遂节驻海上，运筹北伐事宜，当是时，先觉之士知世之欲不利于公者实多，语公有所戒备，公坦然不介怀，以为身殉大局固无所惜也，况同舟共命，济此时艰。使天良未泯者，稍一思维，当不出此，而不知鬼蜮心肠，但谋权利得争，虽灭绝人道之举动，要亦无所顾忌，白虹贯天，五步流血，而公遂为盗所杀矣。呜呼！痛哉！夫革命者至神圣之事业也，非血性男子，不足以当此耳，乃杂猥鄙贪琐于其间，缘而自利，冰炭不相容，薰莸不并器，正人君子之不免，亦固其所，一丸见赠，此岂正人君子之所惧者乎！公之不免，盖公所目审也。虽然，可死者身，不可死者名，死公者，今已身同齐侯之鼠，不敢出一头于光天化日之下，公则大名垂宇宙，与湖山而并古矣！况乎风雨三楹俎豆得所，从此春秋佳日，邑人士之过烈士祠堂，崇拜英雄，瞻肃庙貌，行将历千万祀而不替。懿欤，盛哉！

维天纵之英毅兮！志在灭胡；挺侠骨而奔驰兮！不辞马瘏；蕴奇烈而卒发兮！狄氛乃除；庆举义而光复兮！薄海欢愉；惊楮柱而中折兮！痛极黄墟；鉴神灵其赫奕兮！前导参旗，而后殿雷车；招魂以奠俎豆兮！寿与青山碧水而俱。

陶公灵位从此永祀在绍兴东湖，奇山秀水之间，鱼跃于渊，鸢飞于天，稽山永绿，镜水长清，陶公之灵不朽矣！

尾声

中山祭陶

稽山如黛镜水清，中山祭陶情义深！

孙中山先生亲自去绍兴祭奠陶成章烈士，不能看作一般的社交，其意义非常重大，从中不难看到：

第一，充分显示了孙中山先生对陶成章烈士功绩的肯定。"焕卿十年跋涉，一生革命，固民国之元勋，其功永垂史册"，对他的被害"深为痛心"，"举国为之酸心"！

第二，也充分肯定了孙陶之间的革命友谊。"仆与焕卿邂逅于海外，一见同心，为了驱除鞑虏，恢复中华而共澎勃于海内外已十余年，其志则何尝一日不相同"，"思焕卿之勋绩与旧情，特来祭吊其灵，以表仆之哀思"。

第三，表明孙中山对同盟会与光复会之间恩怨相报、兄弟阋墙有所忏悔。"总之谗人弄舌，以致焕卿疑我，我歉焕卿，焕卿一死，光复会星散，北伐受挫，遂成袁氏攫权，国步艰难之局面，仆至今思之，亦追悔无及"。

第四，也有力表明孙中山心地坦白，光明正大，勇于承认自己过失，是一片真心，并非文过饰非，刺陶阴谋确不知情。"陈、陶间之龃龉，仆不及细察，此诚仆之过失"，"不意焕卿防范未严致遭暗算遂成千古之恨，使仆难以自明"！

第五，孙中山亲来陶成章故乡祭悼先烈，也是昭示党人为中华民族复兴同仇敌忾，显示出对革命毫无私念，对前途的无限信心，寄望于同志，寄望于大众！

专程来杭。辛亥革命武昌起义胜利后，孙中山先后来过杭州三次，第一次 1912 年 11 月 8 日，从安徽安庆、芜湖，到达杭州，旋去上海；第二次 1912 年 12 月 9 日从沪到杭，同月 13 日早晨乘车返沪；第三次壬子（1916 年）年八月十六乘沪杭火车到达杭州。此次来浙是专程来祭奠陶成章烈士的。同月二十日（农历）上午去绍兴，后又去宁波、舟山，是孙先生心情最好、旅浙日子最长的一次。其时袁世凯帝制复辟已彻底垮台，中国革命又露出一线生机。当时孙中山住在上海，应浙江督军、革命党人吕公望将军的邀请，以中华革命党总理身份来浙。原定八月十四来，因身体不适才改到十六日成行。同来杭州的有胡汉民、冯自由、邓家彦、朱卓夫、戴季陶、周佩箴等十余人。吕公望派参军马爕廷在杭州城站迎候，陪中山先生一行到清泰第二旅馆（即今仁和路群英旅馆）第26号房间休息。省财政厅长、警察厅长、督军署参谋长、高级审判厅厅长、检察厅长等都来谒见。全副戎装的吕公望也赶到旅馆，因当时康有为住在西湖丁家山蕉石山庄他九姨太别墅，听说孙中山来了，即匆匆离杭，吕公望不得不先去送走康有为，所以迟到了。经几天参观游赏，孙先生对西湖自然风光赞不绝口，对杭州人文历史，称羡不已，他谆谆勉励浙人继续努力，使浙江"成为全国之模范"。孙中山先生莅杭消息很快传到绍兴，绍兴人渴望孙中山能到绍兴一行，光临稽山镜水，亲睹山阴道上应接不暇之美丽景色。光复会会员也是同盟会会员、《越铎日报》社社长孙德卿通过绍兴县知事宋承家向省府提出，恭请孙中山莅临绍兴，孙中山欣然承诺，农历八月十八孙中山等还在吕公望陪同下去海宁观潮。在盐官海宁县立乙种商科职业学校休息，兴致勃勃，信笔题写"猛进如潮"与"世界潮流，浩浩荡荡，顺之则昌，逆之则亡"，成为千载名句。十九日旅杭最后一天，上午出清波门至净慈寺后又谒张苍水墓，中山叹道："苍水抗清图恢复，大业未成，从容就义于杭州，乃吾人之先觉者。云山苍苍，江水茫茫，民族精英，永志不忘。"又到石屋洞、水乐洞、烟霞洞，遇雨入寺稍息，乘兴上南高峰，雨忽然大起来，即入山寺，寺僧便餐招待，下午应约去省议会演讲"地方自治"。讲毕，即赴陆军同袍社晚宴，即席演说"五权宪法"的意义。二十日晨由清泰第二旅馆去省督军署辞行后，出凤山门至南星桥渡江去绍兴。（参见汪振国《孙中山杭州之行》，许逸云、陈伯良《孙中山海宁观潮》，《孙中山与浙江》，浙江人民出版社1986年1版第149—155、163页）

祭陶实况。1916 年 8 月 20 日上午，孙中山先生在胡汉民、邓家彦、朱执信、周佩箴及陈去病等的陪同下，在杭州江干渡江到西兴，乘"越安"轮船公司专轮去绍兴，到西郭门已临傍晚，居民闻讯纷纷出郭争相迎观，绍兴各界头面人物知事宋承家，警察局长薛骥，中国银行行长宋寅初，商会总董高鹏、会董陈秉衡，县教育局长菇平甫，县劝学所长阮建章，县自治委员张琴荪、陈坤生，《越铎日报》社长孙德卿，记者陈瘦崖、张天汉、王铎中等都早恭候。县知事宋承家备藤轿迎中山先生入城。中山先生吩咐把轿帘卷起，方便于接近群众，也方便观察风情，传为佳话。（朱仲华《我有幸多次得见孙中山先生》，《孙中山与浙江》，浙江人民出版社 1986 年版第 123 页）随即到花巷布业会馆下榻。

　　孙中山一行由陶成章族侄，绍兴县商会会长、绍兴布业巨商陶荫轩负责接待。他是绍兴首富，经营布业年营额超过百万元，而且为人仗义，是光复会、同盟会员。皖案发生，他曾会同同行保释徐锡麟父亲徐梅生及天生绸庄受牵连人员。陶荫轩早年经陶成章介绍，几次见过孙中山先生，在孙中山任全国铁路总办募集建设资金时，陶荫轩慷慨解囊，购买铁路债券 200 万元，成为全省认捐者中佼佼者！所以中山先生记忆犹新，旧交重逢分外感奋！布业会馆就是陶荫轩的父亲陶琴士出巨资所营建，其附属部分北首的"觉民舞台"可容观众千人，为当时全省所罕见。

　　孙中山先生来绍兴是专为纪念陶成章烈士来的，他心中念念不忘的就是这件事。在杭州时，嘉兴派了代表顾企先等专程来请孙先生赴嘉兴，被中山先生婉言谢绝了。"已应绍兴各界邀请去绍兴，无特别原因，未便衍期，致失绍兴人民的盛意"。所以下榻后略事休息，即要与陶荫轩畅谈积压心间的话。陶荫轩鉴于会馆嘈杂，请孙中山到咸欢河寓所一叙，孙中山欣然同往。孙中山在陶宅厅前下轿，向迎候的陶氏子侄一一致意后步入客厅。略事寒暄后，荫轩请孙先生到西厅小酌，那里人静，更便谈心。孙先生缓步走出客厅，途经教馆"爱吾庐"见明董其昌手笔，赞不绝口。上苍不负有心人，陶荫轩这位绍兴巨绅、革命志士，更是一位勤于笔记的文人，他在《天放楼戊辰年日记》中详细记载了与孙中山的这席亲切又严肃的谈话情景与内容。还得感谢陶家后人陶维墀先生整理成《孙中山先生访绍第一夜》发表在《绍兴文史资料选辑》（第12辑）（浙江人民出版社1992年版）使后人读此记录，有亲临其境之感，使我们看到陶荫轩对陶成章烈士的无比深厚的感情，也看到孙中山的坦荡诚朴的胸怀！以下便是双方动情的对话，不愧为肺腑之言。

先生曰："仆此番不去嘉兴而来贵县者，正为焕卿之死，深为痛心耳！仆与焕卿邂逅于海外，一见同心，为驱除鞑虏，恢复中华而共瀹勃于海内外者已十余年，其志则何尝一日不相同，不意革命甫成，焕卿猝然遇刺，举国为之酸心。仆此次来绍之目的，正为吊元勋，祭陶社，慰烈属，抚老幼，以表仆之哀思。君为陶氏族中巨绅，请君善为仆安排之。"

先大父曰："荫轩藉焕卿叔之绍介，得识先生于革命之中，深以为荣，敢不直言以告者，荫轩一介粗人，言有不当处，乞勿见罪。焕卿叔之死，人皆知为陈其美使人暗杀，未知先生知其情否？"

先生曰："仆于辛亥年末匆匆返国，方就总统之任，国事倥偬，猝闻噩耗，惊惶万分。时盛传满清派间谍南下，谋刺杀民国要人，不意竟加之于焕卿，后虽有英士所为之传闻，仆亦未讯得其实。"

先大父曰："先生谅已见魏兰之行述，辛亥后，陈其美出手枪于上海会场，声言欲击焕卿叔，秋间焕卿叔刚回国至沪，沪上即盛传陈欲刺陶之说，其后刺客潜入广济医院枪杀焕卿叔，各节谅先生亦有所知。"

先生默然。

先大父继曰："传此一切皆为清室宗社党所为，岂陈等受清室之派遣乎！无怪乎焕卿叔遇刺后，旋即停止北伐之师，倡南北和议之说，不一月即迫先生让位于袁氏，共和几危，使焕卿叔在，必不出此着。"

此时，先生不慎失箸，先大父忙唤仆人换箸，举杯致敬。

先生徐曰："仆亦尝闻其美云焕卿欲杀他，曾于仆前振臂欲扑杀焕卿之意。焕卿死后，仆遭袁氏之忌避诸海外，其后二次革命，护国战争相继兴起。陈、陶间之龃龉，仆不及细察，此诚仆之过失。今仆初返国，其美已遇刺，袁氏在举国声讨中下世，共和重建，思焕卿之勋绩与旧情，特来祭吊其灵，以表仆之哀思。"

先大父曰："光复上海之役，陈其美轻敌遭擒，使光复会人真欲杀其美，何必从溷厕中救其命。光复会人决不出此。李燮和舍身陷阵，陶冶公敢冒矢石，正因与同盟会休戚相关，同舟共济，从民国之大局着眼耳！上海军政府一建立，其美即撇开光复会于不顾，争都督之位，不惜以枪弹威胁，继则阴谋杀害焕卿叔，何负恩一至于此耶！"

先生默然。

先大父又曰："焕卿叔莅沪后，其美向其索取自南洋募得之巨款。其美狎妓使酒，自以为革命成功，大局已定，抢地盘，树势力，图一己之利，北伐之志淡薄，内讧之局已成，自以为即使进不能一统天下，退亦可以备安于江左。后果如此，先生亦有此同感观乎？"

先大父继曰："焕卿叔一怒之下，另在吴淞建根据地，练兵屯粮，旨在扬戈河朔，直捣燕京。岂欲与先生分庭抗礼耶？"

先生颔之。

又曰："汤寿潜离浙，浙人欲推戴焕卿叔为都督，又为其美所妒，然焕卿叔以身许国，早怀功成身退之志。其举为光复汉族还我河山耳。"

先生曰："不意焕卿防范未严致遭暗算，遂成千古之恨，使仆亦难以自明。"

先大父曰："焕卿叔为人性偏急，谗人间之，致先生疑焕卿为保皇派，

224

而焕卿叔亦媒孽先生之短，此皆为亲痛仇快之事，而在总统人选上，先生或有所不怿，而革命成功之日，清廷遗老改弦更张仍居要位，国人何尝悦服，岂独焕卿叔一人耶！以先生之勋德位望，推为国之元首，为全国人民所共戴，自不待言。"

先生曰："仆与焕卿，早年同心革命，共经患难，虽间有龃龉，然其志则一，皆为恢复中华也。昔文文山自北归江南，几为宋之地方宋臣所杀，历尽艰险，然此皆宋室忠良之臣，总之谗人弄舌，以致焕卿疑我，我歉焕卿，焕卿一死，光复会星散，北伐受挫，遂成袁氏攫权、国步艰难之局面，仆至今思之，亦追悔莫及。"

先大父曰："焕卿叔死，光复会群龙无首，名存实亡，实其美一人之过耳。光复会同志于黄花岗、于武昌、于上海、于江宁诸役，躬冒矢镝，舍生取义，此皆焕卿叔十年经营之死士也。革命方成，严令解散，甚至下令缉捕，使天下志士寒心，为清室快意。昔洪杨内讧，天国云亡，焕卿遇刺，民国几殆，真千古令人痛心疾首者也。"

先生曰："解散光复会之事，时仆已辞职、亦无能为力，且仆亦曾遭缉捕，夫复何言。"

先大父徐曰："使光复会不散，焕卿叔不死，以夹辅先生，共成大业，国步何至艰险如此。先生既能让位于袁氏，奈何不能容焕卿叔一席之地，同仇敌忾，齐心北伐，驱逐鞑虏耶？今袁氏虽死，遗部尚在，后事尚未可知，其美为一己之利，造成今日之局势，其于民国之罪亦大矣！"

先生颔之。

先生曰："焕卿十年跋涉，一生革命，固民国之元勋，其功永垂史册。仆闻噩耗后，即电令江浙、上海督属严缉，务令凶徒就缚，明正其罪，以慰焕卿之灵，泄天下之忿。克强亦电令严缉，以慰死友，并设法保护太炎君安全。凶犯王竹卿今已伏诛，亦可稍慰焕卿于九泉矣。"

先大父曰："先生之电，人疑先生知情，甚至默认；克强之电，人指黄、陈朋比为奸。人谓如此大事，英士不先请示先生，亦可谓跋扈将军矣！今王竹卿虽诛，何足以塞天下之口舌，荫轩尝闻陈泰有言：'惟有斩贾充可广谢天下'，今凶徒亦为陈所纵逃，众口如何能掩，焕卿叔一生革命，竟为革命者所害，陶案迄今未清，千古成疑，此诚越之人与陶氏之族所共痛心疾首者也。"

先生默然。移时，孙公微醉，先大父亦有醉意，遂并肩缓步庭园。

先生谓："陶案未得水落石出，仆亦长恨，今其美亦遭暗杀，无法审察。果尔，亦已冥冥相报，可解恨乎？英士虽为仆股肱，意见亦时有相左。仆不能救焕卿之死，诚有负良友。此行正为祭陶社，隆礼仪，重恤典，吊元勋，抚遗属，以表仆之心，务请代向越中父老、陶氏族人，致仆之诚意。尚期同心协力，同建共和，以成焕卿之遗愿。"

又叮嘱曰："烈士遗属务必邀请，彼或有所遗憾，亦世之常情，事在君之善为安排耳！"

先大父心知其然，徐又言曰："公为民国之元勋，首倡革命，建立共和，光复华夏，国人皆翘首望公，荫轩敢不效犬马之劳。焕卿叔死后，老父幼子，孤儿寡妇，生计维艰。宋知事虽已邀请品三公，恐其不来，已嘱荫轩再请，今晨已专人备函赴陶堰邀请，送信人已返，云品三公明晨来城。"

旋商谈抚恤金额，商定每年给恤金七百元。

酒后，复进瓜果，献香茗，先生盥洗更衣，略坐片时，便告辞归。

临别，先大父向孙公进言曰："荫轩幼年少读书，长为公民之末，不谙礼义，今言语唐突，请先生海涵包容。今日见先生撤岗警撤轿帷，疏于戒备，一旦有不肖之徒，豫让之行，荫轩将何以对国人，窃为先生危之，然亦以此益知先生之胸襟坦然。"

先生笑曰："此何足道哉！"

先生谢先大父曰："承盛情接待，殊深感荷，尊府真是地如五柳先生逸，货有千金范子多，异日河清海晏，仆当借君家一席之地，作稽山鉴水终日之游。"

先大父笑曰："寒舍尚宽裕，足容尊驾，今日怠慢，明晚薄具小宴，略尽地主之谊。"

先生欣然笑诺。

次日 8 月 21 日早餐后，孙中山一行登上龙山鸟瞰古城景色。得知秋瑾关押的典史署就在龙山西峰脚下时，立即提议建亭立碑以留纪念。龙山上的风雨亭就是根据孙中山的指示所建，亭柱上刻有孙中山的联语：

江户矢丹忱，感君首赞同盟会；
轩亭流碧血，愧我今招侠女魂。

上午 10 时，孙中山回到布业会馆，清晨步行从陶堰赶来的陶成章的父亲陶品三正好赶到。陶品三非常激动，一夜都没睡好。孙中山一见到陶品三，立即上前握手。孙中山首先肯定了陶成章为辛亥革命所作的重大贡献，对陶成章不幸遇难表示哀悼，并向陶品三一家问好。

孙中山问："陶成章烈士遇难后，家庭情况如何？生活是否过得去？"

陶品三如实回答："浙江军政府发的抚恤金，大部分还了债，一小部分造了几间房子。谢谢孙先生的关心！"

孙中山了解到烈士遇难后家庭贫寒情况，立即要在旁的浙江省民政厅主任秘书陈去病记录他的手谕给省都督府，大意是：

从民国五年开始，追加陆军上将陶成章烈士年抚恤金七百元整。这项抚恤金一直发到 1927 年蒋介石发动"四一二"政变，南京国民政府成立才被取消。（陶永铭《孙中山慰问陶成章家属》，《绍兴文史资料》第 1 辑，

1985 年版第 1 页）

这天上午，孙中山还在觉民舞台作了一次振奋人心的演讲，据当年正好在绍兴老家度假有幸聆听过孙中山在觉民舞台演讲的朱仲华先生回忆，"我到达觉民舞台时，内外水泄不通，欢迎群众已济济一堂"，"上午十时许，中山先生着白色中山装，头戴草帽由县知事宋承家、商界巨子陶荫轩、商会会长商云卿等陪同入场，全场起立欢呼"。在商云卿致欢迎词后，孙中山作了热情洋溢的演说：

仆此次来绍，无非凭吊辛亥革命先烈遗迹，观览绍兴风光，欣赏稽山镜水。蒙诸公不弃，备极欢迎，愧无所长，但仆为民国国民，宗旨既定，山可移而志不可改，若吾国既为民主国，仆亦当尽国民一分子之义务。若吾国为君主国而不脱专制气象，仆惟有亡诸海外，以俟机会之可乘，再与诸君共造民主。所以仆前因袁氏破坏民主，而复专制，观诸父老兄弟姐妹，虽抱不平，无如绝无起而与争者，故仆亦只得避诸海外。此次幸袁氏已死，黎公继任总统，故敢归国与诸公谋面也。

专制国为一人之国，共和国为人民之国。尽人皆知，毋待赘述。惟国家强盛与否，非一人之力可以成功，必须合群力，而后可成世界最强盛之国。何也？比如数椽破屋，人苦其不能遮风雨，欲改建华厦，人皆赞成之。既赞成，当力向前拆其破屋，改筑新屋，庶几可享安乐。若徒赞成，而仍袖手，岂但安乐之不得，直将受砖瓦之打击也。

浙民知识，较他省为优。西湖岸上之烈士墓，纪念尚存。绍兴河畔之牌坊不少，此非有知识之作为而何？绍兴乃越王勾践卧薪尝胆之地，报仇雪耻之邦。继承越王勾践奋发图强之精神，为推翻专制，建立共和，绍兴有徐锡麟、秋瑾、陶成章三烈士，功莫大焉！

孙中山还提出要讲求卫生，发展体育，锻炼身体，增长知识。孙中山最后说："乃知当今之国家，非一人之国家，乃我人民之国家。既知国家为人民之国家，国家之强弱，人人有莫大之责任矣！"（陈德禾《孙中山先生越游纪实》，《绍兴文史资料》第5辑，1984年版第6页）

午饭后，孙中山访问了大通学堂，又转到下大路徐公祠敬祭光复会先烈徐锡麟、陈伯平、马宗汉三烈士，行三鞠躬礼，瞻仰烈士遗像，对三烈士的革命精神倍加颂扬，对徐烈士的家属表示慰问。对陪同的宋承家知事说："徐烈士死事惨烈，直可以撼天地而泣鬼神。徐烈士为民族留正气，为革命树典型，越人宜宝贵而发扬之。"并建议在徐祠内树碑详细记录徐锡麟的革命事迹，使后人得以效法。

下午还去了成章女校，在陶烈士遗像前默哀致敬，并询问了学校情况，摄影留念。师生们以嘹亮的《成章小学校歌》以示欢送："纪念烈士建一个成章小学校，我与你小弟妹读书好地方，要仁义要恕信校训记在心，备将来振新改造旧环境！"两天来，中山先生往来于大街小巷，均令撤去警卫岗哨，以便于市民接近，确有一点"天听自我民听，天视自我民视"的哲人风采。

随即乘绍兴唯一的一艘三明瓦画舫到禹陵谒大禹神像，上窆石亭。又到南镇仰望香炉峰。中山先生询问秦皇刻石甚详。时夕阳西下，才坐船入稽山门回布业会馆。陶荫轩设宴招待。酒罢，孙中山挥写"经纬万端"书赠布业大贾陶荫轩，也颇意义深长，又写"有道"两字赠绍兴中国银行行长孙寅山，书"博爱"两字送知事宋承家，各个满意而散。孙中山还为给胡汉民治好上吐下泻急症的绍兴名中医袁吉生写了"救民疾苦"四字表示感谢与赞扬。

事后胡汉民留诗二首以记盛：

第一首《舟过萧山寄天仇》（天仇即戴季陶因病留杭州未来绍兴）"西

绍兴东湖陶社纪念堂，匾额为孙中山题

湖三日共勾留，乘兴扁舟更远游，我有一言君信否？会稽山水胜杭州！"
第二首是五言绝句：为问同舟客，登临更几峰？卧薪尝胆处，我病未能从。

8月22日上午，中山先生一行由县知事宋承家陪同坐"烟波画舫"去鉴湖陆游晚年诗会之"快阁"，这里水天一色，人在镜中，舟在画里，不愧是会稽风景特有一绝。后舟驶娄宫登岸，改骑骡子行十余里去兰亭。孙中山先生一行兴致勃勃地看了"鹅池"、谒"王右军祠"，欣赏大家书法，并在曲水流觞饮宴。时秋瑾烈士之侄秋壬林，从漓渚闻召赶来晋见，中山先生很高兴，对他慰勉有加。

正午，孙中山一行由孙德卿、王铎中、张天汉、陈瘦崖等陪同，仍乘"烟波画舫"到五云门外的东湖陶公祠公祭陶成章。

祭祀由陶社社长孙德卿主持，陈去病读祭文，孙中山致悼词。哀乐声中，全场肃穆，陶品三思子落泪，孙中山泪沾衣襟，陶社同仁同洒伤心之泪，东湖嶙峭的石壁也仿佛有知，水珠如泪直滚深潭。礼毕，孙中山随行人员与宋承家、孙德卿、陶品三、陶荫轩、陶辑民等陶氏家人与绍兴各界代表18人在陶社前摄影，为历史留下了一幅"中山祭陶"的珍贵照片！

东湖主人陶辑民陪孙中山先生一行参观稷山藏书楼，并举行欢迎会，介绍东湖人文历史与自然美景。到了此时，孙中山才开始注意到东湖之美景，奇洞怪石，天然人工，东湖小而幽深，山不高而峭峻，祠在烟雨之中，人在风尘之外，风清景和，怡然自得，联想少年成章在此成长，真乃天公之造化，地灵而人杰也。孙中山作了简要答词，大加赞赏，并特书"焕卿同志千古：气壮河山，孙文"横额，赠送给陶品三先生留念。

孙中山亲临东湖祭祀陶成章烈士与亲笔书匾"气壮河山"高度评价了陶公的丰功伟绩，也再一次表达了他内心的歉疚。祭悼毕，孙中山满怀深情地给陶成章故里留下一句至诚的告别话：

"吾虽不杀伯仁，伯仁由我而死。幽冥之中，负此良友！"

在东湖吃了早夜饭，孙中山一行乘画舫去孙瑞镇参观孙德卿精心设计修建的上亭公园，并在那里就宿，瞻仰了明代真迹朱舜水遗像，于次日过曹娥江到上虞县百官镇乘火车经余姚直奔宁波。

陶成章被刺后，人们尤其是家属很自然地对中山先生有许多怨言，陶成章的妻子也是亲密同志、光复会坚强女革命家孙晓云"于中山亦间有微词"，（陶亚成《光复会成立前之来龙去脉》，李永鑫主编《光复会与民族觉醒——纪念光复会成立100周年学术讨论会论文集》，云南人民出版社2005年版第49页）此次孙中山绍兴之行东湖祭陶，言谈举止，肝胆照人，对同志被害的无限内疚的真情实意，使陶氏族人深受感动，对孙中山给予了更多的宽容与谅解。

中山祭陶，义莫大焉！

陶成章年谱简编

1878年　1岁

农历十二月二十二（公历1878年1月24日）酉时，陶成章诞生于浙江省绍兴府会稽县陶家堰西上塘村。

先生字希直，号焕卿，笔名汉思、起东、会稽先生等。

陶堰在绍兴城东四十里，为宁绍往来之孔道。先生之祖系皆以耕读为业，例不仕清。祖父陶功化，字贡华。父陶正，字品三，务农为主，兼营砖灰业、漆工，粗有文墨。母陈氏，曹娥人。先生排行第二，兄成玉，秀才，二十九岁病亡。妹文姑，十九岁去世。

先生少时过着贫苦无资的生活。

1882年　6岁（虚岁，下同）

进本村陶氏义塾读书，先生自幼聪颖，好学。平居讷讷少言，偶与群儿戏，树各国旗为盟主，示扶弱抑强之意。

1884年　8岁

先生读《御批通鉴辑览》等。过年过节，也不间断。

1891年　15岁

为本村陶氏义塾塾师。习作制艺，有《君子比而不周》等文。尤致力于古文辞，韩、柳、欧、苏诸大家无不读。还读《史记》和乡贤之大量遗著，尤以黄宗羲之《明夷待访录》《南雷文案》和万斯同、平步青等诗文为最；常步行至绍兴城里墨润堂书店，阅读中外书刊。

1893 年　17 岁

与王氏结婚，王氏于 1938 年春病亡。

1894 年　18 岁

是年秋，中日甲午战争爆发，激发了先生的爱国义愤。"愚从事军事之心，起自甲午。"在《驱虎》一文中，指出清廷是"害人之兽"，是"猛虎"，只有"尽涤猛虎之苛政"，天下之民方能安居。

1895 年　19 岁

去东湖通艺学堂执教两年。

1900 年　24 岁

春，赴北京，欲趁义和团之乱刺西太后不遂，乃赴奉天、蒙古等地考察，后返里。

闰八月十三，长子守和生。

1901 年　25 岁

再至北京，住族人陶大均（字杏南）处，欲手刃那拉氏，大庭广众，倡言不讳。大均惧。先生出京，南返时旅费缺乏，道经徐州，步行七昼夜，几至饿毙。

1902 年　26 岁

春，再上北京，屡谋入陆军学校，未能如愿。

七月初五，致马水臣信，谈到在北京目睹帝国主义种种横行不法之状："手执国旗身佩剑，欧洲之兵也。"并指出清政府不过是仰承白人之奴隶耳。

七月，回上海，谒蔡元培于中国教育会，一见如平生欢，蔡赠以银两。

八月，由上海坐日丸四等舱只身东渡日本。

秋冬，在东京入清华学校并学习催眠术。

十一月初十，次子守咸生（1902—1966）。

1903 年　27 岁

正月初，与蒋智由、何燮侯、周树人等27人在东京发表《绍兴同乡公函》，介绍日本教育情况，召唤同乡往日留学。

三月，进成城学校学习陆军。先生学有殊绩，引起当地人士的敬重。

四月二十七（5月23日）清留学生监督汪大燮勾结清吏陶大均诳先生归国。待返日，汪大燮已使成城学校削去其学籍。先生决心另找出路，进行新的斗争。

其时，日俄战争起，在日诸志士组织"义勇队"。先生与龚宝铨识，成莫逆交，不久，义勇队改为军国民教育会。先生与军国民教育会联系密切。

闰五月，东京会见徐锡麟，相谈颇洽。

十一月，浙学会举行第二次会议，会议决定先生和魏兰为归国活动实行员，分往浙江、安徽等地联络会党。

十二月二十八，由上海抵杭州。兰渭先生曰："杭绍相隔一水，先生何不归里一游？"先生曰："情字难却，一见父母妻子，即不能出矣！"

十二月二十九，会见监在仁和署中白布会首领濮振声，相见恨晚。

其时，先生忙于《龙华会章程》起草工作。

1904 年　28 岁

正月初一，《龙华会章程》完稿，《章程》一开头就宣称："怎样叫做革命，革命就是造反。"这是一个资产阶级革命党人联络会党起义的革命文告和规章。

正月初二，再见濮振声于狱中，濮为先生出介绍函数通，名片数十张，以作联络之用。

同日，偕魏兰离杭出发联络会党。先生改名陶起东。

正月，魏兰由桐庐取水道至云和。先生由岸道历游桐庐、分水各村落，遍谒白布会诸党员，由分水县署前过潘家，由设峰岭历歌舞岭入建德，由建德历寿昌、汤溪、龙游、遂昌、松阳而至云和，寓魏兰家。

二、三月，在云和先志学堂为教习，以掌教为名，联络会党。

四月，赴温州，会在温州活动之龚宝铨、陈大齐等，月末，趁海舶至上海。

五至七月，从上海至嘉兴，与敖嘉熊识。未几，偕龚宝铨至杭州，住白话报馆。

八月，至上海，与蔡元培等密议。黄兴定十月初十万寿节时，在湘鄂同时起义，约浙闽两省为后援。议定后立即行动。

八、九月，偕魏兰至嘉兴，协助敖嘉熊成立温台处会馆。先生由嘉兴入杭州，趋兰溪而至金华，布置起义事宜，拟长沙举事后三日起义。于是六府会党皆盘马弯弓待日而动。

十月中旬，无义举消息。先生急由义乌经诸暨至杭城，阅上海各报，知长沙事已于九月二十六败。闻警之下，急出杭城赴义乌、金华，按秘其事，以待来日。往返四日，每日步行110多里。

十月下旬至十一月，由金华入永康，转东阳，入天台，入黄岩至海门，卧病数日，乘船赴上海。又至嘉兴，寓敖嘉熊处。由于几次深入内地，浙东六府秘密会党之内情全为先生所知。先生将联络、调查、开导会党人员三者结合，革命思想遂传播于中下社会。联络会党，奔走各地，日行八九十里，常用麻绳束腰，穿芒鞋，蓬头垢面，废寝忘食，其志弥坚。

十二月初一，《中国民族权力消长史》出版，专叙民族盛衰之因，伸爱国之志。冬，光复会在上海成立，蔡元培为会长，先生负责浙、苏、闽、皖、赣五省会党联络工作。光复会的誓词是"光复汉族，还我山河，以身许国，功成身退"。

十二月初，会见徐锡麟于上海蔡元培处，先生以自所经营事尽告锡麟。锡麟加入光复会，回绍后，仿先生办法，亦搞会党联络工作。

十二月，从上海赴日本，与秋瑾相识。成立光复会东京分部，推王嘉祎负责。鲁迅等也加入光复会。

1905年　29岁

正月，与黄兴、蒋智由，秋瑾等商议进取办法。春，秋瑾返里，先生将经营各事尽以告之，并出介绍函二处，一致上海蔡元培处，一致绍兴徐锡麟处。秋回国后加入光复会。

夏初，回上海，设催眠术讲习所。秋瑾至沪，出绍兴同志函，促先生归。

五月，在上海遇湖南李燮和。

夏，回绍兴，与徐锡麟一起创办大通学堂。先生商借豫仓房子以为校舍，主议改为师范学堂，附设体育专修科，以避清吏注意。偕龚宝铨招各处会党头目入校练习兵操，于是金、处、绍三府会党首领相偕集于绍兴。先生还与徐锡麟厘定学生规约、凡入学者咸为光复会会员，受本校办事人节制。

八月二十五（9月23日），绍兴大通学堂开学。

秋末，先生提出欲为捣穴覆巢之计，必须谋握军权，行中央革命和袭取重镇二法，并认为最好办法是捐官去日本学军事。锡麟伟其说，奔走各地，设法赴日。

冬，得富商许仲卿支持，以五万版捐资为官，先生与徐锡麟、陈志军、陈魏、龚宝铨五人赴日。

十二月，诣日后，求入联队，以体格不合见摒，求入陆军预备学校之振武学校，亦以身体不合格被拒绝。其时，先生等剪去发辫。

1906年　30岁

春，先生等继续谋求进陆军经理学校，终不得成。于是议定：一部分仍留日本，由先生主持。徐锡麟、陈伯平、马宗汉回国谋入警察。

闰四月，脚病发作，进浅草区乐山堂病院就医，居院一月。

五月中，返国。因足疾未愈，偕龚宝铨寓于西湖白云庵。

夏，联络闽皖各省同志，成立光复军，先生被推为五省大都督，分浙东、浙西、江南、江北、江左、江右、皖南、皖北、闽上、闽下为十军。计划在杭垣起义、作大规模行动。

七月初七。偕宝铨、嘉熊赴芜湖，在安徽公学等处任教授事。安徽公学内有皖省革命团体岳王会。先生通过岳王会又与南京新军中的革命党人建立了联系，共谋袭取南京计划。

九月初四，回浙江，居白话报馆。时，萍醴起义准备工作加紧进行，台州志士王文庆等欲谋响应，先生予介绍函分投各地。

九月初，杭城传言，谓成章等已召上八府义士三千，将于十二日袭取省城。清吏四处搜捕。越二日，先生离杭赴日。

十月十九，萍醴起义，震动全国。

十一月二十（1907年1月4日），先生加入同盟会，被推为《民报》发行人。

十二月十九，应南京军人之招，先生回杭，欲集各地会党，暗入南京，以便兵营之暴动。不料，南京内应不密，为清吏侦知，先生只好避走日本。

1907年　31岁

春，徐锡麟、秋瑾加紧皖浙起义准备工作。

五月二十六（7月6日），徐锡麟安庆起义，刺杀恩铭，旋失败。英勇就义。

六月初四，绍兴大通学堂被围，秋瑾被捕，英勇不屈。

六月初六（7月15日），秋瑾在绍兴古轩亭口殉难。清政府大肆搜捕革命党人。清兵一百余人至陶堰搜捕先生和先生族人。先生一家远避他乡。

其时，先生刚离皖赴杭，惊闻之下，悲痛欲绝，三日不爽，忧愤成疾，然不灰其志，已而击桌曰："大丈夫岂可如此耶？"决心代友报仇，为故人雪耻。

六月十一，安徽巡抚冯煦等致电两江总督端方，称陶焕卿等五人为徐匪同党，于是，北京、南京及长江中下游各省、浙江各府纷纷出告示缉拿先生，先生被迫出国又至日本。不久，任同盟会浙江主盟人。

秋，与章太炎等在日本组织东亚亡国同盟会，一称"亚洲和亲会"，以章太炎为会长。宗旨"在反抗帝国主义，期使亚洲已失主权之民族，各得独立"。

九月十一，蒋智由、梁启超等在东京设政闻社，拥护清廷君主立宪，先生与张继等在锦辉馆的政闻社员大会上率众反对，表现了革命派与立宪派坚决斗争的态度。

十一月二十九，《民报》十八期出版，先生作《桑澥遗征序》，共辑宋季、明季遗文九篇，连载于十八至二十三期《民报》上。

冬，在清风亭，偕张继等办社会主义讲习会。先生主武装斗争。为重组皖浙起义后革命力量，先生又与浙东及金、严、衢处诸志士密商进取之法。

十二月二十九（1908 年 2 月 1 日），在《河南》第二期上发表《春秋列国国际法及近世国际法异同论》。

本年，先生将《中国民族权力消长史》易名《中国民族史》在东京出第二版。

1908 年 32 岁

正月二十四，《民报》十九号出版。《本社特别广告》称"自二十期起，改请陶成章君当编辑之任"。自此先生接办三期。《民报》之发挥民族主义，期于激动感情，不入空漠，当自先生编辑时始。

春，介绍王文庆入浙江各府联络。先生偕张伟文赴青岛，拟组织震旦公学，仿大通学堂办法，不意为鲁抚侦知，拿捕先生，先生只得转沪后返日。

三月二十五（4 月 25 日），先生主编之《民报》第二十号出版。

春、夏间，先生偕张恭带炸弹回国，在上海与陈其美等共商进行之法。

其时，先生在杭州，拟集皖、闽、江、浙、赣五省秘密会党头目开会熔铸而一之，定名为"革命协会"，以《龙华会章程》为"革命协会"之用。《龙华会章程》持明确的反君主立宪立场。然事不遂。清政府到处严缉先生，刘光汉夫妇又沦为清廷侦探，先生在国内无法立足，只好又避走日本。

五月十二（6月10日），先生主编之《民报》第二十一号出版。

其时，在《民报》社或鲁迅寓所，常与鲁迅等交谈。为避清吏注意，先生曾将《龙华会章程》和空白票布等物托鲁迅代为收藏。

六月十二（7月10日），先生主编之《民报》第二十二号出版。自第二十三号起仍由章太炎主编。

八月，为解决《民报》经费和筹组中的"五省革命协会"经费，先生赴南洋群岛。抵新加坡，寓中兴日报馆。

八月十四（9月9日）始，在《中兴日报》连续发表《规保皇党之欲为圣人英雄者》等文章，反驳《南洋总汇新报》记者平实诋毁革命的保皇谬论。使《南洋总汇新报》不敢与辩，革命派声势为之大振。

秋，先生将浙江各同志革命始末作为一篇，名曰《浙案纪略》。

十月，赴仰光，为《光华日报》主笔，将《浙案纪略》《中国教会源流考》陆续登之《光华日报》，是故南洋各地均知陶成章。其时，先生要求孙中山作介绍函至各处，向华侨募款，中山先生以"南洋经济恐慌，自顾不暇，断难办到"相告，于是与孙中山产生了隔阂。

十二月初与王致同至各处演说，商定革命协会计划，先生主外，王主内。但王到上海后，即为刘光汉侦知。自此，先生知内地一时难以发难，遂锐意经营南洋。

冬，先生以江浙皖赣闽五省革命军布置决行团名义筹饷，发票正面加盖"浙江同盟分会"印，向华侨筹款，但很不顺利。槟榔屿办事人云：必须中山之人来运动方可。

1909 年　33 岁

正月初二，在坝罗特为先生开一会议，但当地同盟会负责人阻拦先生筹款。

三月初九，致李燮和信，内述"弟本不说中山坏事……至是逼弟至无可奈何、不得不略陈一二已"。决计在爪哇一带建立光复会组织，但名义仍附属同盟会总部。

其时，李燮和联络江浙湘楚闽广蜀七省在南洋办事人，发布所谓《七省同盟会员意见书》。并托先生带至东京同盟会总部。

七月，至东京。即将《意见书》交与黄兴，黄兴从中调停、劝说，并作书李燮和。

八月初九，致李燮和信，指斥汪精卫之欺诈行为。

九月初六，致李燮和信，"弟近烦恼已极"，"太炎大恨孙文"，为《民报》事，"已发了传单，分送南洋各埠"。其时，陈威涛在爪哇用药水印《意见书》百余纸，邮寄中外各报馆，自此《意见书》为外人知之。

九月二十九（11 月 11 日），《南洋总汇新报》将《意见书》改名为《孙文罪状》分三期刊出，另两期是十月十五（11 月 27 日），十七（11 月 29 日）。

十月初一，吴稚晖在巴黎的《新世纪》第一一五号上发表题为《劝劝劝》文章，在为孙中山辩白同时，指出"陶君性虽偏急，心实坦白"，"或孙或陶，决无卑鄙之事"。

十月二十二，孙中山致书吴稚晖，指出《新世纪》所评陶言甚当，以后"可以毋容再发专函于报馆矣"。

十二月中下旬，致李燮和等人信，述说这场争论之原因和经过。

本年，与光复会会员孙晓云（字小云）在东京结婚，孙晓云（1880—1965），浙江上虞松厦人，同盟会员、光复会员。陶成章被刺后，隐居上海里弄。1965 年 6 月因病去世，终年 86 岁。

1910 年　34 岁

正月，在东京建立光复会总部，公举章太炎为会长、先生为副会长，南洋设立执行总部，李燮和、沈钧业、魏兰为执行员。

一月二十九，与章太炎主办《教育今语》杂志在东京创刊。二、三、四月份分别出版二、三、四期。

五月初五，先生之《浙案纪略》《教会源流考》出版，魏兰作序。

五月中、下旬，致魏兰书，指出"我辈之目的，在一举覆清"，且先讲持久策。

八、九月，新加坡报馆成立，先生致书祝贺，并荐陈陶怡为主笔襄理。

十月初四，致沈钧业书，认为对中山先生"以后不必攻击"，继续争论"于所办之宗旨目的上，毫无所裨益"。

1911 年　35 岁

正月，先生自东京重来南洋。

春，革命党人筹划广州起义，黄兴电邀李燮和参加，李电招先生赴香港，共商广州之役。

三月二十九，广州黄花岗起义失败，时先生潜回杭州，作呼应准备。

四月，赴沪，晤尹锐志、尹维峻姐妹于秘密机关，会商再举。

四月十五，三子陶珍，又名本生，谱名守铨，出生于东京，孙晓云出。未几，先生赴日养疴。

六月底，锐志姐妹电招先生回国。先生与尹氏姐妹在上海法租界平济路良善里，组织锐进学社，发刊《锐进学报》，以为内部交通之所，并在杨树浦及法租界赖格纳路两处，设有秘密机关。

闰六月初一，在上海嵩山路沈宅开会，当面规劝陈其美不可把华侨的血汗钱花天酒地乱用，陈视作羞辱，出手枪欲击先生。越数日，先生再往南洋，组织光复分会。

八月十九（公历为 10 月 10 日），爆发了震惊中外的武昌起义。尹氏姐妹和李燮和等即以先生之名，派人运动各界。

八月下旬，先生归国，号召江浙旧部即行起义，成立光复义勇军。

九月十二，李燮和、陈其美决定发动上海起义，军警响应。次日，陈其美率商团等攻江南制造局失利，被俘，李率部攻获江南制造局，援救陈其美。

九月十四（11 月 4 日），上海光复。其时，先生归上海。

九月十五（11 月 5 日），杭州光复。先生由沪返杭。

九月十七（11 月 7 日），浙江军政府成立，先生被委为总参议。下午，在先生任主席的第四次参议会议上，决定组织攻宁支队。

九月十九，浙江省军政府开会，由先生等动议，决定组织"浙江攻宁支队"，后简称"浙军"，参加攻克金陵战役。

九月二十八，《民立报》发表《光复义勇队军纪闻》文，称先生"平素为人以诚实二字自恃，以俭自奉，以厚待人，故一般英雄豪杰争趋附焉"。其时，先生忙于筹措攻克金陵事宜。

十月初七（11 月 27 日），先生在《民立报》上发表《陶成章广告》，"仆抱民族主义十余年于兹，困苦流离，始终不渝，此人之所共见者也。今南北未下，战争方兴，仆何敢自昧生平，而争区区之权利……"

十月上旬，浙军与苏军、镇（江）军等联合攻打南京。先生参与攻宁之役，在夺取幕府山、乌龙山等要塞中，先生抱病参加，无役不与。

十月十二（12 月 2 日），南京光复。先生由宁返沪，仍强病而起，与朱瑞、屈映光、吕公望等友人共谋北伐之举，设北伐筹饷局。电告外洋各机关，速汇巨款。设光复军司令部，先生为司令。

十一月十一（12 月 30 日）《民立报》载《绍兴士民之义勇》一文。其时，先生因旧病加剧，移居医院。

同日，先生给夫人孙晓云信：函告住院地址。此为先生绝笔。

1912 年　36 岁

1 月 1 日，孙中山先生在南京就任临时大总统，宣告中华民国成立。未几，浙督汤寿潜调往交通总长，浙人举先生督浙。

1 月 7 日（十一月十九），章太炎发出皓电。内云："焕卿奔走国事，险阻艰难，十年如一日……鄙意若令代理浙事，得诸公全力以助。必为吾浙之福。"又电汤寿潜曰："下江光复，实惟焕卿数年经营之力，其功非独在浙江一省。代理浙事，微斯人谁与归。"但先生为北虏未灭，力誓不就，对其部下说："北伐成功，余死亦愿。"

同日，先生在《民立报》上发表《致浙省旧同事》：指出，现在南京已破，"东南大局初定"，"请将一切事宜，商之各军政分府及杭州军政府，以便事权统一，请勿以仆一人之名义号召四方。"

其时，上海传陈其美欲刺先生，先生不以为真。后避之客利旅馆。又因应接甚繁，移之国民联合会，又移至浙江西路光复会机关所，次日移至汇中旅馆，次日又移之广慈医院。

1 月 12 日，先生在《民立报》上发表《致各报馆转浙江各界》公开信，内述："公电以浙督见推，仆自维轻才，恐负重任。如汤公难留，则继之者非蒋军统莫属，请全力劝驾，以维大局。"同日，蒋介石在光复会所与先生晤谈，并询先生住址，先生以实相告。

1 月 14 日，《民立报》发表《沈荣卿等致陶成章电》，内述："吾浙倚先生如长城，经理浙事，非先生其谁任？""荣等已号召旧部，听先生指挥。先生为大局计，万祈早日回浙筹备一切……"

同日，夜间 2 时许，在上海广慈医院，上海都督陈其美派刺客二人（即蒋介石和王竹卿）进医院出手枪击中先生，先生被害。终年 36 岁。

先生被害后，社会上极为震动，一致要求严缉凶手。章太炎闻之，几致晕厥，即于次日口授（寂照笔述）《光复继起之领袖陶焕卿君事略》文。孙中山在南京于 16 日即致电陈其美，令其缉拿凶手。电文云："陶君抱革命宗旨十有余年，奔走运动，不遗余力，光复之际，陶君实有巨功。猝遭惨祸，可为我民国前途痛悼。"黄兴也急电告陈其美严缉凶手。孙中山又致电浙督，"令查陶成章生平行宜，及光复之芳勋，详细具报，备付将来民国史"。

1月 21 日下午 3 时，在上海永锡堂开追悼会，追悼先生与徐锡麟、陈伯平、马宗汉烈士。22 日，先生灵柩运至杭州，安葬西湖旁。上海光复会同人发出《公告》，揭示陶君被刺情形，不久，绍兴、杭州均建立了陶社。绍兴还建了成章女校。1916 年 8 月，孙中山先生到绍兴陶社祭陶，并亲题匾额："焕卿同志千古：气壮河山，孙文"。接见了先生父亲陶品三先生，慰勉有加，又到成章女校先生遗像前默哀致敬，并留下了祭陶合影。